QUATRIÈME CONGRÈS DIOCÉSAIN

DES

# Catholiques de l'Agenais

PRÉSIDÉ PAR

MONSEIGNEUR L'ÉVÊQUE D'AGEN

*Les 19, 20 et 21 Novembre 1912*

---

## Compte-Rendu & Rapports

TONNEINS

IMPRIMERIE GEORGES FERRIER ET Cie

1912

# QUATRIÈME CONGRÈS

DES

# CATHOLIQUES DE L'AGENAIS

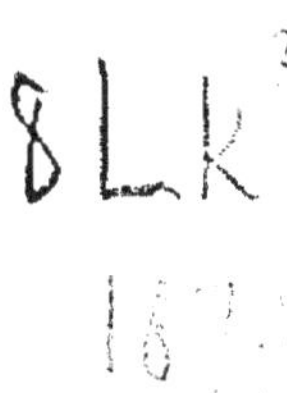

QUATRIÈME CONGRÈS DIOCÉSAIN

DES

# Catholiques de l'Agenais

PRÉSIDÉ PAR

MONSEIGNEUR L'ÉVÊQUE D'AGEN

*Les 19, 20 et 21 Novembre 1912*

## Compte-Rendu & Rapports

TONNEINS

IMPRIMERIE GEORGES FERRIER ET Cie

1912

# QUATRIÈME CONGRÈS DIOCÉSAIN

## DES CATHOLIQUES DE L'AGENAIS

## PRÉSIDÉ PAR MONSEIGNEUR L'ÉVÊQUE D'AGEN

*Honoré de la présence de Nos Seigneurs :*

GERMAIN, archevêque de Toulouse ; DE CORMONT, évêque d'Aire et de Dax ; CÉZERAC, évêque de Cahors.

TENU A AGEN LES 19, 20 ET 21 NOVEMBRE 1912
A L'INSTITUTION FÉLIX-AUNAC, COURS VICTOR-HUGO

Agen, 20 Octobre 1912.

M

*Les Congrès sont entrés dans les mœurs des catholiques de France. Parmi les résultats acquis, l'un des plus marquants est de montrer aux fidèles de l'Eglise, qu'ils sont une force. force active et vivante qui doit leur donner confiance en eux-mêmes.*

*Cette force active et vivante il faut qu'elle concoure dans les Congrès à une double fin : la première, de créer là où elles manquent, de maintenir et de développer là où elles existent les œuvres catholiques ; la deuxième de montrer à l'opinion qui, à cette heure dirige les esprits, que l'Eglise catholique dont on sonnait le glas et annonçait le décès lors de la loi de Séparation, n'a rien perdu de sa vivacité. Les racines qu'elle a jetées dans notre vieille terre de France sont indestructibles, et nous, ses enfants dévoués, nous réclamons pour elle comme pour nous, le respect et la liberté.*

*Cette année notre Congrès s'occupera de la Famille. Jamais question ne fut plus actuelle et plus intéressante, à l'heure où tout concourt à déchristianiser la famille.*

*Nous faisons appel au dévoûment de tous les curés du diocèse, les priant de venir au Congrès et d'y mener leurs paroissiens d'élite. Qu'ils en fassent connaître le programme ; qu'ils encouragent les hommes et les femmes d'œuvres à assister aux séances de travail, afin de développer chez eux l'esprit d'apostolat et de zèle ; qu'ils décident les timides à se rendre compte à ces réunions de la vitalité de l'Eglise, pour raffermir leur courage et ranimer leurs espérances.*

*Nous faisons appel à tous les catholiques et nous leur demandons de venir se grouper autour de leur Evêque pour travailler à une renaissance religieuse.*

**Les Membres du Comité Catholique diocésain :**

J. LESPINASSE, vicaire général.
H. POURTEAU, vicaire général.
B. MAURIN, doyen du chapitre.
P. COMBES, archipr. de la Cathédrale.
P. DUBOURG, chanoine titulaire.
L. COLOMBIER, archipr. de Marmande.
E. TACHOUZIN, curé de Ste-Foy au S.-C.
J. BOUSSAC, chanoine honoraire.
F. DESCUNS, curé archip. de Villeréal.
C. FRANCO, curé du Passage.
L. SIRERA, inspecteur des écoles libres.
P. DESPINS, chapelain de la Cathédrale.
H. BROCQ, avocat.
M. VAYSSIERE, conseiller général.
C. GUILHOT, banquier.
DE LACAZE, conseiller général.
DE SIGALAS.
Dr BRUGERE, conseiller général.
DE GIRONDE, conseiller général.
M. DUCASSE, notaire.
PAUL AMBLARD, ancien conseiller général.
DU COS DE SAINT-BARTHELEMY.
Docteur DAURIOS.
DE LAGVIVIER, notaire.
SERE, avocat, bâtonnier de l'ordre.
DE LAPEYRIERE, propriétaire.
TARDIEU, propriétaire.
DE MONTBRON, propriétaire.
DE VIVIE-REGIE, avocat.
F. ROZES, ch. hon. secrétaire général du Congrès.

# PROGRAMME

## Mardi, 19 Novembre. — Première Journée.

7 h. 1/2. — **Messe à Saint-Hilaire**, célébrée par **Monseigneur l'Evêque**. — Allocution par M. l'abbé BIE, curé-archiprêtre de Castillonnès.

### SEANCES DE TRAVAIL

*Hall de l'Institution Félix-Aunac* (*Cours Victor-Hugo*)

MATIN

### La Famille et les Œuvres de Piété et de Religion

9 h. 1/2. — 1) *Influence des signes sensibles de la foi au foyer domestique sur la vie de famille* : Rapport par M. le chanoine COMBES, curé-archiprêtre de la Cathédrale, membre du Comité diocésain

2) *Restauration de la vie de famille par le retour aux usages chrétiens* : Rapport par M. Gabriel COURTES, maire de Poudenas.

SOIR

### La Famille et les Œuvres Sociales

2 h. 1/2 3) *Evolution de la famille agricole dans le Sud-Ouest, spécialement dans le Lot-et-Garonne. Ses résultats, ses dangers, remèdes possibles* : Rapport par Mᵉ VILLATTE, avocat à Nérac.

4) *Problèmes d'hygiène et de morale soulevés à propos de l'habitation familiale* : Rapport par M. le docteur de GAULEJAC, d'Agen.

## SÉANCE GÉNÉRALE DU SOIR

8 h. 1/2. — Conférence par M. Jacques AMBLARD, avocat à la Cour d'appel d'Agen : *La Renaissance catholique.*

Allocution de S. G. Monseigneur l'Evêque d'Agen.

---

## Mercredi, 20 Novembre. — Deuxième Journée.

---

7 h. ½. — Messe célébrée à Ste-Foy du Sacré-Cœur par Monseigneur l'Evêque. — Allocution par M. l'abbé COUYBA, directeur des missionnaires diocésains.

### MATIN

### La Famille et les Œuvres de Presse

9 h. ½. — 5) *Ce que doit, peut faire ou éviter la bonne presse pour la diffusion d'idées saines sur la Famille et la Patrie :* Rapport par M. RENGADE, avoué à Agen.

6) *De quelques ennemis du foyer domestique. Après avoir énuméré les principales causes qui détournent nos paysans et en particulier les jeunes du foyer domestique, chercher si la presse n'est pas une de ces causes :* Rapport par M. le docteur VILLATTE, de Villeréal.

### SOIR

### Organisation des forces catholiques dans le diocèse

2 h. 1/2. — 7) *Le Comité paroissial : Sa nécessité, ses attributions, moyens d'en assurer le recrutement et le fonctionnement :* Rapport par M. l'abbé RENATEAU, curé-archiprêtre de Prayssas.

8) *Des conférences de S. Vincent-de-Paul considérées comme moyen de grouper et de développer les forces catholiques même dans les cam-*

*pagnes :* Rapport par M. Louis de SIGALAS, Président du Conseil central des Conférences de S. Vincent-de-Paul dans le diocèse, membre du Comité diocésain.

**SÉANCE GÉNÉRALE DU SOIR**

8 h. 1/2. — **Conférence** par M. Fernand BOTET de LACAZE, Conseiller général de Lot-et-Garonne, membre du Comité diocésain : *La Religion nécessaire.*

**Allocution de S. G. Monseigneur CEZERAC, évêque de Cahors.**

## Jeudi, 21 Novembre. — Troisième Journée

7 h. 1/2. — **Messe** célébrée par Monseigneur de COURMONT, évêque d'Aire, dans l'église de N.-D. des Jacobins. — Allocution de Sa Grandeur.

MATIN

## La Famille et l'Ecole chrétienne

9 h. 1/2. — 9) *L'éducation chrétienne à l'école et ses heureux effets sur l'esprit et la vie de famille. Comment d'autre part l'esprit et la vie de famille facilitent l'éducation chrétienne à l'école* : Rapport par M. Fernand DUCASSE, avocat à Villeneuve-sur-Lot.

10) *Utilité pour le développement de l'esprit et de la vie de famille, d'une formation pratique professionnelle des enfants à l'école chrétienne :* Rapport par M. SEGOND, directeur de l'Ecole libre de Marmande.

SOIR

## La Famille et les Œuvres de Jeunesse

11) *Avantages moraux que la famille peut retirer des œuvres de jeunes gens. Ce qu'elle doit faire*

*pour ceux-ci* : Rapport par M. Jean POUJOULA, de Villeneuve-sur-Lot.

12) *Avantages moraux que la famille peut retirer des œuvres de jeunes filles. Ce qu'elle doit faire pour celles-ci* : Rapport par Mme de BRIANÇON, Directrice du Patronage de Fumel.

13) *Du rôle que les anciens et les protecteurs doivent remplir dans les œuvres de jeunesse de l'un et de l'autre sexe ; Utilité familiale et sociale de ce rôle* : Rapport par M. l'abbé CHATEL, vicaire de Miramont.

## SÉANCE GÉNÉRALE DE CLOTURE

**à l'Eglise Cathédrale**

*présidée par S. G. Monseigneur l'Archevêque de Toulouse, assisté par NN. SS. les Evêques d'Aire, de Cahors et d'Agen*

**8 h. 1/2. — Sermon** par **M. le chanoine COUBE** : *L'Esprit de Foi dans les Œuvres catholiques.*
**Salut solennel du T. S. Sacrment** par **Monseigneur l'Archevêque de Toulouse.**

N. B. — *Une quête sera faite après le Sermon pour couvrir les frais du Congrès.*

# QUATRIÈME CONGRÈS

DES

# Catholiques de l'Agenais

................................

Une fois de plus — la quatrième — les catholiques de l'Agenais viennent de se réunir en Congrès diocésain, sous la présidence de Monseigneur l'Evêque. Honoré de la présence de Nosseigneurs Germain, archevêque de Toulouse, de Cormont, évêque d'Aire et de Dax, et Cézerac, évêque de Cahors, ce Congrès a été tenu à l'Institution Félix Aunac les 19, 20 et 21 novembre. La question que l'on y a traitée est d'importance capitale au point de vue religieux et social. La famille, envisagée sous des aspects divers, mais surtout dans ses rapports avec la religion, a fait l'objet d'études approfondies et de discussions captivantes que les nombreux congressistes ont écoutées avec une attention soutenue et un vif intérêt. La semence a été jetée, abondante et féconde, sur un terrain bien préparé ; elle lèvera, portera des fruits ; et le Congrès de 1912 aura préparé ainsi, pour les œuvres diocésaines, de riches moissons.

Nous donnons, au fur et à mesure des réunions et des séances, le compte-rendu de ces trois belles et bonnes journées de piété, d'étude et d'action. Les catholiques agenais qui n'ont pas eu l'avantage et la joie d'assister au Congrès, pourront ainsi en percevoir comme un écho, — écho bien affaibli sans doute, mais, nous l'espérons du moins, assez fidèle.

### MARDI, 19 NOVEMBRE. — 1re JOURNEE.

La Messe. — Une petite modification a été apportée au programme précédemment adopté. Les messes du Congrès ne se disent plus, cette année, dans la seule chapelle Notre-Dame du Bourg. C'est dans chaque paroisse que les congressistes se réuniront, le matin, pour la prière avant l'étude.

Le Congrès s'ouvre à l'église Saint-Hilaire. Monseigneur l'Evêque y célèbre la messe, à 7 heures 1/2. Le chœur et la nef sont ornés d'oriflammes et de drapeaux. L'assistance est pieuse et recueillie, assez nombreuse pour une première réunion. La cérémonie est rehaussée par les harmonies de l'orgue et de très beaux chants, soli et chœurs. A l'Evangile, M. l'abbé Bié, archiprêtre de Castillonnès, prononce une courte et pratique allocution. Rappelant le but des Congrès et les moyens surnaturels qu'il faut nécessairement employer pour l'atteindre, il dégage avec précision et clarté une triple leçon de ces assemblées catholiques diocésaines. Nécessité de la prière, nécessité et possibilité de l'action, motifs d'espérance, voilà ce qu'enseignent ou démontrent nos Congrès. De là, l'obligation pour les fidèles d'y prendre part pour fortifier leurs volontés aussi bien que pour éclairer leurs intelligences.

A la fin de la messe, la majorité de l'assistance reçoit des mains de Mgr l'Evêque, la sainte Communion.

## 1re Séance. — La Famille et les Œuvres de Piété et de Religion

A 9 heures 1/2, les congressistes sont réunis dans le hall de l'Institution Félix-Aunac pour la première séance. Monseigneur l'Evêque préside, entouré de plusieurs ecclésiastiques et de quelques membres laïques du Comité diocésain.

Après la prière, Monseigneur rappelle l'utilité des Congrès en général et annonce le sujet dont on va s'occuper durant ces trois journées d'étude : la famille, en décadence malheureusement en France et dans notre pays, mais la famille envisagée dans ses rapports avec nos principales œuvres diocésaines.

Le premier rapport est présenté par M. l'Archiprêtre de la Cathédrale. Il traite de l'*Influence des signes sensibles de la foi au foyer domestique sur la vie de famille*. M. le chanoine Combes définit d'abord la famille et le foyer. Mettant ensuite son auditoire en face d'un principe incontesté : « la nécessité des signes et leur influence sur la pensée », et d'un fait incontestable : « l'amoindrissement de la foi correspondant au foyer à la diminution des signes religieux », il conclut logiquement à la nécessité de la restauration de ces signes. Il faut les rétablir : *a*) dans la maison où le mobilier, même chez les catholiques parfois, se paganise ; *b*) pour les personnes, dans la parure et le costume qui sacrifient beaucoup trop aux caprices de la mode ; *c*) dans les actes du père, de la mère, de l'enfant. Cette restauration remettant en honneur les traditions de religion, de respect et d'affection qui constituent la famille chrétienne, rendra seule possible la reconstitution chrétienne de la société.

Un vœu résume ce rapport documenté, bien pensé et bien écrit, illustré de faits intéressants et d'observations pratiques : « Organiser chez soi, provoquer chez les autres, la restauration des signes sensibles de la foi au foyer domestique. »

## Influence des signes sensibles de la foi au foyer domestique *sur la vie de famille :*

### RAPPORT PAR M. LE CHANOINE COMBES,

**curé-archiprêtre de la Cathédrale, membre du Comité diocésain**

Monseigneur,
Mesdames,
Messieurs,

Un aphorisme de Taine, dans lequel nous changeons seulement deux mots pour lui donner un sens chrétien, nous présente une idée nette quoique synthétique de ce qu'est la famille : « La famille est le remède que *Dieu* a donné à l'homme contre la mort. » On doit en effet la considérer comme un organisme vivant, dont le principe vital demeure, tandis que les éléments qui le constituent se dissolvent et disparaissent. On peut encore la considérer comme une chaine à laquelle chaque nouvelle génération ajoute un anneau.

Ceci admis, et c'est irréfutable devant le bon sens, prenons de suite le sujet que nous avons à étudier ensemble : ce rapport n'ayant d'autre but que de préciser le point pratique à étudier, en vue des résolutions efficaces.

La famille étant un organisme vivant, une vie qui se prolonge quand disparaissent tour à tour les éléments qui la constituent, subit au cours de son existence des vicissitudes diverses, l'influence des milieux, le contre-coup de ambiances, en un mot évolue : mais, dans la famille, comme dans tous les êtres vivants, au milieu des changements accidentels qu'imposent les circonstances, un élément essentiel persévère ou se reproduit dans des conditions identiques : c'est la cellule primitive, qui ne peut changer sans que la vie disparaisse. Quand la cellule change de nature, c'est la mort.

Or la cellule de la famille, c'est le foyer ; la cellule de la famille chrétienne sera donc le foyer chrétien. Vous aurez à étudier dans les séances qui vont suivre les moyens d'organiser l'évolution chrétienne de la famille au milieu des obstacles et des dangers que lui créent l'influence des doctrines modernes, les exigences de la civilisation, les lois de l'Etat, le besoin d'union pour réagir contre l'individualisme révolutionnaire ; vous aurez à défendre la famille contre les influences pernicieuses des institutions et des idées ; mais il faut commencer par remédier à l'anémie de sève catholique que nous pourrons constater dans ce principe vital qui est le foyer domestique lui-même.

## I

## LE PRINCIPE

Pour circonscrire notre étude dans le cadre qui s'impose en vue d'un but que nous poursuivons, il faut commencer par poser cette question : Qu'est-ce qu'un foyer domestique ?

Un foyer domestique, c'est d'abord une maison habitée par des personnes qu'unissent les liens familiaux : le père, la mère, l'enfant. Le foyer forme un tout vivant, organisé, hiérarchique.

Or, la vie matérielle se manifeste par des signes : on trouve au foyer les signes de la pauvreté, de la richesse, de la maladie, de la santé, de la prospérité ou de la décadence.

La vie intellectuelle et morale n'échappe point à cette loi ; dès là qu'on vit, on agit, et les actions traduisent les pensées, les sentiments, l'éducation, le vice, la vertu ; nous devons donc trouver au foyer catholique, dans la maison, sur les personnes, dans les actes, les signes de la foi catholique.

Si ces signes manquent, c'est évidemment que la vie catholique n'y est pas. Et dans ce cas il faut les rétablir pour ramener à la foi. Car, il y a des relations réciproques entre les signes et la pensée. D'une part, la pensée se manifeste par le signe, mais le signe lui-même provoque la pensée. Nous le savons si bien quand nous éloignons de notre vue les objets qui nous rappellent des souvenirs importuns et quand nous plaçons ceux qui évoquent des souvenirs aimés de manière à la rencontrer toujours sur nos pas.

Sans insister davantage sur ces principes admis de tous, arrivons aux faits.

## II

## L'APPLICATION

A) Le mal. Nous sommes tous d'accord pour constater dans la famille contemporaine un amoindrissement de la foi ; dans un très grand nombre, il demeure à peine quelques pratiques purement extérieures, dont le sens religieux est absent ; dans la plupart de celles qui conservent la foi, cette foi n'est plus chez l'enfant ce qu'elle est chez le père, ni chez le père ce qu'elle était chez les aïeux. Et, en vertu du principe que nous venons d'exposer, les signes sensibles de la foi disparaissent dans la même proportion. Ah ! mesdames, messieurs, j'ai longuement hésité à écrire la réflexion qui va suivre, je m'y décide cependant car elle ne peut atteindre aucun des chrétiens si généreux qui m'entendent et qui certainement la feront avec moi. En avons-nous entendu des catholiques protestant avec indignation contre les laïcisateurs ? « ils ont chassé la croix, disaient-ils en gémissant, des rues, des chemins, des places publiques, de l'école, des hôpitaux. » et ils ne remarquaient même pas qu'ils étaient les premiers coupables, l'ayant déjà chassée de leurs maisons, ou tout au moins, décrochée de la place d'honneur où l'aïeule l'avait pieusement suspendue, pour la reléguer dans une pièce intime, où nul ne pourrait la voir.

Les loges avaient bien conçu leur plan, car depuis des années elles avaient mis la main sur une servante qui leur fut complaisante et utile dans leur lutte contre l'Eglise : la mode !...et ce sont les gens les plus indépendants par situation qui, de cette servante, se sont faits volontairement les esclaves.

La Loge savait que proscrire les signes religieux c'est amoindrir la foi. Que de catholiques, hélas ! se sont faits ses complices.

Je ne résiste pas au plaisir de citer un trait qui montre avec quelle sereine inconscience, certains catholiques ont laissé le paganisme envahir leur maison. Le P. Monsabré entrant un jour dans un salon renommé pour son intransigeance religieuse, fut très étonné de voir sur une console, qu'un beau crucifix d'ivoire qu'il avait plusieurs fois admiré, était remplacé par une statue dont l'attitude lui fit baisser les yeux. — Qu'est-ce que cela ? dit-il, avec un geste de dégoût. — Oh ! mon Père, vous n'y pensez pas ? c'est la Charité !... Il s'approcha ; c'était une Cybelle.

— Croyez-vous, dit-il alors à la maitresse de la maison, que cette court-vêtue ait la même influence que le crucifix pour surveiller la conversation ?

Le lendemain, le Crucifix avait repris sa place.

Puisse mon récit avoir le même résultat !

*B*) LE MOBILIER CHRÉTIEN. — Concluons, sans insister à la nécessité de restaurer dans nos demeures le mobilier chrétien pour conserver les idées chrétiennes.

Et si nous voulons savoir en quoi ce mobilier consiste, nous n'avons qu'à revenir à quelque 40 ou 50 ans en arrière, et à franchir le seuil d'une de ces maisons comme il y en avait tant à la ville et à la campagne, et où l'on respirait avec le parfum atavique et charmeur des vertus d'antan, l'arôme fortifiant des solides convictions catholiques. Tout d'abord, avant d'y entrer, on appelait le prêtre pour bénir la maison. Cette bénédiction était plusieurs fois renouvelée selon les circonstances.

Dès la porte, on trouvait la croix de fleurs et de fruits, renouvelée chaque année et bénite le jour de S. Jean. C'était un hommage reconnaissant à la Providence, l'infatigable bienfaitrice, par qui nous arrivent tous les biens. Dans la pièce principale, chambre, cuisine ou salon, bien en vue, le crucifix, roi de la maison : le plus souvent c'était le crucifix héréditaire, témoin des joies et des deuils, baisé depuis des années par toutes les lèvres, arrosé de toutes les larmes, lien d'amour et d'espérance entre les survivants et les disparus ; ensuite des images saintes, naïves chez le pauvre et le paysan, reproduites d'après les maitres et magnifiquement encadrées chez le riche. Admis dans la chambre, vous trouviez le petit oratoire familial devant lequel tout le monde faisait la prière, le prie-Dieu des parents : au pied du lit, le bénitier... avec de l'eau bénite bien entendu ! un peu partout le laurier des Rameaux, dans l'armoire le cierge de la Chandeleur, toutes choses qu'aujourd'hui, grâces à Dieu, l'on retrouve encore, mais qui hélas ! sont trop rarement utilisées... enfin, la petite bibliothèque religieuse, le Catéchisme, l'Evangile, le paroissien ou l'Eucologe, la Vie des Saints pour les veillées du soir et souvent des ouvrages ascétiques dont le titre seul ferait bailler d'ennui nombre d'héritières du fauteuil de grand'mère, grand'mère toujours vénérée, dont on conserve pieusement les bijoux, les tapisseries et les dentelles, mais dont on gaspille les meilleurs trésors.

Tel était le cadre où dans une chaude atmosphère religieuse se déroulait la vie de ceux qui furent nos grands parents.

Ils gardaient les signes parce qu'ils gardaient la foi : c'est le besoin du cœur de rencontrer les images de ce qu'il aime ; nous le savons si bien quand il est question des portraits de ceux qui nous sont chers ! et réciproquement, les signes gardaient leur foi, comme le portrait d'un père intègre et honoré arrête sur la pente fatale le fils qu'emporterait la passion.

Chez nous, mesdames, messieurs, il y a sur ce point peut-être peu de chose à restaurer ; c'est une raison de plus pour l'entreprendre aussitôt, afin, du moins, de ne pas nous laisser envahir.

*C)* Les Personnes. — Mais dans un foyer catholique, il n'y a pas que la maison, il y a les personnes et, ici, la question devient plus délicate à traiter, car les personnes, c'est nous ! S'il y avait des réformes à accomplir, c'est qu'il y aurait des critiques à faire ! et s'il y avait des critiques à faire c'est périlleux pour celui qui parle, l'amour propre étant plus chatouilleux que le mur d'une maison. Je me rassure cependant en me disant que je glisserai : cela me sera d'autant plus facile que je dois être court. Du reste, n'est-il pas convenu, depuis le début, que ceux qui ont besoin de se réformer ne sont pas venus ?

Donc, quelles peuvent être sur les personnes l'influence des signes religieux ? ou encore, à quels signes reconnait-on qu'une personne est catholique

Une personne, homme, femme, ou enfant s'habille ; dans certaines circonstances, elle se pare : enfin, quand elle manifeste sa vie, elle agit.

*a)* On s'habille. Y a-t-il donc un costume catholique ? Assurément. S. Prudence, dans un de ses poèmes qui serait, de nos jours, utile à relire, affirme que les chrétiennes de son temps portaient dans les plis de leur toge les quatre vertus cardinales, et il dit ensuite, au sujet des femmes païennes, qu'elles se promènent ornées de telle sorte qu'on croirait que Satan les a prises pour étendard. Il y avait donc, au VIe siècle, un costume qui était chrétien et un autre qui ne l'était pas. Cela a-t-il beaucoup changé ?

Le costume chrétien s'impose surtout à l'église où la tête est couverte, au Tribunal de la Pénitence et à la Sainte Table où elle est couverte et voilée, dans le deuil... quand une famille chrétienne est visitée par la mort, la douleur seule a le droit d'entrer. La mode, si despotique soit-elle, doit s'arrêter au seuil du sanctuaire ; si elle entre, c'est une profanation. Il n'y a qu'une toilette de deuil compatible avec la foi chrétienne, la simple, la vraie : c'est le crêpe, long et large, pour abriter la douleur, épais pour respecter la sainte pudeur des larmes. Le deuil à la mode ! on en est venu à inventer ce mot qui outrage la majesté de la mort.

S'il y a, du moins en certaines circonstances, un costume catholique, il y en a un qui, assurément, ne l'est pas ; et il est facile à reconnaître parce qu'en offensant le bon goût, il outrage en même temps la pudeur. Il a beau changer selon les saisons, il demeure toujours le même, parce que dans son despotisme, quel qu'il soit, tout y est entravé excepté la licence. Ah ! certes non, si les pieds sont entravés chez les dames, ni les pieds ni la licence ne sont entravés chez les enfants.

J'ai promis de glisser, je glisse.

*b*) On s'habille ! on se pare. La parure fut longtemps chrétienne. Longtemps, on ne connut d'autre bijou que la croix. Aujourd'hui, les croix des grands parents dorment dans leurs écrins. La laïcisation de la parure a suivi la laïcisation de la demeure familiale. Complices inconscients des proscripteurs de notre foi, de nombreux catholiques ont aidé à leur infernale besogne. Ce ne sont que des signes, dira-t-on. Oui, mais ce sont des signes, et à voir ce qui prend leur place, on n'est pas embarrassé pour dire ce que le changement signifie. C'est le paganisme qui revient avec ses signes à lui, ses pendentifs, ses breloques, ses camées et qui finit par imposer à nos trop faciles complaisances des emblêmes superstitieux ou des symboles d'animaux dont on se pare avec orgueil quand on devrait en rougir.

Une croix, une médaille, des symboles religieux qu'on porte ostensiblement sont des actes de foi ! ils appellent des pensées chrétiennes ; on les regarde, on les admire, la vanité peut y trouver sa part, mais il y a un correctif à la coquetterie dans le souvenir qu'ils évoquent ou la leçon qu'ils imposent

Et lorsqu'à ces parures, on joint ce qu'on pourrait appeler le mobilier personnel religieux, un scapulaire, des médailles, un chapelet, on est équipé en croyant, béni de Dieu et armé pour la lutte, car ce sont des secours en même temps que des signes. Il me souvient, à ce propos d'un grand vieillard, mendiant de grand chemin, qui devant moi, en explorant le fond de ses poches, laissa tomber un chapelet. Et, comme je m'en étonnais : « Ah ! monsieur, me dit-il, excusez la crudité de son langage, c'est que, lorsqu'on me ramassera mort sur la route, je ne veux pas être enterré comme un chien. » Belle leçon et bel exemple ! Que de chétiens, que de catholiques aujourd'hui dont on ne pourrait pas deviner la religion, même en fouillant leurs poches.

*c)* La devinerait-on mieux d'après leurs actes ? Agir, a dit un sage, c'est montrer son cœur. Nos actes, nos démarches, nos paroles, nos gestes sont la révélation de ce qui se passe au dedans de nous. On pourrait les appeler des « signes vécus », signes vécus de nos aspirations, de nos sentiments, de nos croyances, en réalité, de ce que nous sommes. On a beau vouloir se composer un extérieur, le naturel et l'habitude reprennent bientôt le dessus : l'hypocrisie n'a qu'un temps, surtout quand les relations sont fréquentes. Nos actes religieux sont donc les signes de nos convictions religieuses, et réciproquement, nos convictions religieuses se fortifient par nos actes. Nous constatons toujours la même loi. Au foyer, comme partout, le premier des actes religieux est le signe de la Croix. Qu'est devenu le signe de la Croix au foyer chrétien ? quand le fait-on en particulier ? quand le fait-on surtout en famille ? Le lever, le travail, les repas, tout se passe sans qu'on ait manifesté sa foi par le plus élémentaire des actes religieux. Et pourtant, on ne saurait nier l'influence de ce signe pour éveiller les saines pensées, ranimer les courages engourdis, étouffer les fermentations malsaines, fortifier, soutenir, consoler.

Encore une fois, mesdames, messieurs, je me sens d'autant plus à l'aise que ce mal ne vous a pas gagnés puisque vous êtes ici pour en être les guérisseurs. Cherchez donc avec moi à quels actes on peut reconnaitre la religion de la plupart des croyants de nos jours ? Quand voit-on le catholique se mettre à genoux, saluer la Croix du chemin, le cimetière, l'Eglise, le prêtre ou la religieuse inconnus ? quand le voit-on entrer à l'église pour y prier ? S'il y entre, il se tient debout, et s'il prie, il a peur d'être vu. A quel signe pourrait-on reconnaitre sa foi ? Et chez les femmes elles-mêmes, comptez celles qui se signent devant une église ou quand passe la Croix !

N'avons-nous pas vu souvent, il y a peu d'années encore, quand le Saint Sacrement passait dans la rue, des chrétiennes rebrousser chemin ou fermer leurs portes pour ne point se mettre publiquement à genoux ; et pour sonder la profondeur de la plaie, n'ajoutons qu'un seul fait qui les résume tous et qui montre bien à quel degré nous sommes descendus dans la décadence religieuse au point de vue qui nous occupe, c'est la tenue déplorable, dans les cortèges funèbres, de croyants qui accompagnent un mort, souvent un ami, que Dieu vient de juger.

Donc plus d'actes religieux extérieurs, plus ces signes vécus disparaissent aussi. Or,les signes vécus s'appellent des exemples.

Privé de l'enseignement par l'exemple, vous savez, je n'insiste pas, ce que devient l'enfant. Faut-il s'étonner que la famille se désagrège quand les membres n'en sont plus unis par une foi commune et comment seraient-ils unis dans cette foi s'ils ne la font pas voir.

## IV

## LE REMEDE

c) Mais les signes religieux au foyer, me demandez-vous, ramèneraient-ils et l'union et la foi ? Assurément. Ils sont même la condition indispensable de la réorganisation familiale. Il y a communauté de croyances ! c'est l'hypothèse, le foyer est catholique, pourquoi donc n'y a-t-il pas communauté de vie religieuse ? Parce que pour la communauté de vie il faut communauté de signes. Le signe provoque l'action comme il provoque la pensée ; il rappelle, il groupe, il soutient, il crée l'habitude. Mettez une croix bien en évidence, elle parle, vous arrête ou vous encourage ! ayez un oratoire familial ! pourquoi ? sinon pour prier ensemble ; il est un stimulant, et quand on oublie, un reproche. Comme conséquence, la foi se ravive, les mœurs s'épurent, les traditions chrétiennes se perpétuent et chacun au foyer prend sa place suivant la hiérarchie établie par l'Evangile. On va vous parler dans un instant des usages chrétiens ; mais pour restaurer les usages chrétiens il faut un milieu, et ce milieu c'est le foyer chrétien.

J'aurais aimé, pour démonstration dernière, à évoquer, devant vous le tableau d'un de ces foyers de jadis, si religieux qu'on les appelait des sanctuaires, le sanctuaire de la famille ; foyers qu'habitait la paix, où la joie était profonde parce qu'elle y entrait sans bruit et sans fracas, où la douleur elle-même était bienfaisante parce qu'on y avait toujours sous les yeux les signes vénérés de la foi que l'on portait dans le cœur. Mais vous n'avez qu'à remonter le courant de vos souvenirs pour y retrouver le spectacle de cette vie familiale. et le modèle de ce qu'il faut rétablir.

Je n'ajoute qu'un mot sur les objections et les difficultés que rencontre l'application de la thèse, moins pour les résoudre que pour amorcer la discussion. Les objections ? Je n'en vois qu'une contre le principe. Elle consisterait à contester l'utilité ou tout au moins la nécessité des signes religieux pour la restauration de la foi. On pourrait discuter longuement cette question entre philosophes, mais elle est résolue pour les catholiques depuis que l'Eglise a condamné l'hérésie des Iconoclastes. Si les images saintes sont nécessaires pour la vie religieuse à l'Eglise, combien plus nécessaires sont-elles pour la vie religieuse du foyer !

Restent les difficultés pour l'application pratique du principe. J'en ai recueilli un certain nombre, il va sans doute en surgir de nouvelles. On peut les ramener à trois chefs :

1° Tout d'abord, il y a les objections qui ont pour prétexte les convenances sociales. C'est le groupe le plus nombreux. On ne doit pas se singulariser... ce n'est plus l'usage... et puis, on risque de froisser les visiteurs, il ne faut pas brusquer les opinions des autres... on expose les visiteurs à critiquer, à se moquer, à faire sur la religion des réflexions malséantes et même à blasphémer, car on a vu des impies blasphémer devant un Crucifix ! et puis le zèle excessif fait plus de mal que de bien..

Les objections de cette nature seraient facilement résolues avec un peu d'esprit de foi ; malheureusement à l'esprit de foi il faudrait ajouter beaucoup de courage.

2° Le second chef d'objections est plus spécieux. Nous parlons de mobilier chrétien ; mais où le trouver ? l'art catholique contemporain est d'une vulgarité déconcertante. On le voit bien dans vos églises !

Il faut bien convenir que nos sculpteurs religieux n'ont guère le sens catholique ; les vrais artistes trouvent plus de profit à cultiver l'art profane. Et cette constatation nous met sur la voie d'une première solution. Vous voulez de belles œuvres religieuses ? refusez obstinément tout ce que l'on vous offre et demandez des objets d'art religieux ; soyez convaincus qu'on en fera. Et cela est si vrai que pour les rares amateurs de mobilier chrétien, on a créé quelques œuvres d'art, tableaux, bronzes, cuivres, terres cuites qui font très bonne figure dans les vitrines des bijoutiers. Pour les milieux populaires, l'art chrétien est au moins à la hauteur de l'art profane et par conséquent l'objection s'arrête à une fin de non recevoir.

3° Enfin, une troisième objection, la moins solide et cependant de beaucoup la plus résistante : ce n'est plus la mode, dit-on, et il ne faut pas être ridicule.

Nous renonçons à la réfuter. Aux catholiques qui croient être ridicules en affichant leur foi, il n'y a rien à répondre. Il n'y a qu'à se tourner vers vous, mesdames, messieurs, vers vous dont le dévouement et les sacrifices sont l'orgueil, la consolation et l'espérance de l'Eglise. Vous êtes le petit nombre, mais vous êtes la force parce que vous représentez le droit et la vérité et vous entrainerez les faibles et les hésitants parce que vous serez aussi l'exemple.

## CONCLUSION

Je vous propose donc d'adopter et de faire vôtre le vœu suivant : Restaurer chez soi et provoquer chez les autres la restauration des signes de la foi au foyer domestique.

A la discussion, on fait une double constatation : la première, c'est que les signes religieux, les crucifix par exemple, manquent dans un trop grand nombre de foyers, même de foyers catholiques ; la deuxième, plus générale, c'est que le crucifix, là où il existe, n'est pas toujours à la place d'honneur qu'il devrait occuper.

M. le Curé du Sacré-Cœur demande que l'on fasse des distributions d'objets religieux. Cette distribution, dit M. l'abbé Lafougère, peut se faire facilement aux enfants des patronages. M. le chanoine Combes, M. l'abbé Saillan, M. Courtès insistent pour que ces objets soient donnés à l'occasion d'un événement important, comme la première communion par exemple : on les gardera d'autant mieux qu'ils rappelleront une date mémorable. Les œuvres des Campagnes et de Saint-François de Sales peuvent fournir, en bon nombre, des crucifix.

Sur la demande de Monseigneur, Mlle de Blanche et Mlle Garreau indiquent comment se font les distributions de récompenses dans les Patronages dont elles s'occupent ; le Congrès émet l'avis que les objets de piété y tiennent une plus grande place. M. l'Archiprêtre de la Cathédrale rappelle ensuite le devoir qui s'impose aux catholiques de donner le bon exemple, en manifestant leur foi, lorsqu'ils passent devant une croix ou auprès d'une église.

En résumé, il faut d'abord, chez soi, mettre les crucifix et les emblèmes religieux en général bien en évidence, et en distribuer ensuite aux enfants et aux familles pour que le Christ reprenne sa place dans nos foyers français.

La parole est donnée à M. Courtès, pour son rapport sur la *Restauration de la vie de famille par le retour aux usages chrétiens*. Orateur et poète, M. le Maire de Poudenas parle avec émotion et éloquence. La famille est actuellement désagrégée, dit M. le Rapporteur, en haine de l'idée chrétienne et au nom de l'émancipation individuelle ; les nécessités de la vie moderne et l'organisation sociale actuelle ont aidé à cette désagrégation. Malgré tout, une reconstitution ges chrétiens n'ont pas absolument disparu : ils exercent sur des bases chrétiennes est possible et nécessaire. Les usaencore, même sur des anticléricaux notoires, une incontestable influence : et M. le Maire de Poudenas cite, à l'appui de cette assertion, quelques faits très suggestifs. Il faut aider à leur restauration ou à leur extension. Restaurer ou étendre en premier lieu ceux qui sont issus des préceptes directs de Jésus-Christ ; ceux qui dérivent ensuite des enseignements de l'Eglise ou de l'exemple des saints, et enfin ceux qui viennent des religions anciennes ou des antiques légendes que l'Eglise s'est assimilées. Dans cette œuvre excellente, le principal rôle est joué par la mère de famille.

Comme conclusion de ce rapport, M. Courtès dépose trois vœux qui sont immédiatement adoptés :

« 1° Que MM. les Curés fassent connaître ces usages « chrétiens dans leurs paroisses quand ils ne sont pas con« nus, et, quand ils le sont, en expliquent le symbolisme ; « 2° qu'ils s'assurent du maintien de ces usages chrétiens « dans les familles, et qu'ils restaurent ceux qui sont ou« bliés ; 3° que les familles chrétiennes, sans attendre l'ini« tiative de MM. les Curés, les maintiennent et les restau« rent chez elles. »

## *Restauration de la vie de famille par le retour aux usages chrétiens*

**RAPPORT par M. Gabriel COURTES,**

***Maire de Poudenas***

Monseigneur,

Mesdames, Messieurs,

S'il est un spectacle digne d'encourager nos efforts et de soulever en nos âmes de magnifiques espoirs, c'est celui que donne à l'heure actuelle une élite de l'intelligence et de la volonté qui au milieu des ruines que le génie du mal a accumulées depuis quelques années sur ce pays, tend son activité vers la renaissance des principes et des institutions qui, tant au point de vue religieux qu'au point de vue social ont fait chez nous, durant le cours des siècles la grandeur de la patrie et de l'Eglise.

Parmi ces institutions il n'en est pas une qui ait été plus battue en brèche que la famille.

Fondée dès nos origines sur des bases chrétiennes en une époque où le droit canonique, se substituant au droit pénal romain, commençait à régir dans l'ordre civil comme dans l'ordre religieux la société tout entière, l'Eglise étendit sur la famille que le paganisme avait toujours sacrifiée, sa plus douce influence et fit d'elle cette cellule vivante et solide que tout un siècle de bouleversements n'a pas réussi à anéantir.

Elle représentait pour nos adversaires deux principes qu'ils ont détruit dans tous les autres domaines où leurs ravages se sont exercés : l'ordre et la tradition ; l'ordre, par la consécration du principe indiscutable d'autorité incarné dans le père de famille ; la tradition, par les expériences, par les pensées, par les usages que s'étaient léguées l'une à l'autre comme un héritage moral, la longue série des générations successives.

Issus de la décomposition des anciennes disciplines et de la désagrégation des anciens cadres, les représentants des systèmes individualistes ne pouvaient que décomposer et désagréger autour d'eux, en vertu de cette loi de la psychologie et de l'histoire admise aujourd'hui par tous les économistes et tous les philosophes, que les institutions et les Etats, comme les individus, trainent éternellement après eux les tares de leurs origines.

Donc tout ce qui représentait l'ordre, la solidarité, la tradition, tout ce qui était un corps constitué et homogène devait sombrer tour à tour. La corporation, plus facile à détruire parce que des liens moins intimes en unissaient les membres, avait été dissoute.

En haine de l'esprit chrétien dont elle était issue et dont elle demeurait dépositaire, et au nom de ce principe qui faisait de l'individu la vraie cellule sociale et du développement de l'individu en lui-même la condition du progrès social et de la liberté, la famille devait également disparaitre. Tout un siècle a duré cette guerre avec des alternatives diverses, soit que luttant contre nous par les mœurs et par les lois, nos ennemis aient été près de triompher, soit que, avec cet instinct de conservation dont notre race a fourni de magnifiques exemples, nous ayions assisté à de brusques réveils de l'idée chrétienne se refusant à meurir.

Je m'étendrais en dehors du cadre qui m'est affecté si j'insistais sur cette longue série de mesures destinées à détruire la famille et la vie de famille, soit par la presse, par les livres, par le théâtre, par l'influence d'un Etat faisant profession d'athéisme, et par toute une législation qui s'étend depuis l'établissement de l'enseignement sans Dieu jusqu'au bouleversement de notre droit civil concernant les rapports des enfants et de leur famille, jusqu'à la loi du divorce.

L'Etat, d'ailleurs, dans ce travail de désagrégation des familles a été singulièrement aidé par les nécessités de la vie contemporaine. La famille, aujourd'hui, ne mène plus la vie retirée et sédentaire d'autrefois où les traditions de métier se perpétuaient comme les traditions religieuses. L'enfant recevait l'enseignement professionnel local, et ne quittait point son foyer où il retrouvait d'ailleurs son père et sa mère réunis dans l'atelier dont ils étaient possesseurs. Et ainsi, avec les années, prospéraient et grandissaient dans leur propre milieu, ces familles qui donnaient à la société ses meilleurs artisans, à l'Etat ses plus vaillants défenseurs, à l'Eglise ses plus intrépides apôtres.

Aujourd'hui, tout tend à séparer et à désunir les membres de la famille : la révolution introduite dans notre économie sociale par suite de l'entension des moyens de transport, de l'accroissement des grandes industries, drainant comme ces villes tantaculaires dont parle Verhaëren, des milliers d'individus pour les entasser dans d'immenses usines, par le développement des monopoles supprimant l'atelier et le métier familial de jadis, par l'attrait qu'exercent sur les parents et sur les enfants les professions libérales et le fonctionnarisme, et enfin, par tout cet état d'esprit qui pousse la foule vers la course à la fortune, cette exécrable soif de l'or dont parle le poète.

Si dans les campagnes, la famille quoique déjà fort entamée conserve encore une apparence d'homogénéité, c'est surtout dans les villes et dans leur voisinage qu'elle s'est rapidement disloquée.

Dès le matin, le père, selon la profession qu'il exerce, part en voyage, se dirige vers son bureau où vers son atelier d'où il ne rentre guère que le soir, chargé des fatigues de la journée et des inquiétudes du lendemain. Je n'ajouterai pas à cela la soirée et parfois une partie de la nuit passée au cercle ou au café où le père s'est formé un nouveau milieu et un nouveau foyer.

La mère, si elle appartient aux classes laborieuses, part elle-même pour son atelier, ou si elle appartient aux classes aisées et bourgeoises, se trouve plus que jamais retenue par les visites et les soins d'un monde toujours plus exigeant.

Un seul membre de la famille pouvait maintenir le contact entre ses divers éléments, c'était l'enfant : mais c'est ici surtout que la crise est profonde.

De très bonne heure, l'enfant est éloigné d'un foyer devenu désert, et envoyé soit en apprentissage ou à l'atelier, soit dans les écoles et plus tard les universités d'où il ne rentre qu'à de rares intervalles. Et ainsi, de part et d'autre, l'enfant et plus tard le jeune homme se créent une personnalité de hasard formée au contact d'un entourage et d'une société sans traditions ni discipline que domine un seul et unique sentiment : la lutte pour la vie.

Comment établir une vie de famille et restaurer des usages et des principes religieux dans un milieu que les conditions sociales d'aujourd'hui s'appliquent elles-mêmes à désagréger ? Mais si nous retournons la face du problème, si nous disons que c'est à l'oubli des préceptes de l'Evangile et de l'Eglise qu'est due la dissolution de l'ordre social, nous apercevrons alors, et l'utilité de l'effort que nous tentons à cette heure, et le rôle immense et prépondérant que l'idée chrétienne est appelée à remplir.

C'est donc à la famille que nous nous adresserons, parce que malgré l'état de désagrégation qui a commencé à l'entamer, elle demeure encore au milieu de tous les groupes tombés en ruines, le seul corps resté debout, la vraie cellule première, génératrice de force et de vie, comme cette étincelle qui, couvant sous la cendre, peut encore en se ranimant, embraser un immense foyer.

Voilà messieurs, pour l'idée chrétienne, le terrain de culture vraiment efficace, car il a pour garantie les deux principes que nous rappelions tout à l'heure, l'autorité immuable du chef, et la solidarité que créent parmi les membres d'un même corps, une longue communauté d'aspirations, de besoins, d'épreuves et d'espérances. La Foi et l'observation stricte des enseignements religieux suffiraient à faire une famille chrétienne, mais à côté de ces prescriptions auxquelles on ne saurait se dérober sans se rendre coupable, existe une longue série d'actes ou d'usages religieux édictés ou encouragés par l'Eglise et dont l'observation régulière peut servir à consolider l'esprit et la vie de famille.

Leur influence sur le foyer, provient de ce fait qu'ils constituent une tradition qu'on respecte parce qu'on est né, qu'on a vécu et qu'on a grandi avec elle .

Nous nous y attachons comme à un héritage qui nous a été légué, comme à un objet familier qui fait partie du patrimoine moral ou matériel de la maison. L'on a vu des hommes renier leur foi catholique, combattre les croyances religieuses et l'Eglise, et conserver avec soin certains de ces objets pieux qu'on leur avait légués ou certains de ces usages chrétiens qui avaient bercé leur enfance.

L'un des plus grands ennemis de l'Eglise qui pendant quarante ans s'est acharné à la détruire, n'a jamais cessé de porter une médaille de la Sainte Vierge que lui avait laissée sa mère mourante ; tel autre qui fait aussi belle figure de persécuteur, ne manque point de présider à la prière en commun faite par ses enfants ; tel autre qui a dirigé toutes les attaques dressées durant ces dernières années contre le culte catholique, veille avec soin que le prêtre vienne bénir ses moissons.

L'on criera peut-être à l'hypocrisie de la part de ces hommes : ce n'est pas complètement vrai : il faut voir dans ces vestiges d'une croyance qu'ils ont abandonnée, l'empreinte d'une longue éducation chrétienne, et un atavisme auquel on ne se dérobe jamais. Leur seconde influence sur la vie de famille résulte de ce que, accomplis le plus souvent en commun, résumant pour ainsi dire l'aspiration unanime du groupe familial, ils en rapprochent instinctivement les membres, produisent entr'eux cette cohésion et cette unité, cet esprit de corps, pouvons-nous dire, qui sont la caractéristique des familles solides. Leur influence s'exerce enfin en ce sens, que reproduits avant et après les mêmes actions, et souvent aux mêmes heures du jour, ils spiritualisent et sanctifient toutes les manifestations de notre activité et de notre vie quotidienne.

L'on peut, nous semble-t-il les ramener à trois origines différentes : ceux qui sont issus des préceptes directs du Christ contenus dans l'Evangile et la Tradition, — ceux qui dérivent des enseignements de l'Eglise ou des actes des Saints, — et ceux qui ont puisé leur source dans les religions anciennes ou les antiques légendes que l'Eglise s'est assimilées.

C'est dans les premiers que nous trouvons ces prescriptions qui constituent la base fondamentale de la religion chrétienne :

nos devoirs envers Dieu, envers le prochain, et envers nous-mêmes.

Notre-Seigneur a fait de la communion pascale une prescription formelle : nous pouvons en sanctifier l'exécution en rassemblant à pareil jour tous les membres dispersés de la famille, et en faisant en commun la communion pascale. Il est bon de maintenir les deux usages dérivés de cette fête, et qui consistent à manger l'agneau pascal ou à offrir les œufs de Pâques, comme il est bon de maintenir les usages dérivés des grandes fêtes chrétiennes : les rameaux parfois chargés de friandises, et les sabots que l'on dépose dans la cheminée aux veilles de Noël.

Mais de toutes les traditions à conserver, il n'en est pas une qui rentre mieux dans l'esprit de l'Evangile que la prière en commun. Sans cesse, Notre-Seigneur revient et insiste sur l'accomplissement de ce devoir observé encore dans beaucoup de familles. L'on devra faire en commun non seulement les prières du matin et du soir, mais encore, si l'on est rassemblé à l'heure du repas, la prière qui le précède et celle qui le suit.

Toute maison devrait posséder un petit oratoire, ou du moins, dans un des appartements du logis, un autel orné de statues et de fleurs, autour duquel on pourrait se réunir.

J'ai conservé le souvenir ému de ce temps où dans l'oratoire que ma famille avait improvisé, nous nous réunissions tous les soirs, et où, au mois de mai, la journée terminée, se rassemblaient non seulement tous les domestiques, mais encore les fermiers et métayers du voisinage. Que sont devenus ces temps, moins éloignés de nous par la longueur des années écoulées que par l'abîme moral qui nous sépare d'eux, où la famille élargie s'augmentait de tous ceux qui habitaient le même foyer, et collaboraient à la même tâche : temps où les maîtres étaient bons, et où les serviteurs étaient fidèles !

L'on devra prier non seulement le matin et le soir, mais encore au commencement de tout travail, au début de toute entreprise, à l'heure où les cloches sonnent une agonie ou l'Angelus. J'ai vu maintes fois dans les campagnes normandes ce spectacle immortalisé par la peinture, de paysans perdus dans la campagne, suspendant quelques instants leur travail pour réciter l'*Ave Maria* pendant que l'Angelus du soir tintait à la cloche lointaine.

A côté de ces usages qui découlent de nos devoirs envers Dieu nous en trouvons d'autres envers le prochain, tels ceux qui consistent à se faire accompagner des enfants dans les visites aux pauvres, à donner aux enfants l'habitude de servir les indigents qui passent, à leur apprendre certaines privations et certains sacrifices en faveur de celui qui souffre.

Nous savons des familles où des enfants de quatre ou cinq ans s'abstiennent spontanément, soit d'un plaisir auquel ils tiennent, soit à table, d'un mets dont ils sont friands, parce qu'il y a dans le monde des êtres qui en sont privés.

Voici d'autres usages concernant les morts : prier pour eux ; accompagner leur convoi funèbre, célébrer leur anniversaire, réciter un *de profundis* pour ceux dont nous apprenons la disparition, se découvrir et réciter une oraison en passant devant un cimetière, et enfin, fleurir les tombes, non seulement celles où sont ensevelis ceux qui nous sont connus ou qui nous furent chers, mais encore les tombes délaissées recouvertes de gazon et d'oubli sur lesquelles nul ne vient se mettre à genoux et prier.

Dans la deuxième catégorie des usages chrétiens, nous placerons en tête, tous ceux qui concernent la Très Sainte Vierge. La dévotion à Marie est la reine des dévotions, comme Celle qui en est l'objet est la reine des saints et des anges. Tous les traits sous lesquels les plus grands philosophes et les plus grands poètes d'autrefois ont représenté leurs héros ou leurs dieux, toutes les créations du génie d'Homère, de Platon, de Sophocle et de Virgile, toute la splendeur morale qui se dégage des sculptures de Phidias ou d'Appelles sont aussi loin de la pure et magnifique figure de Marie, que l'imagination humaine est loin de la réalité divine.

On a vu des hommes jeter le blasphème à pleine bouche et à plein livre, et s'arrêter avec respect devant la mère de Jésus : que dis-je ! bien des mécréants que nous connaissons, et bien d'autres que nous ne connaissons pas portent avec respect ses insignes. Parmi des multitudes de faits, nous signalerons seulement celui d'un grand pamphlétaire athée de notre époque qui dans un duel fut sauvé par une médaille de Marie sur laquelle vint s'aplatir la balle qui le frappait en pleine poitrine.

Voici donc les usages que nous conserverons et qu'ont adoptés toutes les familles chrétiennes : vouer les enfants au bleu et au blanc qui sont les couleurs de la Sainte Vierge ; réciter le Rosaire : après le *Pater*, il n'est pas au monde de prière plus belle que l'*Ave Maria* ; porter les médailles et le scapulaire qui lui sont consacrés ; donner aux petites filles qu'on baptise, outre le nom de leur saint patronymique, le nom de Marie ; célébrer ses fêtes, telles que la Nativité, l'Annonciation, l'Assomption, la cérémonie de la Chandeleur, populaire par ses cierges et ses crêpes, et fêter le mois qui lui est affecté, qui est aussi le mois du renouveau, des brises et des fleurs.

Après la Sainte Vierge, il est bien d'autres saints, protecteurs des maisons et des foyers dont on doit invoquer le patronage. Il en est qui protègent certaines régions, comme saint Yves pour la Bretagne et saint Michel pour la Normandie, d'autres certaines professions, comme saint Joseph ou saint Roch.

L'un sera le patron des pêcheurs, l'autre des moissonneurs ; celui-ci des automobilistes, terreur des passants ; celui-là des candidats au baccalauréat.

De tous ces saints, il n'en est pas un plus populaire, plus à la mode pouvons-nous dire, — car il y a des modes de saints — que saint Antoine de Padoue. En notre époque, il fait merveille : dans maints hôpitaux, maintes petites sœurs des pauvres en ont fait l'argenteuse épreuve. Mettons la maison et la famille sous l'invocation de l'un de ces saints, particulièrement de notre saint patron ; plaçons dans l'un de nos appartements la statue ou le tableau qui le représente, invoquons-le dans des cas déterminés où l'on sait qu'il a coutume d'intervenir. Parmi les procédés naïfs que nous signalons sans trop les conseiller, car la familiarité n'est permise qu'aux très grands amis, il en est un qui consiste, afin de hâter leur intervention en des époques d'intempéries et d'orages, à arracher le saint du lieu confortable où il se trouve pour le déposer sur la fenêtre et le laisser en butte à l'inclémence du temps. Les petites sœurs des pauvres ont trouvé salutaire aux heures de famine, de tourner leurs saints le visage contre le mur ou la face contre terre jusqu'à ce que, las de cette fatigante posture, ils se décident à provoquer l'arrivage des vivres.

Un usage qui malheureusement se perd dans nos campagnes, consiste à attirer la bénédiction de Dieu sur les récoltes en suivant la procession des rogations et en dressant dans un coin de la propriété, près des routes, un autel où l'on expose l'eau et le laurier qui doivent servir à bénir la glèbe et où l'on offre les prémices des fruits mûrs et des moissons nouvelles.

Enfin, au-dessus de tous ces usages et de tous ces patronages, nous mettrons celui qui consiste à placer sur la porte d'entrée de la maison ou du moins sur celle des appartements intérieurs le portrait du Sacré-Cœur de Jésus.

Dans la troisième catégorie des usages chrétiens, il en est

qui pourraient être assimilés à ceux que nous venons d'énumérer, et que nous avons placés en ce cadre, parce qu'ils semblent être empruntés à des usages que les religions anciennes avaient institués, soit qu'ils puisassent leur origine dans les révélations antiques dont la pureté s'était altérée, soit qu'ils correspondissent à cet éternel besoin de l'âme humaine consciente de sa faiblesse, de rapprocher la Divinité de tous ses besoins, de tous ses rêves, de toutes les manifestations de sa vie quotidienne.

Au delà des périodes historiques, dans les cavernes des époques quaternaires, l'homme du Moustier et de la Chapelle aux Saints, nous a laissé, sculptés grossièrement sur les murailles les vestiges d'une croyance religieuse et d'un rite. Et c'est ainsi qu'à chaque pas, à chaque étape que la science a franchie dans les profondeurs de l'inconnu, comptant trouver dans sés investigations un démenti aux paroles divines, s'est dressée implacable cette double notion plus ou moins obsurcie depuis l'origine du monde : la croyance en la Divinité, et l'aspiration de l'âme humaine vers l'immortalité !

Plus tard, chaque effort, chaque profession, chaque art, chaque vertu et même chaque vice eut ses divinités et son culte. Dans les civilisations grecque et latine, Apollon présidait aux assemblées des poètes, Pallas Athené à celle des sages, Mars à celle des guerriers, Mercure Hermès à celle des voyageurs, Bacchus à celle des ivrognes, Flore, Pomone et la blonde Cérès aux fleurs, aux fruits et aux moissons, pendant que les lares veillaient à la sécurité du foyer. Le nombre des divinités égala celui des aspirations du cœur de l'homme si bien que selon Bossuet, tout était devenu dieu excepté Dieu lui-même.

Le christianisme, avec sa conception d'un Dieu unique détruisit ces rites particuliers et ces usages. Mais parmi ces usages et ces rites il y avait à conserver à la fois tout ce qui était un écho lointain de la révélation primitive et tout ce qui était devenu une nécessité morale. Avec notre Dieu entouré de tous ses attributs, avec notre Providence si proche de nos aspirations et de nos désirs, et se manifestant à nous sous tant de formes diverses, l'Eglise pouvait trouver dans son propre fonds et dans sa propre histoire la reconstitution des usages et des rites consacrés aux divinités disparues.

Dans nos régions gauloises, à l'approche de l'année nouvelle, les jeunes gens couraient durant la nuit d'une maison à l'autre, portant le gui et chantant :

« Nous sommes arrivés, nous sommes arrivés
« A la porte du Rick (1)
« Dame, donnez-nous l'étrenne du gui.

L'Église s'est assimilé cet usage, et les « guillonnês » continuèrent à cheminer parmi les sentiers et les combes, non plus pour offrir le gui païen, mais pour annoncer aux populations des champs et des villes, l'anniversaire de la venue du Sauveur.

L'antiquité païenne cultivait le rite des fontaines séjour des naïades, des néréides et des nymphes ; dans nos contrées elles-mêmes, la déesse Tutéla présidait aux destinées de leurs ondes : l'Eglise a conservé la bénédiction des eaux et le culte des fontaines.

L'antiquité païenne plaçait la maison sous l'invocation des dieux lares ; l'Église bénit nos demeures, nos étables et nos granges.

La branche de gui cueillie en l'an neuf était accrochée aux murs de la hutte ou plantée au coin des champs semés d'orge ; notre laurier bénit, orne nos maisons et protège nos labours. Le Carnaval voyait se dérouler d'étranges saturnales où l'orgie et la débauche se donnaient libre cours ; l'Eglise a accepté cet usage qu'elle n'a pu abolir, mais a rappelé que quarante jours de piété et de jeune doivent suivre ces fêtes trop profanes.

De ces croyances, de ces légendes, d'une religion mal comprise, sont issues des superstitions d'autant plus nombreuses et parfois bouffonnes que la Foi a plus complètement disparu.

On peut être superstitieux de deux manières : tout d'abord en adoptant une croyance ou un usage pieux, louable en soi, mais en leur attribuant un effet personnel et déterminé qu'ils ne sauraient avoir, comme celui qui consisterait à croire que telle prière doit fatalement guérir de telle maladie, que tel saint doit préserver de tel accident, à l'exemple de cette dame qui, ayant placé une statue de Saint Antoine dans son poulailler afin de guérir sa volaille qu'exterminait la pépie, bâtonna vigoureusement le saint qui n'avait pas rempli son devoir. L'acte du rhéteur faisant baptiser sa fille avec l'eau du Jourdain, procède encore, plutôt d'un mouvement superstitieux que d'une religion bien entendue.

---

(1) Veut dire seigneur, chef.

On peut encore être superstitieux en observant telle croyance ou telle pratique formellement condamnée par l'Eglise, telle que la croyance aux revenants et le recours aux manœuvres de sorcellerie.

Dans nos régions, surtout dans les pays de bois ou de montagnes où la profondeur des forêts et le silence des nuits sont peuplés d'ombres et remplis de mystère, et où l'imagination s'exalte au récit des anciennes légendes que les générations en se succédant ont encore amplifiées, les usages superstitieux existent en grand nombre.

Quel prêtre de ces régions n'a pas été obsédé par des demandes d'oraisons pour chasser le « mandagot » du corps d'un membre de la famille à qui l'on a jeté un sort, ou pour dire une messe spéciale (san-séquèri) afin de faire périr de maigreur un ennemi ou un voisin incommode ! Et pourquoi parler des campagnes ? Il est un usage qui consiste, quand on veut démasquer un sorcier, à déposer au fond du bénitier de l'église neuf pois chiches au début de la messe. Celà fait, le sorcier qui assiste à la messe sort précipitamment au moment de l'élévation. Or nous avons vu celà, un dimanche matin, à la messe de dix heures, dans le bénitier d'une de nos grandes cathédrales.

L'on récite en outre diverses prières pour remédier à certains malaises. C'est ainsi que les entorses se guérissent en apposant la paume de la main sur la partie endolorie et en récitant trois *Pater* d'où l'on a exlu le *tua* qui suit voluntas, et en récitant durant chaque intervalle certain latin qui n'a que de vagues rapports avec celui de Cicéron, et où l'on dit à peu près ceci : *te ante, — te super ante, — te super ante te.*

Nous n'en finirions pas d'énumérer les pratiques et usages de ce genre, et les croyances aux revenants aux sorts et aux sorciers, et d'exposer l'industrie florissante qui consiste à notre époque à pratiquer l'art d'exploiter la crédulité publique.

Voici cependant un dernier usage superstitieux qu'il est bon de faire connaître : L'antiquité déduisait du vol des oiseaux, la connaissance de l'avenir ; il y avait les oiseaux de bon augure tels les aigles et les colombes, et les oiseaux de mauvais augure tels les hiboux et les orfraies.

Or, depuis deux mille ans, les chats-huants et les hiboux ne se sont pas encore réhabilités. Quand, durant les nuits obscures, l'orfraie vient hurler autour des demeures, on jette au feu du sel ou du laurier bénit desséché, dont la fumée chasse au loin le malfaisant volatile. Malheur à la maison, à ses habitants, gens ou bestiaux si l'oiseau vient chanter sur la cheminée ; quelqu'un mourra fatalement dans la nuit.

Voilà, Messieurs, quelques-uns de ces usages qu'il faut rejeter.

Nous vous avons énuméré une partie de ceux qu'il faut rigoureusement conserver, non seulement parce que, une grande piété y est infuse, non seulement parce qu'ils sont d'une pratique facile, mais surtout parce qu'ils font partie de ce patrimoine moral que se sont transmis l'une à l'autre les générations qui nous ont précédés.

Je ne parle ici, Messieurs, qu'en catholique, mais comme tel je peux dire que nous sommes un peuple qui aime et qui respecte son passé parce qu'il est grand et parce qu'il est beau, et qu'il n'est pas de nation qui ait pu écrire une histoire aussi magnifique par la noblesse de sa pensée, la splendeur de son génie et la beauté de ses gestes.

Nous ne sommes pas le résultat d'une improvisation hâtive, mais de la longue expérience des siècles : tour à tour, les générations sont passées, apportant chacune son effort, son progrès et sa souffrance à cet édifice que nous devons léguer intact et agrandi sous peine de déchoir, à ceux qui viendront après nous ; et voilà pourquoi nous ferons œuvre de traditionnalisme chrétien en ressucitant ou en maintenant des usages qui dans une certaine mesure ont fait la solidité de la famille et de la société dans le passé comme ils en feront la solidité dans l'avenir.

G. COURTES.

Monseigneur, après avoir remercié M. Courtès, constate, en effet, que les usages chrétiens entretiennent l'esprit de famille et qu'il est urgent de les restaurer. Quelques échanges de vues fort intéressants se produisent alors entre MM. Combes, Despin, Descuns, au sujet de la prière en commun. Une constatation s'impose : c'est qu'elle est généralement abandonnée. M. Maurice Costes dit que les enfants peuvent, sur ce point, exercer auprès de leurs parents quelque influence. Si le père ne prend pas part à cette prière, la mère peut au moins, elle, la réciter avec ses enfants. M. l'archiprêtre de Villeréal et M. le curé de Poudenas recommandent aux familles vraiment catholiques, qui doivent prêcher d'exemple, l'assistance aux vêpres. M. Combes souligne une idée de M. Courtès à propos des usages mortuaires catholiques, et regrette que l'on ne se réunisse plus pour les services de huitaine, de bout de mois, d'anniversaire. L'esprit de famille y perd.

Après quelques mots de MM. J. Ambiard et Descuns sur les superstitions et la nécessité de les combattre, la séance est levée à 11 h. 3/4.

## 2° Séance. — La Famille et les Œuvres sociales

Les congressistes sont déjà très nombreux à cette deuxième séance. Jamais au premier jour il n'y avait eu une pareille affluence ; la vaste salle est à peu près remplie. Sur l'estrade, auprès de Mgr l'Evêque, ont pris place la plupart des membres du Comité diocésain et certaines notabilités catholiques, MM. Brocq, Séré, Botet de Lacaze, de Lacvivier, Paul Amblard, etc.

Deux rapports vont occuper cette séance. Le premier, présenté par Mr Villatte, a pour sujet : *l'Evolution de la famille agricole dans le Sud-Ouest, spécialement dans le Lot-et-Garonne ; ses dangers, ses résultats ; remèdes possibles.* C'est avec beaucoup de clarté, d'ordre et de précision que M. le Rapporteur expose cette question importante. Traitant d'abord de l'évolution de la famille agricole au point de vue matériel, il établit un parallèle entre ce que fut la famille autrefois et ce qu'elle est à notre époque. Les progrès réalisés dans l'habitation, la nourriture, le vêtement, n'ont pas empêché les enfants d'abandonner le toit familial ; la natalité a diminué et diminue encore ; les enfants ont moins de respect pour leurs parents et ne leur obéissent plus. D'où cela vient-il ? De ce qu'il y a eu une autre évolution déplorable, l'évolution au point de vue moral. On n'enseigne plus les commandements de Dieu à l'école, les pères et mères ne donnent plus le bon exemple à leurs enfants et n'exercent plus sur eux l'autorité nécessaire. La famille est désorganisée. Il y a désaccord souvent entre ses divers membres ; les séparations, les divorces se multiplient et les enfants sont laissés à l'abandon. N'étant plus retenus par l'esprit de famille, les jeunes gens et jeunes filles quittent la campagne et vont dans les villes. Conséquences : l'agriculture manque de bras. Pour y remédier on a fait appel à des agriculteurs étrangers, Vendéens, Bretons, Lozériens, etc... Si cette immigration a procuré quelques avantages, elle a eu aussi pas mal d'inconvénients. Certains qui chez eux pratiquaient leur religion et allaient à l'église, ont suivi, arrivés chez nous, la grande masse des indifférents. Il est donc à désirer, ce sont les vœux de M. le Rapporteur. 1° que l'on fasse une sélection parmi ces familles d'immigrants en demandant des renseignements, principalement à leurs curés, avant de les prendre ; 2° que l'on s'intéresse aussi davantage à nos agriculteurs indigènes qui sont, pour la plupart, aussi intéressants que les étrangers. Les maîtres doivent mettre en pratique le précepte de J.-C. : « Aimez-vous les uns les autres. »

### *Evolution de la famille dans le Sud-Ouest spécialement dans le Lot-et-Garonne, ses résutats, ses dangers, remèdes possibles*

**RAPPORT par Mᵉ VILLATTE, avocat à Nérac**

Monseigneur,

S'il est un sujet d'actualité intéressant à traiter et important entre tous, c'est assurément celui que Votre Grandeur a bien voulu me confier aujourd'hui.

Je ne m'en dissimule certes pas la gravité et la difficulté, et je sais que bien d'autres auraient été mieux qualifiés que moi pour le discuter ; je tâcherai cependant, en faisant appel à Votre indulgence, de justifier de mon mieux la confiance que Vous m'avez témoignée en cette circonstance.

Y a-t-il en effet, Monseigneur, Mesdames et Messieurs, une question plus délicate et dont la solution intéresse davantage l'avenir de notre pays que celle que j'ai à développer devant vous ? Je ne le crois pas. Il suffit en effet de jeter un regard sur notre région et plus particulièrement sur notre beau département pour s'en rendre compte.

A côté de quelques centres industriels, peu nombreux du reste, que voyons-nous ? Les magnifiques plaines de la Garonne, du Lot et de la Baïse pour ne citer que les principales dont la richesse est incomparable, dont la fertilité est si grande qu'on peut à juste titre les appeler le jardin de la France, et à côté de ces plaines, des côteaux, comme ceux de Layrac, de Buzet, de Montgaillard et autres lieux qui nous fournissent des vins délicieux quand ils ne constituent pas des crus renommés. Il y a enfin nos Landes de l'arrondissement de Nérac et de Marmande, dont le sol était autrefois si pauvre et si délaissé, et dont la richesse est aujourd'hui supérieure peut-être à celle des cantons voisins.

Mais comment faire pour profiter et tirer parti de cette fertilité et de toutes ces richesses ? C'est ce que nous allons examiner ensemble si vous le voulez bien.

Je diviserai mon rapport en trois parties et traiterai d'abord de l'évolution de la famille agricole au point de vue matériel, et en second lieu de l'évolution au point de vue moral.

Nous verrons enfin quelles sont les conclusions que nous devons formuler et les vœux que nous pouvons émettre.

## I. — EVOLUTION AU POINT DE VUE MATERIEL

Si nous examinons ce qu'était autrefois la famille agricole et ce qu'elle est aujourd'hui, nous y trouvons des changements considérables.

Autrefois en effet la famille se contentait de peu, le pain qui était la base principale de sa nourriture était fabriqué par elle et servait, avec les légumes qu'elle pouvait récolter, à son alimentation pendant la semaine ; ce n'est que le dimanche et rarement le jeudi qu'elle mangeait un peu de viande ; sa boisson était fortifiante puisqu'elle avait du vin à sa disposition ; quant au café c'était un extra qu'on se permettait pour les jours de grande fête. La maison d'habitation laissait à désirer; et c'était souvent dans la même chambre que la famille entière se reposait la nuit.

Les vêtements étaient propres, mais très simples, et les grand' mères, avec leurs rouets légendaires, se chargeaient de filer sur leurs quenouilles le fil qui allait ensuite chez le tisserand se transformer et donner la toile dont le ménage avait besoin.

Quant aux enfants, il n'était pas rare d'en voir quatre ou cinq par famille, qu'on élevait du mieux que l'on pouvait, mais qui, devenus grands, au lieu de déserter la maison paternelle, restaient avec leurs parents, et grâce à l'aide qu'ils apportaient à ces derniers, leur permettaient d'entreprendre des travaux plus importants et de ramasser ainsi un petit pécule qui leur fournissait les moyens de les établir à leur tour, et de fonder une nouvelle famille.

Le père était bien alors le vrai chef de la famille, il n'avait qu'à parler pour être obéi et les enfants avaient pour lui un profond respect et une soumission absolue. Cette soumission, ils l'avaient aussi pour leur mère, mais elle était, si possible, plus tendre, plus affectueuse, plus caressante, car ils se souvenaient que leurs premiers pas, c'est elle qui les leur avait enseignés. Aujourd'hui quel changement complet, et si pour certaines choses ce changement constitue un progrès appréciable, combien en revanche il est triste d'en constater les résultats pour les autres.

La nourriture est plus saine et meilleure. Tout le monde dans nos campagnes, à part de rares exceptions, porte son blé chez le boulanger, et ce dernier fournit en échange le pain nécessaire à la famille et en proportion avec la quantité de blé qui lui a été remise.

Au lieu de se contenter comme autrefois de légumes pour son ordinaire pendant la semaine, la viande fait chaque jour son apparition sur la table familiale et vient ainsi, avec le vin que l'on consomme, réparer les forces de nos travailleurs des champs et leur donner plus de courage pour se remettre au labeur.

Quant au café, il est maintenant d'un usage commun et est servi par la mère de famille les dimanches et jours de fête.

On a fait également des progrès sensibles pour la maison d'habitation ; les chambres sont plus vastes, mieux aérées, et on ne voit plus les personnes de sexes différents coucher comme autrefois dans une chambre unique, à raison de l'exiguïté du logis.

En ce qui concerne les vêtements, on ne se contente plus de ceux d'autrefois, ils sont plus luxueux, et c'est surtout chez la femme qu'on s'aperçoit de ce changement. Certes on en trouve encore parmi elles quelques-unes qui ont conservé leurs habitudes et leur simplicité d'antan, ce sont les femmes d'un âge déjà avancé, mais il n'en est pas de même des mères de famille et surtout de leurs jeunes filles. Avec les facilités nouvelles qu'elles ont et les marchandises qui leur sont fournies par les grands magasins, elles ont souvent des toilettes qui sont loin d'être en rapport avec leur situation ; quelques-unes même abandonnent ce joli foulard si coquet qu'elles posaient si gracieusement sur leur tête et qui leur allait si bien pour prendre des chapeaux qui les écrasent quand ils ne les masquent pas.

Elles feraient bien mieux de conserver leur argent pour des choses plus utiles, et surtout pour les cas malheureusement trop fréquents où la maladie vient frapper à leur porte.

Mais où l'évolution au point de vue matériel est devenue dangereuse et triste à constater, c'est au point de vue de la natalité des enfants, de leur abandon du toit familial, et de leur conduite à l'égard de leurs parents.

C'est en effet une question capitale pour notre pays, et pour notre département en particulier, que cette question de la dépopulation de nos campagnes. Au lieu d'avoir quatre ou cinq enfants comme autrefois, si vous parcourez nos villages, vous voyez dans les familles un ou deux enfants au plus, et d'où vient cette diminution ? C'est que les parents ne se soucient pas d'avoir un grand nombre d'enfants parce qu'ils ont peur des charges qui en résulteront pour eux et qu'ils craignent de ne pas pouvoir les élever.

Ils ne s'aperçoivent pas que c'est une source de richesses dont ils se privent, et que dans une famille agricole, loin d'appauvrir les parents, la venue des enfants ne peut que leur être utile. Ah certes ! je reconnais que pendant que les enfants sont en bas âge, les parents auront à prendre un peu plus de peine, mais il leur faut si peu de chose à ce moment, et plus tard en revanche de quel secours ne seront-ils pas pour eux.

Dès qu'ils sont en âge de travailler, au lieu de rester dans la petite exploitation où ils se trouvaient, ils peuvent en prendre une plus importante, et qu'est-ce qui en résultera, c'est que leurs revenus augmenteront, car ils auront alors les bras qui leur seront nécessaires pour travailler et remuer cette terre qui leur aura été confiée, et en obtenir les richesses qu'ils peuvent attendre de sa fertilité.

C'est donc à l'encontre de leurs intérêts qu'ils vont et ils en seront les premières dupes ; car voyant les maigres résultats par eux obtenus, leurs enfants les quitteront, abandonneront le toit familial et iront se placer en qualité de domestiques dans une autre exploitation, où ils seront certains d'avoir leurs services mieux rémunérés.

De plus, à l'époque où nous vivons, les enfants n'ont plus pour leurs parents le respect qu'ils avaient autrefois, ils ne leur obéissent plus, ils veulent être les maîtres et, si les parents leur font à bon droit quelques observations, ils les envoient promener, quand certains ne s'oublient pas jusqu'à les injurier.

D'où proviennent ces changements, quelle en est la cause ?

C'est le second point que je vais examiner en parlant de l'évolution au point de vue moral.

## II

Quelle en est la cause ? Ah ! elle est bien simple et elle n'est que trop visible. C'est que la mentalité des enfants comme celle des parents a totalement changé. Autrefois dans les Ecoles comme dans nos Prétoires, il y avait le Crucifix.

Autrefois on y enseignait le catéchisme et on voyait à côté de la robe des frères la cornette de nos religieuses.

Autrefois on enseignait aux enfants les devoirs qu'ils avaient à remplir envers Dieu et envers leurs parents.

Aujourd'hui le Crucifix a disparu de nos Ecoles comme de nos Tribunaux, on l'en a banni et jeté à la voirie. N'était-il pas bien cependant à sa place Celui qui avait dit ces paroles si touchantes : Ah ! laissez-venir à moi les petits enfants ? N'était-il pas bien cependant à sa place Celui qui est la Justice même et qui un jour sera notre Souverain Juge ?

Aujourd'hui vous ne verrez pas davantage la robe des religieux ni la cornette des religieuses, on les a traités comme leur Maître, on les a chassés comme lui. C'est que dans ce monde de jouisseurs et d'égoïstes on ne pouvait tolérer la présence d'hommes et de femmes qui personnifiaient, l'abnégation, le dévouement et la charité, et qui constituaient pour les puissants du jour un reproche vivant et perpétuel.

Aujourd'hui enfin on enseigne aux enfants qu'il n'y a pas de Dieu, et on leur dit qu'ils doivent obéir à l'Etat à qui ils appartiennent plutôt qu'à leurs parents.

Ni Dieu, ni maitre, telle est la devise. Etonnez-vous après cela des résultats obtenus.

Ces résultats auraient pu cependant être moins mauvais si les parents avaient eux aussi rempli leurs devoirs à l'égard de leurs enfants.

Autrefois en effet les parents tenaient à prêcher eux-mêmes d'exemple, allaient à l'église, surveillaient leurs enfants avec soin, et ces derniers, voyant leurs parents remplir leurs devoirs envers Dieu, en faisaient autant.

Aujourd'hui au contraire, les parents sont les premiers à leur donner le mauvais exemple, tournent en dérision la religion, bafouent ses ministres, tiennent quelquefois en présence de leurs enfants des propos grossiers et inconvenants, et loin de les surveiller ou de les corriger, leur laissent la bride sur le cou, et s'amusent de leurs réflexions quand ils ne les excitent pas à mal faire.

Comment dès lors être surpris de la mentalité de ces enfants et de l'évolution qui s'est produite au point de vue moral dans les familles agricoles ?

La famille autrefois si unie est complètement désorganisée,

car le seul lien qui la soudait et la retenait est rompu. Pour un rien surgissent des discussions dans le ménage, les querelles s'enveniment et se terminent par des Jugements de séparation de corps ou de divorce. La famille alors n'existe plus et ce sont les enfants qui en sont les premières victimes. Mais ces enfants qui ont assisté à toutes ces scènes, en ont conservé une vive impression et se laissent aller à ne plus avoir aucune considération pour leurs parents, aussi lorsque plus tard ils fondent à leur tour une famille, ils sont déjà gangrenés et tout prêts à les imiter.

Il en est d'autres au contraire qui navrés de voir les scènes quotidiennes qui ont lieu dans leur famille, et ayant à peine de quoi vivre, car le travail s'en ressent, ne songent alors qu'à la quitter. Ils vont se placer chez des étrangers ou bien, espérant mieux réussir dans les villes où ils ont fait leur service militaire, et se souvenant des plaisirs et des distractions qu'ils y ont trouvés, ils s'empressent de s'y rendre. Mais souvent grande est leur déception, car si les salaires sont quelquefois plus élevés, les frais le sont aussi, ils peuvent alors à peine se suffire, sont quelquefois réduits à la misère et ne trouvant pas toujours du travail, ils se laissent alors aller à commettre des actes qui tôt ou tard les amènent sur les bancs de la correctionnelle ou de la Cour d'assises.

Enfin certains abandonnent le travail de la terre, le trouvant trop fatigant et pas assez rémunérateur, et cherchent à obtenir une place de facteur ou de cantonnier, et c'est ainsi que pour un motif ou pour un autre, l'Agriculture manque de bras, et que cette région, si fertile cependant, est loin de donner les résultats qu'on serait en droit d'en attendre.

Que faire alors pour réagir et essayer d'apporter remède à cette situation déplorable pour notre département ?

Il y a déjà un certain temps qu'on s'en préoccupe et on s'est dit : Puisqu'il n'y a pas dans notre département la main d'œuvre suffisante, puisque la population diminue et qu'il est à craindre que cette diminution n'aille chaque jour en augmentant, puisque certains de ceux qui pourraient travailler désertent nos campagnes pour aller dans la ville et préfèrent devenir fonctionnaires que rester agriculteurs comme leurs aïeux, pourquoi n'essaierions-nous pas de combler ces vides et de faire appel à des agriculteurs étrangers ? De l'idée aux actes il n'y avait qu'un pas à franchir, et ce pas a été vite fait.

C'est tout d'abord à des Vendéens qu'isolément certains propriétaires se sont adressés, et puis grâce à vous, Monseigneur, il a été fondé dans notre département, un syndicat régional de recrutement agricole à la tête duquel se trouve M. le chanoine Dubourg, que j'avais vu à l'œuvre à Montagnac, et dont depuis longtemps j'avais pu apprécier la valeur et l'inaltérable dévouement à toutes les œuvres sociales.

Sous son inspiration, ce syndicat a prospéré, et aujourd'hui ce n'est plus seulement aux familles de Vendée qu'on fait appel, mais encore à celles de la Bretagne, de l'Aveyron et de la Lozère.

Cette introduction d'agriculteurs étrangers chez nous a-t-elle eu des résultats avantageux, et le but qu'on se proposait a-t-il été réellement atteint ? En rapporteur fidèle et complètement impartial, je suis obligé de reconnaître et de dire qu'il y a eu pas mal de déceptions, au moins dans ma région néracaise.

Ce que l'on voulait, c'était obtenir des agriculteurs vaillants, ayant une famille nombreuse et qui, venant de départements où la religion était encore en honneur, agiraient chez nous comme ils le faisaient chez eux, n'auraient pas de respect humain, et ne craindraient pas de donner le bon exemple aux indigènes.

Au lieu de cela, que s'est-il passé ? C'est qu'au début, peu au courant de la façon dont nos terres étaient travaillées, ils ont eu peu de revenus et se sont vite lassés de ne presque rien récolter. Chez eux ils consommaient beaucoup de lait et pas de vin, chez nous c'est tout l'opposé et pour ma part j'ai été obligé d'intervenir à plusieurs reprises et mettre l'ordre dans ma commune de Calignac dans certains ménages de Vendéens qui, sous l'action du vin qu'ils avaient bu, mettaient trop facilement en pratique cette maxime : « *qui bene amat bene castigat.* »

Chez eux enfin ils allaient à l'église, assistaient aux offices, tandis que dans les communes où ils ont été transplantés, à part de rares exceptions, ils n'y mettent plus les pieds, et savez-vous ce qu'ils répondent à ceux qui leur manifestent leur étonnement, cela m'a été rapporté par une personne digne de foi : « C'est vrai, chez nous nous allions à la messe, mais parce que « tout le monde y allait et que nous nous serions fait remar- « quer si nous n'avions pas fait comme les autres. Chez vous la « grande majorité n'y va pas et alors nous faisons comme « elle. »

Ce qui fait qu'au lieu de donner le bon exemple comme on l'espérait, ce sont eux qui suivent le mauvais qu'ils ont sous les yeux et deviennent aussi indifférents que nos indigènes.

D'où vient cette déception ? Elle est bien facile à indiquer.

Supposez en effet que dans notre département il y ait pléthore d'habitants, et que tous les agriculteurs ne puissent pas avoir de travail, quels sont ceux qui resteront sans rien faire et sans trouver de place ? Evidemment les moins bons. Vous, comme moi, ce n'est pas douteux, vous préféreriez vous adresser à des agriculteurs vaillants et soigneux et vous laisseriez les autres de côté.

Eh bien, je vous le demande à vous qui m'écoutez, croyez-vous qu'en Vendée, ce ne soit pas la même chose ? Poser la question c'est la résoudre, et il est certain que les propriétaires de cette région doivent faire le raisonnement que nous ferions nous-mêmes si nous étions à leur place. Ils prennent les bons et laissent les autres, et malheureusement pour nous ce sont les autres qui nous arrivent.

En est-il de même des Bretons, des Aveyronnais et des Lozériens ? Je ne suis pas suffisamment fixé à leur sujet pour émettre un avis, mais s'il en est parmi vous qui en aient à leur service, ils pourront mieux que moi le donner tout à l'heure.

Est-ce à dire qu'il n'y ait rien à faire et qu'il faille jeter le manche après la cognée ? Certes non, et telle n'est pas ma pensée.

Ce que j'ai voulu, c'est rapporter fidèlement ce qui se passe et vous mettre en garde contre un engouement quelquefois injustifié.

Ce n'est pas en voyant tout en beau qu'on obtient des résultats utiles et féconds, il faut savoir mettre le fer dans la plaie, et ne pas craindre de dire la vérité, fut-elle désagréable à entendre et à constater..

Ce qu'il faut, et le syndicat régional de recrutement agricole le peut mieux que personne, c'est ne pas prendre les premiers venus, c'est faire une sélection parmi les familles agricoles qu'on vous propose, c'est prendre des renseignements sur les membres de ces familles, et pour cela s'adresser aux prêtres qui desservent les paroisses dans lesquelles ils habitent, vous ne risquerez pas ainsi d'être trompés, vous saurez que les familles qu'on vous propose sont composées de personnes vaillantes, sérieuses et que si elles vont à l'église, ce n'est pas par une sorte de respect humain à rebours et pour faire comme les autres. Vous pourrez avoir encore peut-être quelques déceptions, mais vous aurez fait en tout cas ce que vous aurez pu pour les éviter.

Ce n'est pas tout cependant ; voilà ces familles transplantées dans vos propriétés et complètement dépaysées, c'est votre rôle qui commence. Il vous appartient de les encourager, de leur donner des conseils pratiques, de les aider de toutes façons, et vous le savez aussi bien que moi, la façon de donner vaut mieux souvent que ce que l'on donne. Faites tout votre possible pour vous les attacher, donnez-leur vous-même le bon exemple, et que cette terre soit pour ces familles la plage hospitalière qu'elles ne songeront ensuite jamais à quitter. Leurs enfants feront souche dans le pays, et petit à petit, arriveront peut-être à améliorer l'esprit et la mentalité de ceux qui habiteront autour d'eux.

Voilà pour les familles étrangères que vous ferez venir et qui viendront s'établir parmi nous ; mais il me semble que je n'aurais pas rempli complètement ma mission si je n'examinais pas en même temps s'il n'y a rien à faire avec les habitants de notre région.

Ces habitants, vous les connaissez aussi bien que moi, et il faut leur rendre cette justice qu'ils ne sont pas plus mauvais que les autres. Qu'est-ce qui a pu les amener au point où ils en sont aujourd'hui ? Certes la mauvaise presse y a contribué pour beaucoup, mais avons-nous fait pour eux tout ce que nous devions, et ne nous en sommes-nous pas trop désintéressés ? Sachons faire à ce sujet notre examen de conscience et reconnaître les torts que nous pouvons avoir.

La plupart d'entre nous étaient en effet appelés par leur situation, par leur fortune et par leur intelligence à être pour ces habitants le guide éclairé dont ils avaient besoin, avons-nous rempli la mission qui nous était échue ici-bas et leur avons-nous toujours donné le bon exemple ?

Péché avoué, dit-on, est à moitié pardonné ; eh bien, ne craignons pas d'avouer et de reconnaitre qu'il y a un peu de notre faute dans ce qui arrive.

Beaucoup trop d'entre nous se sont désintéressés de ce qui se passait autour d'eux, et au lieu d'aller au peuple attendaient qu'il vint à eux ; s'ils y comptaient, c'était bien mal le connaître. Il était donc tout prêt à écouter les charlatans qui lui promettaient monts et merveilles, sauf à ne rien tenir du tout ; mais le pli était donné et lorsqu'au moment de la période électorale on voulait essayer de le ramener, c'était bien difficile, pour ne pas dire impossible. C'est parce qu'il a besoin de nous qu'il consent aujourd'hui à se souvenir que nous existons, se di-

ıt les électeurs, et malheureusement trop souvent leur ré-
on était juste.

vous appartient de leur prouver le contraire, et puisque le ıle ne vient pas à vous, allez à lui, faites-lui connaitre les ments qui vous animent à son égard, soyez bons et affables lui et vous arriverez certainement à détruire les préjugés s préventions qui existent à notre encontre.

meilleur moyen est de commencer avec ceux qui sont en ort plus direct avec vous, avec vos fermiers, avec vos mé-rs, avec vos serviteurs, et vous verrez que la réussite cou-era vos efforts.

est certain, à part de rares exceptions, que de nos jours la irie est la misère ou l'aisance, selon ce qu'est et ce que vaut ıtron. Les métayers, en général, manquent de beaucoup de es et sont encore enclins à la routine : donnez-leur des eils pratiques, faites-leur toucher du doigt les avantages s retireront d'une culture intensive, et pour qu'ils puissent ·er et mettre en pratique les conseils que vous leur aurez ıés, faites-leur les avances dont ils ont besoin : argent, se-es, engrais. Si vous n'avez pas vous-même de fonds dispo-s, adressez-vous aux Caisses rurales qui les mettront à vo-osition, et avant peu, non seulement vous récupérerez vos ces, mais vous aurez encore, votre métayer et vous, des re-s beaucoup plus importants. Les terres mieux travaillées donneront des récoltes meilleures, en même temps que le l plus nombreux et mieux nourri vous fournira des résul-inespérés, si bien que vos métayers de la misère passeront isance. Leurs enfants encouragés par les résultats obtenus, eu de déserter la terre et de la regarder comme une marâ-'y attacheront et ne demanderont à leur tour qu'à y rester : aurez ainsi fait œuvre utile, et vous en bénéficierez vous-e, non seulement à raison des résultats matériels obtenus, surtout à cause de l'exemple que vous aurez donné, et dont voisins ne seront pas les derniers à s'apercevoir.

us aurez enfin en agissant ainsi donné une vie nouvelle à famille agricole qui périclitait et était sur le point de dis-ıtre, mais vous aurez surtout la satisfaction du devoir ac-li, car vous aurez prouvé par vos actes que vous êtes de chrétiens, tenant à mettre en pratique cette maxime si que le Christ nous a léguée :

*Aimez-vous les uns les autres*

Je propose en conséquence comme conclusion pratique d'émettre les vœux suivants :

I. Que ceux qui voudront essayer de faire venir chez eux des agriculteurs étrangers s'adressent au Syndicat régional de recrutement agricole, dont le siège est à Agen 57, rue Grande Horloge, qui devra faire une sélection sérieuse parmi les familles disposées à se dépayser, et pour ne fournir que de bons travailleurs et de bons chrétiens, demander des renseignements aux prêtres des paroisses dans lesquelles se trouvent ces familles.

II. Qu'on s'intéresse davantage aux familles agricoles de notre région qui ne sont pas plus mauvaises que les autres, mais qu'on a un peu trop abandonnées ; que les maîtres, pour les étrangers comme pour les indigènes, modifient leur façon d'agir, leur donnent de bons conseils, leur fassent certains avantages et leur fournissent les avances dont ils ont besoin pour obtenir un meilleur rendement des propriétés qu'ils leur auront confiées et qu'ils ne songeront plus ainsi à quitter.

Au début de la discussion qui s'engage au sujet de cette immigration d'ouvriers agricoles, M. l'abbé Pons expose une difficulté ; elle vient de ce que ces immigrés ne sont pas habitués au genre de travaux et de cultures qu'on leur demande. La difficulté est réelle ; mais, répond M. Villatte, elle n'est pas insoluble. M. l'Archiprêtre de Prayssas dit, en effet, que dans son canton, certains propriétaires sont arrivés, avec des Vendéens, à de très bons résultats. MM. le chanoine Dubourg et Tandonnet échangent quelques observations au sujet des syndicats agricoles où il serait désirable de les réunir pour avoir sur eux plus d'action, au point de vue social et religieux. M. Rengade fait remarquer qu'il serait bon de s'occuper non seulement des ouvriers agricoles, mais aussi des agriculteurs étrangers qui viennent acheter chez nous des propriétés. Ils sont nombreux dans certains cantons. A Saint-Caprais-de-Lerm, dit M. Mensac, ils forment au moins le cinquième de la paroisse. Un syndicat de recrutement agricole a été constitué à Agen : M. le chanoine Dubourg, qui le préside, fait remarquer que les demandes d'ouvriers agricoles abondent et qu'il ne peut, à regret, donner satisfaction à toutes celles qu'il reçoit.

A propos des agriculteurs indigènes, tout le monde s'accorde à dire qu'il faut s'en occuper, et, tout en tâchant d'améliorer leur sort, leur faciliter autant que possible, s'ils sont domestiques, la pratique de leur religion. M. l'abbé Granereau demande que, pour combattre la désertion des campagnes, on relève aux yeux du paysan la profession agricole en en faisant remarquer le mérite et la grandeur.

Le second rapport est celui de M. le docteur de Gaulejac : *Problèmes d'hygiène et de morale soulevés à propos de l'habitation familiale.* Après quelques considérations préliminaires sur le rôle de l'habitation pour assurer la vie et la conservation de la famille, le sympathique et distingué rapporteur passe successivement en revue l'habitation 1° de la classe riche ou aisée. Il ne s'y arrête pas ; mais demande de veiller à l'hygiène physique et morale des chambres de domestiques : 2° de la classe ouvrière. Habitation trop souvent insuffisante et malsaine, d'où désagrégation de la famille. Et l'orateur recommande aux catholiques de s'intéresser aux Sociétés d'habitations à bon marché : 3° de l'ouvrier des champs du métayer surtout, dont la maison manque aussi trop souvent du confort nécessaire : 4° du petit propriétaire paysan, qui, lui, sans doute, se loge bien, mais relègue parfois les vieux parents dans des recoins inhabitables.

## *Problèmes d'hygiène et de morale soulevés à propos de l'habitation familiale*

### RAPPORT par M. le DOCTEUR de GAULEJAC, d'Agen.

La vraie base de la Société, nous le pensons tous ici, est non l'Individu, mais la famille ; c'est ce premier groupement organisé d'êtres humains, cette première molécule sociale que nous devons étudier, si nous voulons nous rendre un compte exact de l'état d'un pays. Pour former une patrie, vraiment vivante et prospère, il est nécessaire que les familles qui la composent soient de qualité supérieure et rien de ce qui touche à la bonne santé physique et morale de ces familles ne doit nous rester étranger.

Mais, cette famille n'est pas une simple abstraction, elle se compose d'êtres vivants, par conséquent d'êtres susceptibles de ressentir tous les maux qui semblent se liguer pour détruire la vie elle-même : ces êtres risquent fort de disparaître rapidement, s'ils ne trouvent, pour vivre leur vie, les conditions physiques et morales nécessaires.

Tous les membres de la famille sont unis par des liens tressés par les lois naturelles, les lois civiles et religieuses ; mais, ces liens, indispensables pour assurer la pérennité de la famille, seront fatalement brisés, si, tous ces êtres unis sont entraînés par les nécessités de la vie en dehors d'un cercle très limité. Ce cercle très limité, qui doit réunir les divers membres de la famille. les protéger aux heures de détresse ou même plus simplement leur offrir tous les jours un abri utile et sûr, est l'habitation familiale.

Cette maison n'est pas seulement construite pour assurer la satisfaction des besoins physiques de la famille, mais, plus noble que la tanière ou le gîte de l'animal sauvage, elle doit aussi participer, pendant de longues années, à la vie morale de la famille. C'est entre ses murs que se dérouleront ces deux grands actes de la vie, la naissance et la mort.

Près du foyer, l'enfant a balbutié pour la première fois, c'est là que plus tard les longues rêveries de l'adolescent ont fait place aux pensées sérieuses, aux projets d'avenir du chef de la famille ; assis sur ce fauteuil tremblant, l'ancien a conté aux plus petits l'histoire de la famille, transmettant, par ses sages conseils tout le patrimoine d'honneur, ne se doutant peut-être pas qu'il assurait ainsi l'un des desseins de la Providence, la pérennité de la famille.

Aux jours de joie, aux jours de malheur, la maison familiale est toujours ouverte et parfois la seule ouverte ; elle a grandi, s'est embellie à mesure que la famille devenait plus prospère ; elle s'est aussi appauvrie, lorsque l'aisance a disparu, participant ainsi d'une façon intime à la vie morale de la famille, et c'est à ce titre qu'elle doit nous intéresser.

Nous ne nous arrêterons pas longtemps à l'étude de l'habitation familiale des hommes de la classe riche ou aisée.

Depuis quelques années, les conseils des hygiénistes ont porté leur fruit. Le soleil, ce roi des désinfecteurs entre partout largement, les appartements sont construits et entretenus suivant les meilleures règles de l'art, et si les préceptes religieux assurent l'observation de la morale, nous ne pouvons qu'admirer la plus grande partie des habitations de la bourgeoisie française.

Il est cependant un point que nous ne pouvons pas laisser dans l'ombre ; c'est l'état des chambres abandonnées aux domestiques de la maison ; nous oublions trop facilement que nos serviteurs sont nos frères ; nous oublions aussi que vivant près de nous, connaissant le confort, le luxe des parties de l'appartement qui nous sont réservées, ils souffrent en rentrant dans leurs chambres d'un contraste trop marqué. Tâchons de nous rendre compte de ce que doit être la mentalité d'une servante obligée de passer presque la moitié de son existence dans ces chambres exiguës, malpropres, mal éclairées où la négligence des architectes relègue trop souvent les serviteurs d'une famille.

Vous parlerai-je du septième étage des logis parisiens, étage réservé aux domestiques de toute la maison, sans distinction d'âge ni de sexe ?

C'est là un mal commun à toutes les grandes cités, mais qui existe aussi à un degré moindre dans quelques maisons de notre ville.

Je proposerai au congrès d'émettre le vœu nécessaire pour que les maîtresses de maison comprennent et remplissent les devoirs qui leur incombent pour l'aménagement des chambres de leurs domestiques.

Autrefois l'insécurité du pays, les guerres civiles obligèrent les cités à s'entourer de solides remparts, la ville ne pouvait s'étendre dans les campagnes : l'espace était parcimonieusement mesuré aux habitants qui s'entassaient tant bien que mal, bâtissant dans des rues trop étroites, des maisons que le soleil ne pouvait jamais visiter.

Aujourd'hui, les remparts sont démolis, la ville peut sans contrainte s'étendre vers la campagne, mais les vieilles maisons ont su résister à tous les outrages des temps, elles existent toujours offrant à un trop grand nombre de nos ouvriers un logis bon marché mais insalubre.

Entrons ensemble dans l'une de ces maisons qui composent des rues entières de notre ville d'Agen ; dès la porte d'entrée nous voyons tous les signes de la décrépitude ; le nid de l'oiseau, celui de l'insecte si magistralement décrit par le naturaliste Fabre, se renouvellent à chaque saison ; par la faute de nos lois sociales, l'homme s'entête à vivre au milieu de toutes les saletés accumulées par les générations disparues ; voyez ces murs mal équilibrés, crevassés, ce sol suintant, bosselé, recouvert de carreaux brisés, cet escalier disjoint, obscur qui nous conduit dans une chambre où le soleil ne pénètre presque jamais, mais où, par contre, tous les vents se donnent rendez-vous entre une fenêtre mal assurée et des portes disjointes.

Et dans tout l'immeuble, signe essentiel de taudis, règne la plus épouvantable odeur où se retrouve la senteur des latrines, le relent de la cuisine et cette atmosphère irrespirable due à l'entassement humain. Dans ce logis rien de plaisant, rien n'attire le regard, rien n'est prévu pour distraire et chasser les pensées moroses : partout au contraire, inspirant le dégoût, nous retrouvons des traces de taches ignobles, triste héritage des générations de locataires disparus depuis longtemps. Et c'est dans ce milieu que doivent vivre des familles entières et surtout des familles nombreuses, car, par une triste conséquence de notre civilisation, les ressources qu'elles peuvent consacrer à leur loyer sont d'autant plus modiques que le nombre des enfants est plus considérable.

Quelle répulsion, Messieurs, ne doivent pas causer à leurs locataires de telles habitations ? Peut-on espérer que dans un pareil cadre la famille prospèrera et demeurera unie ?

C'est en vain que la mère de famille luttera pour mettre un peu d'ordre dans cette demeure trop petite pour le nombre de ses locataires. Bientôt le découragement s'emparera d'elle et le désordre et la saleté régneront en maîtres dans le logement de l'ouvrier.

Dans ces chambres si peu hygiéniques, les enfants auront toutes les maladies du jeune âge ; c'est en vain que l'on parlera de désinfecter, les épidémies frapperont successivement tous les enfants et s'ils ne périssent pas des premières atteintes du mal la convalescence s'établira d'une façon défectueuse. Et ces maladies d'enfants généralement bénignes, mais mal soignées dans les taudis seront la cause de l'éclosion de maladies chroniques qui compromettront à tout jamais la santé de l'enfant et l'avenir de la race.

« Que dirons-nous de la propreté de la tenue physique de l'en-« fant ? Or la bonne tenue ce n'est pas seulement la santé, c'est « le respect de soi même ; si l'enfant ne peut apprendre chez « lui à se tenir convenablement il contractera peu à peu des ha-« bitudes de saleté, puis de désordre contre lesquelles rien ne « prévaudra. La décence ne sera pas plus respectée que la pro-« preté : dans cette seule pièce où tous les sexes sont mêlés « quelle ne doit pas être la légitime inquiétude de la mère ? « Combien de santés se sont trouvées compromises, combien « d'enfances et de jeunesses ont été flétries sans qu'on sut l'ori-« gine du mal? Il y a là un fond d'immoralité qui entraine pour « toute la vie les conséquences les plus monstrueuses et qui por-« te des atteintes irrémédiables à la sainteté du foyer domesti-« que. »

(1) Picot. Le logement ouvrier.

Peut-on aussi exiger que l'enfant rentrant de l'école reste à la maison sous la surveillance de ses parents. La place manque, le taudis est triste et bien vite l'enfant s'enfuit, vit dans la rue au milieu de tous les dangers physiques et moraux.

A la nuit, le père lui aussi rentre de l'atelier, où malgré la rudesse du travail les heures passent rapidement et sans ennui.

Il s'est intéressé à son travail, son intelligence, sa curiosité ont été satisfaites, que va-t-il trouver ? Je suppose, dit Georges Picot, que nul ne soit malade, qu'il n'ait pas la vue de souffrances qui empoisonne tout ; il suffit de l'encombrement des enfants, de leurs cris, de la place qui manque, de la mauvaise humeur de la femme, d'autant plus irritée qu'elle se sent plus incapable de lui offrir un intérieur qui le retienne. Tout cela le détache peu à peu ; à peine la soupe mangée il se lève pour rejoindre ses amis au cabaret.

Telles sont, Messieurs, quelques-unes des funestes conséquences de l'habitation malsaine ; il est facile de voir combien elles peuvent entraver l'évolution normale d'une famille.

D'aucuns trouveront peut-être que le tableau que je viens d'esquisser est un peu chargé, un peu poussé au noir, qu'il n'est pas l'expression de la vérité dans la majorité des habitations ouvrières. Mais malheureusement, les taudis existent en nombre trop considérable et il est indispensable d'étudier les mesures qui peuvent remédier à cette situation. Si l'ouvrier de nos pays n'habite pas toujours un taudis, sa demeure, au point de vue hygiénique, est le plus souvent insuffisante. Souffre-t-il de cette situation ? J'ai entendu de très bons esprits me soutenir que généralement l'ouvrier ne souffrait pas de la médiocrité de son logement, mais je crois à l'influence morale que doivent produire de pareilles habitations. L'ouvrier, éternel locataire, perd bientôt toute espérance d'améliorer sa situation et se contente de vivre pauvrement, au jour le jour, incapable de rechercher le mieux être de sa famille. Ce n'est plus le chef se sentant responsable de l'avenir des siens, mais bientôt, si quelque calamité vient diminuer le salaire journalier, c'est le révolté contre toutes les lois divines et humaines.

Cet ouvrier est pourtant le descendant direct d'une longue série d'aïeux bien français qui eurent toujours la passion de l'économie, le culte du bas de laine et surent même parfois sacrifier leur vie pour assurer un progrès social.

Cet ouvrier, enserré aujourd'hui par de cruelles lois économiques doit-il perdre toute espérance de voir sa situation s'améliorer ?

Je crois, Messieurs, qu'il est nécessaire que l'ouvrier français devienne propriétaire de la maison qu'il habite, cette possession d'un peu de terre matérialisera en quelque sorte ses désirs, ses aspirations. En devenant propriétaire il fera œuvre de longue haleine pensant non seulement à son propre bien-être mais au bonheur de ceux dont il a la charge ; il comprendra la majestueuse ordonnance de la famille chrétienne et sa mentalité en sera toute modifiée. Et la solution de cet important problème social est possible si nous voulons nous en occuper sérieusement.

Je craindrai, Messieurs, de dépasser les limites du travail qui m'a été confié, en entreprenant avec vous l'étude des lois qui favorisent la création des habitations ouvrières à bon marché. Je vous dirai simplement que ces maisons doivent, pour jouir des avantages de la loi, être hygiéniques et d'un prix de revient assez modique pour que l'ouvrier en payant un loyer mensuel devienne en quelques années propriétaire de sa maison.

Les catholiques, et c'est là un vœu que je dépose devant le congrès, s'honoreront en participant activement à la constitution des Sociétés de maisons d'habitation à bon marché ou en faisant partie de celles qui ont été fondées notamment par la Caisse d'Epargne d'Agen.

Les lois qui régissent les sociétés d'habitations à bon marché et les sociétés de prêt immobilier, sont celles de 1894, du 12 avril 1906, du 10 avril 1908, mofidiée en 1912.

Cette dernière modification autorise l'Etat à prêter des capitaux à raison de 2 % et il a été calculé qu'un ouvrier payant pendant 20 ans un intérêt de 6,94 % devient propriétaire d'une maison et du jardin qui l'entoure et est, en même temps, assuré sur la vie pour le prix total de l'immeuble.

Après avoir étudié l'habitation insuffisante de l'ouvrier des villes, étudions celle de l'ouvrier des champs.

Dans notre pays, à l'encontre de beaucoup d'autres contrées de France, où la rigueur du climat amène l'agglomération des maisons et la formation des villages, les maisons des paysans du Lot-et-Garonne sont isolées les unes des autres et situées au lieu même de l'exploitation agricole. Chez nous, nous ne trouvons pas ces grandes fermes de la Beauce et de la Brie, groupant sous un même toit des troupeaux de plus de cent têtes, un maître fermier et de nombreux domestiques ; les exploitations agricoles de notre pays sont plus modestes ; c'est la petite ferme, c'est la métairie, ne contenant dans ses écuries qu'une dizaine de têtes de bétail et dans la maison, « l'oustal » le métayer et sa famille. L'oustal est parfois fort pittoresque ; ses murs, patinés par le temps, parfois tapissés de mousses, font très bien dans le paysage.

Mais voyez ces fenêtres étroites, ces contrevents branlants qui n'ont jamais connu la gaieté d'une peinture fraiche, cette porte pleine, massive, mal ajustée, laissant passer les courants d'air et la poussière mais interceptant toute lumière.

Cette porte. si rarement remplacée par une porte vitrée, donne accès dans la pièce principale de la métairie. pièce principale qui est souvent la seule habitable.

Dans cette pièce nous trouvons une vaste cheminée, centre précieux pour les longues veillées d'hiver, puis c'est la vaste table à manger, à faire la cuisine, à tout faire, car, malheureusement, tout près d'elle, dans les coins obscurs, où le jour d'une étroite fenêtre pénètre à peine, nous trouvons un ou deux lits. Ainsi, dans cette seule pièce, il faudra que toute une famille naisse et meure, dorme, se nettoie, s'habille, prépare ses aliments et les mange. C'est là un programme un peu vaste, une situation très peu hygiénique et morale ; nous devrions y voir naître et prospérer toutes les maladies si la vie au grand air du paysan ne venait combattre ce qu'a de mauvais cette claustration.

Si au point de vue de l'hygiène cette chambre unique du métayer a des inconvénients, elle est aussi néfaste pour la bonne vie morale de sa famille.

Cette chambre mal éclairée, difficile à tenir en bon état d'ordre et de propreté est triste, et c'est là son plus grave défaut : quand les intempéries obligeront le paysan à y passer de longues heures, l'ennui viendra bien vite lui tenir compagnie. Là, tristement il réfléchit, il compare l'oustal avec les maisons qu'il a pu visiter lorsqu'il faisait son service militaire à la ville voisine, il se souvient des appartements si clairs, si propres, où s'écoule la vie du propriétaire de sa métairie et cette comparaison devient une souffrance mal définie peut-être, mais toujours renouvelée. Vienne une mauvaise récolte ou l'un de ces cataclysmes si fréquents qui détruisent en quelques instants de longs espoirs et la décision du métayer est bien vite prise ; il abandonne ces lieux où rien ne le retient, dirige ses pas vers l'usine voisine et ne reviendra jamais à la terre.

Pouvons-nous éviter cet exode dont nous connaissons tous les funestes conséquences ? Oui, Messieurs, nous le pouvons ; à cette jeune famille de paysans qui vient de se fonder offrons une habitation saine, confortable, moderne, une habitation qu'il puisse apprécier et aimer, un logis dont il n'aura pas à rougir devant le sourire railleur du citadin. Transformons les vieux logis de nos métayers ; donnons-leur un peu de gaieté. Pour cela que faut-il ? De vastes ouvertures répandant partout le soleil et la clarté, quelques cloisons divisant la demeure en chambres distinctes. Revêtons les murs, les plafonds de tous ces enduits que nous fournit l'industrie moderne ; avec eux la gaieté entrera au logis, et l'ennui ne chassera plus le métayer vers la ville. Et cette solution est d'autant plus utile que, tout près de la métairie, le petit propriétaire paysan, hier encore métayer, a su dans notre vallée de la Garonne, transformer complètement son habitation, et remplacer l'antique oustal par ces jolies maisons à toit rouge qui indiquent la prospérité de nos campagnes.

Souvent amené par ma profession dans l'intérieur de ces maisons de paysans propriétaires, si plaisantes à l'œil, si saines, si agréables à habiter, j'ai été douloureusement surpris par le contraste qui existe entre les chambres réservées aux jeunes maîtres de la maison et celles où sont relégués les vieux parents. Dans les premières, bien closes, bien chauffées, bien éclairées, se trouvent des meubles neufs et confortables ; dans les secondes, au contraire, règnent trop souvent le désordre, la pauvreté ; c'est dans une soupente, une chambre de débarras que sont relégués les vieux parents, ceux qui se sont « donnés ». On comprend trop que leur existence est une charge mal supportée, que n'apportant plus aucun concours à la prospérité de la famille, ils ne méritent plus la place honorable à laquelle ils ont droit. L'on pourrait longuement développer l'injustice de cette situation, je me contenterai simplement de demander au congrès de rappeler à tous que le commandement de Dieu « Tes père et mère honoreras afin de vivre longuement » n'est pas encore lettre morte.

Messieurs, j'ai terminé ma tâche.

Les principes de la charité chrétienne, mieux encore que ceux de la solidarité humaine, nous indiquent la voie dans laquelle il est nécessaire d'entrer. Pour transformer l'habitation de l'ouvrier des villes et des campagnes nous devons réussir si, avec l'aide de Dieu, nous savons former des groupes d'êtres agissant avec une activité et une volonté que rien ne saurait détourner du but poursuivi.

Mgr l'Evêque remercie bien M. de Gaulejac de cette étude complète, faite avec compétence et où ont été mis bien en relief les points essentiels, et l'on passe à la discussion.

Au sujet des chambres de domestiques, à la ville, et aussi à la campagne, comme le fait remarquer M. Descuns, la solution de la difficulté appartient surtout à la délicatesse des maîtresses de maison. Pour les habitations ouvrières,qui font l'objet d'un intéressant débat entre MM. de Gaulejac, P. Amblard, Brocq, Guilhot et Villatte, il faudrait agir sur la volonté des propriétaires par la force des lois sur l'hygiène et par la persuasion. M. le Rapporteur demande que l'on fonde des Sociétés immobilières pour la construction des logements à bon marché. Les caisses rurales, préconisées par M. Paul Amblard, ne peuvent pas remplir le rôle de ces sociétés immobilières ; il est bon de signaler cependant les services qu'elles ont rendu et rendent encore.

La situation faite aux vieux parents dans beaucoup de familles agricoles mérite de fixer l'attention du Congrès. M. Courtès assure que les maires peuvent, par leur intervention, arriver à d'heureux résultats. M. Villatte constate qu'il n'y a guère à leur disposition de sanction légale. Un moyen bien simple, d'après M. le chanoine Dubourg, c'est de persuader aux vieux parents de ne pas se dépouiller de leur vivant.

M. de Lacvivier signale enfin l'initiative de la Caisse d'Epargne d'Agen qui a créé 20 jardins ouvriers, dont 13 sont loués dès à présent, pour la modique somme d'un franc par mois.

L'heure avance. Il faut terminer, bien que la question ne soit pas épuisée. Monseigneur, revenant sur les rapports du matin, insiste sur la nécessité de faire des cadeaux religieux pour la première communion ou le mariage, et M. l'abbé Descuns recommande la pratique des carnets de messes à l'occasion des sépultures, pratique déjà répandue dans plusieurs diocèses.

### Séance générale du soir

La salle est comble. Au début de la réunion, Monseigneur l'Evêque donne lecture du télégramme suivant envoyé au Souverain Pontife :

« *Son Eminence le Cardinal Merry del Val,*
*Au Vatican, Rome.*

« L'Evêque et les catholiques du diocèse d'Agen, réunis
« pour la quatrième fois en Congrès, afin de combattre les
« mauvaises doctrines et de travailler à la reconstitution
« catholique de la société, veulent d'abord offrir au Doc-
« teur infaillible, au Chef auguste, au Père si bon dont ils
« s'honorent de suivre les lumineuses directions, l'homma-
« ge de leur filiale vénération et de leur obéissance affec-
« tueuse.

« Ils implorent la Bénédiction apostolique.

« ✝ Charles-Paul, *Evêque d'Agen.* »

La réponse du Pape est écoutée debout et accueillie par de vigoureux applaudissements :

« Rome, 19 novembre, 16 heures.

« **Le Saint-Père Pie X, bien sensible aux hommages de vé-**
« **nération et d'obéissance filiales de Votre Grandeur et des**
« **catholiques du diocèse d'Agen réunis sous sa présidence pour**
« **leur IVe Congrès,**

« **Remercie de cette nouvelle protestation de fidélité, et sou-**
« **haitant qu'il soit couronné de précieux résultats pour la cau-**
« **se religieuse, envoie de tout cœur la Bénédiction Apostoli-**
« **que implorée.**

« Cardinal Merry del Val. »

M. Jacques Amblard commence immédiatement sa conférence. *La renaissance catholique*, tel est le sujet choisi par le jeune avocat du barreau d'Agen. Et il traite ce beau sujet avec simplicité et élégance, faisant passer dans sa parole toute son âme et tout son cœur. L'assistance tout entière qui suit avec une sympathique attention les développements de sa pensée toujours claire, marque par de fréquents applaudissements son approbation.

Heureux et fier de l'honneur qui lui est fait, le distingué conférencier ne vient pas pleurer ou gémir, mais faire un vibrant appel à l'espérance. Ayons confiance, dit-il, l'heure est bonne, malgré tout, pour notre religion. Ce qui le prouve, c'est le mouvement de renaissance catholique que l'on constate de toutes parts. Dans les milieux intellectuels, d'abord, ainsi qu'en témoignent les enquêtes ou les constatations faites par l'*Opinion*, la *Revue hebdomadaire*, l'*Evénement* et l'*Humanité*. P. Bourget, R. Bazin, pour la littérature, Branly, le Dr Carrell, l'abbé Moreux, le P. Schell, pour les sciences, ne sont-ils pas des catholiques ? Et Maurice Barrès, quand il a lancé sa vigoureuse campagne en faveur des églises de France, n'a-t-il pas recueilli les signatures des artistes et des savants ? Et cette constatation que l'on a faite pour l'élite intellectuelle, elle se fait aussi pour le peuple : Paris a déjà fêté et fêtera mieux encore Jeanne d'Arc ; les populations des faubourgs de la capitale ont défendu les religieuses des proscriptions du Gouvernement ; les nouvelles églises bâties dans les centres populeux de Paris se remplissent de fidèles. Quant aux écoles catholiques, le récent Congrès de la Ligue de l'Enseignement a constaté leur progrès toujours croissant. Les œuvres se sont multipliées partout et développées sur tous les points de la France. La persécution a ramené les esprits vers les persécutés. D'ailleurs, le mouvement ascensionnel du catholicisme ne se produit pas seulement en France, mais en Belgique, en Amérique, en Angleterre. De plus en plus, les Congrès eucharistiques sont des manifestations éclatantes de ce mouvement.

A la fin de son discours, l'éloquent conférencier dit à ces catholiques qui l'entendent : « Vous aussi, vous voulez collaborer à cette renaissance. Deux choses vous sont nécessaires : *a*) l'action, continue, persévérante, et *b*) l'union. Nous devons oublier les divisions et mettre en pratique la belle parole de Le Play : « Recherchons ce qui unit, oublions ce qui divise. » Deux forces sont en présence : le socialisme et le catholicisme. Le socialisme détruit ; c'est toujours aux catholiques que l'on aura recours pour restaurer, parce qu'ils portent en eux l'âme immortelle de la patrie française. »

Cette vibrante péroraison est accueillie par des applaudissements enthousiastes.

## Discours de M. Jacques Amblard

### LA RENAISSANCE CATHOLIQUE

Monseigneur,

Mesdames,

Messieurs,

Je tiens tout d'abord à vous remercier, Monseigneur, de l'*immense honneur* que vous m'avez fait en me demandant de prendre la parole au soir de ce brillant Congrès.

Je tiens à dire à Votre Grandeur combien je suis heureux et fier de ce choix qui me permet de parler aujourd'hui devant un *auditoire d'élite* ; s'il est toujours difficile d'être digne de ceux qui vous écoutent, combien plus angoissant est le problème, lorsqu'il s'agit d'une Assemblée de notre Gascogne où l'éloquence est si naturelle que nous avons pu tenir un Congrès sans faire appel au talent d'orateurs étrangers. Aussi n'est-ce pas sans une *certaine émotion* que j'aborde cette tribune, mais une pensée me soutient, m'encourage, c'est la certitude que vous n'êtes pas venus pour vous bercer de belles paroles et vous griser d'une éloquence qui serait vaine, *si elle ne faisait germer l'action.*

C'est la *conviction* que vous êtes venus avec la ferme intention de faire œuvre utile et de collaborer au mouvement catholique.

Mais c'est surtout pour moi une joie de penser que, tous ici, nous sommes animés d'un même désir et soulevés par les mêmes passions nobles et généreuses.

Aussi me souvenant que la véritable éloquence *vient du cœur*, il me suffira de laisser parler *mon cœur de catholique et de Français* pour vous encourager à mener avec énergie le bon combat pour la cause trois fois sacrée qui est la nôtre :

Celle de la *Religion*, de la *Patrie* et de la *Liberté* !

### LE REVEIL CATHOLIQUE

Vous êtes, Mesdames et Messieurs, les *soldats* de cette noble cause, je crois que le rôle de l'orateur ressemble à celui du clairon sur les champs de bataille, à lui, il appartient d'entraîner la foule, de soutenir les courages, d'enflammer l'enthousiasme de ceux qui sont sur la brèche, et de sonner à l'heure décisive la *charge impétueuse qui donne aux troupes la victoire.*

J'ai donc pensé qu'il m'appartenait d'apporter aux fidèles et aux vaillants que vous êtes un réconfort, c'est pourquoi j'ai tenu aujourd'hui à vous parler des *raisons qui me font* croire qu'un *avenir brillant* s'ouvre pour le catholicisme, que le moment est proche où nous allons voir se lever des *jours* meilleurs et qu'enfin a sonné l'*heure de l'espérance*.

J'ai pensé que le rôle d'un jeune n'était pas de gémir sur les *malheurs des temps*, de vous narrer nos défaites passées exagérées à plaisir, j'ai pensé qu'il était temps, pour nous de quitter l'attitude des Juifs devant les ruines de Jérusalem pour en prendre une plus virile ; ne vous semble-t-il pas que nous avons mieux à faire que d'être *gementes et flentes* gémissants et pleurants, que le moment est venu de *relever la tête avec fierté* et d'agir avec toute l'énergie de ceux qu'anime une conviction profonde et sincère.

L'heure est venue pour nous de *revendiquer* avec énergie nos *droits outragés, nos libertés violées*, car de tous côtés on signale un réveil chrétien, une renaissance catholique.

C'est de cette renaissance que je vous parlerai ce soir, car c'est en elle que je trouve *mes raisons d'espérer*. Les pessimistes et les sceptiques prétendront que je vais soutenir là un de ces *élégants paradoxes*, chers à l'esprit subtil des avocats : les catholiques de notre France ont en effet la *dangereuse manie* de se faire les *complices de leurs adversaires* en clabaudant de tous côtés « la religion se meurt, les églises sont délaissées, le pays devient impie » et inconsciemment nous nous laissons *hypnotiser* par les dires d'adversaires sans scrupules et nous nous décidons à gémir, probablement parce qu'il est plus facile de gémir que d'agir. A mon avis il faut réagir contre cette tendance : il faut, comme le disait excellemment l'appel de notre Comité catholique : « Montrer aux fidèles de l'Eglise qu'ils sont une force, force active et vivante qui doit leur donner confiance en eux-mêmes. »

Si j'ai pu, mesdames et messieurs, vous démontrer notre force et vous *donner confiance en vous-mêmes et vous donner le courage qui mène à la victoire certaine*, j'aurai atteint le but que je me suis fixé et j'aurai servi de façon efficace la cause de Dieu et de l'Eglise, et partant celle de notre chère Patrie.

Au premier rang des symptômes qui nous sont favorables je dois signaler le mouvement irrésistible et magnifique qui ramène la jeunesse de France vers le catholicisme. Dans les premiers temps de mon séjour à Paris, aux environs de 1900, la jeunesse *était nettement athée et incroyante*, depuis lors un revirement complet s'est fait sentir et l'on sent vibrer parmi les jeunes les grands sentiments, les belles croyances qui ont fait de la France la première des nations

Ceci est si vrai, qu'un *certain nombre de revues parisiennes* sans aucune attache religieuse, ni politique, des revues indifférentes comme l'*Opinion*, ou indépendantes comme la *Revue Hebdomadaire* et la *Revue des Français*, des journaux hostiles, comme l'*Evénement* et l'*Humanité*, ont éprouvé cet hiver le besoin de faire des *enquêtes sur la jeunesse* et de *vérifier si ce réveil* catholique était bien réel, bien exact, je vais faire passer sous vos yeux les résultats de ces enquêtes et vous verrez, messieurs, si je n'ai pas raison de dire que l'état d'esprit qui se manifeste dans la jeunesse est *réconfortant* et nous autorise à espérer beaucoup de notre génération.

1° Enquête d'Agathon dans l'*Opinion*.

« Chez la jeunesse intellectuelle nous constatons une grande renaissance catholique, elle qui semblait acquise, il y a vingt ans aux doctrines anticléricales, incline aujourd'hui vers le catholicisme. »

« A l'Ecole Normale supérieure, il y a, en ce moment, nombre d'élèves, près d'un tiers, pour préciser, qui sont catholiques pratiquants. Nous ne parlons pas des catholiques d'origine, mais des catholiques de conviction et de vie, fidèles aux prescriptions de l'Eglise et inscrits pour la plupart aux Conférences de Saint-Vincent de Paul de leur paroisse. Si on songe qu'il y a sept ou huit ans, on ne comptait guère que trois ou quatre catholiques parmi les normaliens, cet accroissement paraîtra difficilement l'effet d'un hasard dans le recrutement des dernières promotions. Il semble d'ailleurs que la jeunesse Universitaire est influencée par le catholicisme. Depuis deux ans, des professeurs de lycée ont fondé l'Association Catholique des Professeurs de lycée et cette association comprend déjà 184 professeurs, et 18 professeurs de facultés. C'est là un centre d'active vie chrétienne car ces professeurs ont déclaré s'unir pour « redoubler par la communauté de sentiment et d'action l'élan de la vie spirituelle, donner à leur foi un rayonnement plus vif et faire fructifier aussi chez leurs élèves l'influence de leur dévouement. »

Les élèves suivent-ils ce mouvement ?

« Les professeurs de philosophie des grands lycées de Paris : Condorcet, Henri IV, Louis-le-Grand témoignent de cette renaissance catholique. La majorité de nos élèves, nous disait l'un d'eux est composée de catholiques pratiquants, et parmi les indifférents, aucune passion anticléricale, ceux-là même qui sont incroyants de nature savent tout le prix de la croyance.

Ils sont catholiques parce qu'ils sont français. »

2° LA REVUE HEBDOMADAIRE

L'enquête de *l'Opinion* est donc bien probante, mais elle le devient plus encore lorsqu'on connait celle de la *Revue Hebdomadaire*. Un des écrivains les meilleurs de l'heure présente, François Mauriac, interrogé sur les sentiments de la jeunesse au point de vue religieux déclare :

« La laideur, la basse lâcheté et surtout l'effrayante bêtise de l'esprit jacobin ont détourné cette génération de l'indifférence en matière de foi. De jeunes revues couvrent ma table, je n'en vois pas une qui se pique d'anticléricalisme. Notre regard sur les politiciens anticléricaux est celui des jeunes Spartiates sur les ilotes ivres, et les moins religieux d'entre nous se détournent avec dégoût de leurs excès. »

Et il termine en disant :

« Que la renaissance littéraire ne naitra que d'une âme passionnément religieuse ou troublée jusqu'en ses profondeurs par l'inquiétude religieuse. »

Voilà donc la mentalité de la jeunesse intellectuelle, avec son âme noble et fière, elle s'est *dégoûtée de ces gens qui ne se sentent pleins de courage que pour chasser nos héroïques religieuses* et qui n'ont d'énergie que pour molester les meilleurs de nos concitoyens : oui, les jeunes en ont assez de ces tyranneaux de village, de ces persécuteurs de bas étage et l'on sent passer *sur la nation* le grand courant qui les balaiera et les enverra rejoindre dans l'oubli leurs tristes émules de jadis.

Sont-ce là, mesdames et messieurs, les idées *de personnes intéressées* qui prennent leurs désirs pour des réalités, admettons-le un instant et pour ne pas nous bercer de douces illusions voyons ce que pensent de ce mouvement nos adversaires :

3° Les incroyants, les libres-penseurs et les athées sont obligés de constater la Renaissance catholique. M. Brulat écrit dans l'*Evénement* du 1er juin 1912.

« Depuis quelque temps nous assistons à un spectacle curieux : certains esprits prétendus d'élite, littérateurs et artistes, vont aux croyances qui représentent l'antithèse de nos idées et tombent dans le mysticisme. Des gens qui, il y a cinq ans, se déclaraient socialistes, anarchistes, libres-penseurs et qui avaient combattu à l'avant-garde du progrès et quelques-uns d'entre eux portent des noms éclatants dans les lettres et les arts, vont maintenant à l'église, retournent aux anciennes croyances, aux dogmes. »

« Sont-ce là quelques exemples isolés, comme on en vit de tout temps et auxquels on pourrait opposer des exemples contraires ! Non, c'est un mouvement assez général que nous constatons dans le monde des lettres, un état d'esprit qui gagne, se répand, se fait contagieux, les conversions religieuses d'écrivains, de peintres, d'hommes d'art sont plus nombreuses qu'on ne suppose. Les noms sont connus. Fréquemment nous apprenons qu'un tel vient de se convertir à l'instar d'Huysmans, de Bourget, d'Adolphe Retté, de tant d'autres. »

« On peut croire à leur sincérité et elles apparaissent comme un signe des temps attestant la tendance d'une certaine élite contemporaine à se laisser ressaisir par toutes les forces du passé, de toutes parts les voix lointaines des âges disparus recommencent à chanter aux oreilles des découragés. »

4° *L'Humanité.*

Oui, messieurs, ces *vieilles chansons qui berçaient harmonieusement nos pères chantent encore* dans nos cœurs et leur musique nous est chère puisque c'est par elle, grâce à elle, que notre pays a occupé jadis *la première place* dans le monde ; plaise à Dieu que ces jours reviennent grâce à notre jeunesse. car *alors* notre pays revivra son long passé de gloire. et de nouveau la France marchera à *la tête des nations en s'appuyant sur ces grandes idées qui font les nations fortes :* Le culte de la *Religion*, de la *Famille* et de la *Patrie.*

Cette heure n'est pas lointaine. nous dit un adversaire loyal et d'une intelligence incontestable, *M. Sembat,* député socialiste de Paris. Je n'aime pas, messieurs, vivre absorbé dans un optimisme béat, mais j'estime que nous catholiques nous péchons toujours par *notre pusillanimité.* notre crainte ; heureusement que *nos adversaires sont là* pour nous rappeler au sentiment de notre force. c'est à eux toujours qu'il faut s'adresser pour savoir où on en est, écoutez ce que dit M. Sembat dans l'*Humanité,* et vous serez édifié.

« Notre refrain le plus ordinaire, à nous radicaux socialistes et socialistes est la libre-pensée maîtresse en France, les progrès de la raison, la fin des vieilleries. le peuple éclairé, telle est notre ritournelle. Eh bien ! cette ritournelle nous endort de son ronron. Réveillez-vous et prêtez une oreille plus attentive. L'élite intellectuelle revient à l'Eglise, or réfléchissez que la mode intellectuelle des milieux universitaires finit toujours par gagner le peuple et tirez la conclusion.

« Comme remèdes nous employons assez volontiers l'injure et la menace, les curés organisent-ils dans un faubourg une maison du peuple, avec conférences, bibliothèques, patronages et garderies, nous tendons un poing furibond en roulant des yeux torves. Ah ! les misérables ! Pardon, qui nous empêche de les imiter. Il nous plait après les heures de classe d'abandonner les enfants au ruisseau qui nous rend des apaches, c'est notre affaire, mais c'est le droit des curés de les recueillir et de les endoctriner. Faisons comme eux, c'est plus efficace que de les insulter, c'est aussi d'ailleurs plus difficile. »

« Nous apprenons qu'il y a dans l'Université des professeurs catholiques, nous voilà tout ébahis, nous ouvrons de grands yeux. Catholiques oui, dans les lycées, oui. A l'Ecole de Droit, oui, en Sorbonne, oui, mais ce n'est pas possible, ils trahissent la République, il faut les flanquer à la porte, c'est abominable.

« Pas le moins du monde, mes bons amis, c'est leur droit tout bonnement, leur droit strict. La liberté de penser, vous savez, implique la liberté de croire. Le professeur de l'Université est libre, ce n'est pas un automate, ni une machine à seriner. Je ne veux pas qu'on touche à sa liberté de conscience. Il a le droit d'être socialiste il a le droit aussi d'aller à la messe. Nos idées sont-elles en défaveur, c'est à nous de les défendre, par des raisons, pas par des décrets. »

## LE MOUVEMENT NE S'ETEND PAS SEULEMENT A LA JEUNESSE

Il ressort donc de toutes ces enquêtes faites auprès d'amis et d'adversaires du catholicisme qu'un *mouvement catholique formidable* se dessine dans la jeunesse des Ecoles, mais je vais plus loin, messieurs, je prétends que *l'élite intellectuelle* de ce pays est *foncièrement catholique*. Parmi les auteurs qui mentionnent le renom mondial des lettres françaises, ne pouvons-nous pas dire que les auteurs catholiques occupent le *premier rang* et nous pouvons citer avec fierté les noms de René Bazin, Paul Bourget, Henri Bordeaux, Francis Jammes, grâce auxquels notre littérature toute entière n'est pas confondue avec ces romans licencieux, que l'on voit avec un serrement de cœur représenter aux yeux des étrangers *l'art français*. Grâce à Dieu, il est une autre littérature que celle-là et les *mœurs* que décrivent ces auteurs à tant la ligne, ne *sont pas ceux de nos familles françaises* ; il est heureux que des auteurs comme ceux que je viens de citer en apportent la preuve manifeste aux peuples qui veulent non pas nous calomnier mais nous juger.

Dans le domaine des sciences, Carrel, qui vient de faire de prestigieuses découvertes médicales, Branly, le plus grand savant de notre temps, l'inventeur de la télégraphie sans fil sont des catholiques pratiquants.

L'abbé Moreux, le P. Schell, de Lapparent dans le domaine des sciences naturelles, ont dans le domaine de l'astronomie et des sciences linguistiques fait faire d'immenses progrès à la science, et nous pourrions en citer bien d'autres. Nous pouvons le dire, l'élite de ce pays est catholique, nous *devons aussi le dire*, car une des plus habituelles *rengaines* que l'on peut lire dans les journaux est la suivante : la religion catholique, c'est bon pour les *imbéciles*, pour les *naïfs*, pour les *vieilles filles*, pour les *femmes*, mais non pas pour des *intellectuels*.... A ceux-là vous pouvez répondre hardiment, imbéciles nous acceptons de l'être avec Branly, avec Bordeaux, naïfs, nous sommes heureux de l'être en compagnie de Bazin et de Bourget et de la plus grande partie de l'élite de ce pays.

## LE MOUVEMENT CATHOLIQUE

Or nous sommes de l'avis d'un de ces imbéciles, d'un de ces naïfs qui s'appelait Pasteur lorsqu'il disait dans son fameux discours de réception à l'Académie française : « Par la notion de l'infini le surnaturel est au fond des cœurs. Or l'idée de Dieu est une forme de l'infini : tant que le mystère de l'infini pèsera sur la pensée humaine, des temples seront élevés à son culte et sur les dalles de ces temples, vous verrez des hommes prosternés, agenouillés, abimés dans la pensée de l'Infini. »

Ces temples, où nos pères se *sont agenouillés* depuis des siècles, ces églises où les malheureux trouvent toujours des consolations, ces murailles imprégnées des prières de tant de générations, ces asiles de l'idéal, de l'âme humaine, de la vie intérieure, il s'est trouvé dans notre pays des barbares qui voulaient *les abattre* ! nous avons alors assisté à un des plus beaux mouvements d'opinion qu'aient enregistré notre histoire : un des maitres de la pensée moderne, Maurice Barrès, a volé au secours de nos églises en un vibrant appel dont je retiens les lignes terminales :

« Connaissez-vous un plus noble et un plus touchant terrain de rendez-vous que la terrasse des petites églises rurales françaises, plantées de vieux arbres qui poussent sur l'ancien cimetière et ombragent le porche, j'y appelle les lettrés, les écrivains tous les artistes ».

A cet appel tout ce qui en France *porte un nom dans les lettres,* les sciences et les arts a répondu avec empressement et en présence de cette unanimité de la France intellectuelle, le flot des fanatiques et des sectaires a dû renoncer à détruire ces temples sacrés où depuis des générations la France invoque le Dieu qui en fit la première des nations et lui donna si souvent la victoire.

## LA FETE DE JEANNE D'ARC, LES PETITES SŒURS DES PAUVRES

De semblables faits sont significatifs et lorsque l'élite est gagnée à une idée. *la foule du peuple n'est pas éloignée de la suivre.* Je veux Messieurs, vous apporter des *preuves* éclatantes, des *symptômes* non équivoques de cette Renaissance catholique dans le peuple.

Je n'ai pour cela que *l'embarras du choix* tant sont multiples les signes de cet heureux changement ; c'est à Paris, centre et cœur du pays que l'on peut surtout les observer.

Si quelqu'un, il y a dix ans avait demandé qu'à côté du XIV *Juillet, fête d'un parti politique.* il y eut une fête de Jeanne d'Arc, fête de la réconciliation nationale où le pays entier communierait dans un même amour pour la Vierge qui sauva la Patrie, si quelqu'un avait eu. cette idée à cette époque, il aurait été sans nul doute, traité de vil clérical. de suppot de sacristie et autres aménités, *oser fêter Jeanne d'Arc* que *l'Eglise a élevée sur les autels,* mais c'est une infamie, c'est une trahison et le petit père Combes aurait fulminé contre une semblable idée de toute sa haine de défroqué !

Or aujourd'hui, cédant au mouvement populaire, cette fête est réclamée par des *députés appartenant à tous les partis politiques* et il est probable que dès cette année. nous pourrons *fêter le 8 mai* jour de la délivrance de la Patrie avec une solennité sans pareille. Mais la grande cité parisienne a tenu à devancer la France et, quel que soit le sort de la loi en discussion, le *Conseil municipal de Paris composé en majorité de catholiques a décidé de fêter personnellement* Jeanne d'Arc et ce jour-là *tous les cœurs battront à l'unisson*, pour une fois on verra les partis politiques réconciliés acclamer celle qui grâce au secours de Dieu sut sauver notre pays, et les drapeaux tricolores flotteront joyeux au vent du beau pays de France annonçant l'arrivée prochaine d'une ère de tolérance et de Liberté !

## CE MOUVEMENT GAGNE LE PEUPLE

Mais ce mouvement qui jusqu'ici s'était étendu à l'élite et aux classes moyennes semble *gagner le peuple* deux évènements récents en font foi et permettent de bien augurer de l'avenir.

Des *Sœurs de St-Vincent de Paul*, ces *anges de la charité*, ces *providences des pauvres* dont la cornette blanche se penche sur toutes les douleurs avaient plusieurs maisons dans les *faubourgs* de la capitale. Dans ces faubourgs habités par des ouvriers qui peinent toute la journée, à l'usine, et que la propagande révolutionnaire et socialiste guette à l'atelier et dans la rue, elles s'occupaient des enfants, soignaient les malades, assistaient avec *discrétion les pauvres :* elles remplissaient leur rôle avec ce dévouement surhumain qu'on leur connait et au milieu de cette population hostile, *elles passaient faisant le bien......* Tout à coup, la nouvelle se répand dans le quartier que le couvent va être fermé, que les Sœurs vont être *expulsées*. A cette annonce, la population entière est debout et vient s'offrir *pour défendre le couvent* contre ses envahisseurs, les hommes montent la garde la nuit, surveillent les abords du couvent pour *empêcher les expulseurs d'entrer....* le courage, la résolution virile de ces modestes ouvriers furent tels que le gouvernement capitula et laissa les Sœurs à Puteaux et à Levallois Perret où elles continuent d'exercer leur ministère. N'est-ce pas une preuve manifeste des progrès du catholicisme dans le peuple, n'est-ce pas la preuve que les ouvriers commencent à ne plus comprendre les airs vieillots de l'éternelle guitare anticléricale.

En voulez-vous une autre preuve : Mgr l'Archevêque de Paris ayant constaté que certains quartiers populaires manquaient d'églises décida d'en créer de nouvelles... à cette idée les pessimistes ne manquèrent pas *de se récrier* : créer des églises dans ces quartiers c'est inutile, il n'y aura personne. Mgr Amette laissa dire et fonda ses églises, aujourd'hui, elles sont prospères et vous pouvez voir le Dimanche une foule nombreuse et recueillie pressée dans ces nouveaux temples prouvant une fois de plus la force d'expansion et la vitalité du catholicisme.

## ADMIRABLE RESEAU DES ŒUVRES

Il résulte de toutes ces constatations qu'une fois de plus, la *persécution a ramené les esprits et les cœurs vers les persécutés*. La persécution a donné à l'Eglise une force nouvelle, mais les manifestations de cette force. *pourquoi vais-je les chercher si loin* alors que ce brillant Congrès me permet de les saisir sur le vif.

Songez, Mesdames et Messieurs, à l'admirable *réseau* des œuvres catholiques : songez que, malgré la disparition d'un budget de 40 *millions*, pas une œuvre catholique n'a été abandonnée ; songez à l'admirable exemple unique dans l'histoire de sublime désintéressement qu'a donné le clergé français, désintéressement dont il a été récompensé, car en perdant l'aisance, il a gagné le bien le plus précieux qui soit au monde *l'indépendance* et songez qu'ayant à subvenir aux moyens d'existence de ses prêtres, le catholicisme non seulement n'a pas diminué ses œuvres, mais au contraire les a augmentées, les a fortifiées.

Vous en avez eu aujourd'hui *des exemples*. Demain et après demain vous en aurez d'autres : on vous parlera de *nos écoles, de nos associations des pères de famille*, des groupes de *jeunesse catholiques* de plus en plus florissants, des groupes de *gymnastes catholiques* qui jettent dans nos campagnes les sons guerriers de leur clairon et les égaient de la bigarrure de leurs maillots ; on vous dira les *efforts nombreux* tentés en *faveur de la Presse*, la *première de toutes les œuvres*, on vous renseignera sur les nombreuses œuvres sociales créées : *syndicats, caisses rurales, mutualités, assurances* et en entendant le récit de tous ces efforts, de toutes ces énergies, de ces admirables résultats vous acquerrez la certitude que l'Eglise est la plus grande *force morale du monde*.

## LE MOUVEMENT CATHOLIQUE DANS LE MONDE

Jetant donc un coup d'œil sur le pays, je vous ai montré, messieurs, que l'élite *intellectuelle était acquise au catholicisme*, que le peuple lui-même commençait à revenir à nous et que dans la France entière se faisait sentir une renaissance catholique. Est-ce là un fait isolé, unique ? Non, dans le monde entier *le catholicisme* fait des progrès étonnants. En *Angleterre* les conversions se multiplient, aux *Etats-Unis* les catholiques qui n'étaient que deux millions il y a dix ans sont aujourd'hui dix millions ; en *Belgique* les catholiques ont gardé le pouvoir et ont amené ce pays à un état de progrès et de *prospérité inouïe* tel que leurs adversaires sont obligés de le reconnaître.

« L'Eglise a travaillé pendant des années avec autant de persévérance que de sagacité à conquérir la démocratie par ses bienfaits. Mais par sa hardiesse et, en un sens, la générosité de sa politique sociale, elle a étendu son action sur les classes populaires, au point d'inquiéter le socialisme lui-même. Voilà ce que nous devons méditer à l'heure où par ses patronages, ses colonies de vacances, par ses soupes populaires et ses jardins ouvriers, par ses associations et ses syndicats professionnels, par l'œuvre admirable de ses semaines sociales, l'Eglise tente, en France comme ailleurs, la conquête du prolétariat. » (*Le Rappel*, 4 juin 1912.)

Et partout on signale une augmentation marquée du nombre des catholiques, des *manifestations récentes* en sont la preuve. Vous savez que depuis quelques années on a créé de *grands congrès catholiques* appelés congrès eucharistiques. Les premiers se sont tenus à Londres, à Montréal, à Cologne, à Madrid. Plus de 60.000 catholiques venus de *toutes les parties du monde* y assistaient, mais cela n'est rien à côté de celui de cette année qui a été tenu à *Vienne*, ce fut un véritable triomphe.

150.000 catholiques, 10 cardinaux, 50 évêques s'y trouvaient. *L'Empereur François-Joseph* et *l'archiduc héritier François-Ferdinand* y assistaient et la procession s'est déroulée triomphale, longue de plusieurs kilomètres dans les rues de la capitale, et en présence de ces interminables théories de fidèles, en presence de ce magnifique défilé, on comprenait que la *puissance invincible* de l'Eglise et sa *force d'expansion* lui *assuraient un avenir brillant et radieux*.

## A CE MOUVEMENT NOUS DEVONS PARTICIPER

A ce mouvement, messieurs, vous voudrez *j'en suis sûr participer*, vous ne voudrez pas, catholiques de la Gascogne, rester en *arrière*, vous qui *marchez toujours au premier rang dans la voie du progrès*, vous devez donc soutenir toutes les œuvres catholiques et participer à ce mouvement régénérateur par l'action et par l'union.

*L'action, on* prétend que notre génération en *a le goût* et que *lasse des vaines paroles* elle veut entrer dans la voie des *réalisations pratiques*, vous l'y aiderez,, mesdames et messieurs, pour obtenir des résultats, il faut une *action continue* et permanente et non une activité fébrile de quelques jours suivie d'un repos de plusieurs années. Grâce à la Séparation qui nous a fait comprendre l'utilité de l'organisation, nous pourrons sous l'impulsion du camité diocésain poursuivre une action méthodique et raisonnée.

Mais toutes ces résolutions seraient inutiles si nous ne prenions pas celle de faire l'union de tous les catholiques, de renoncer à ce défaut que César reconnaissait déjà aux Gaulois, celui de passer le meilleur de notre temps à batailler les uns contre les autres, et de prendre pour devise cette parole du célèbre économiste Le Play : Recherchons ce qui unit, oublions ce qui divise.

Avec cela sans nul doute, nous *arriverons à la victoire*. Certains d'entre vous, messieurs et mesdames, me trouveront peut-être trop optimistes, à ceux-là je répondrai que l'optimisme sied à la jeunesse, je leur dirai aussi que *rien de grand*, rien *de fort* ne se fonde sur les gémissements et sur les pleurs, l'avenir est *aux énergiques et aux courageux*, à ceux qui ont confiance *dans leur force !* Je suis de ceux qui croient en notre prochaine victoire, j'espère que vous ne m'en voudrez pas de vous avoir apporté ce soir, après *les tristes jours de la défaite*, le *sursum corda de l'espérance.*

## L'ESPERANCE

Oui, j'ai voulu vous apporter l'*espérance* et vous faire partager ma confiance dans un avenir meilleur : dans *le chaos* où se débat la pensée moderne, dans l'état d'*anarchie* où se trouve la société, deux grandes idées se disputent le monde : d'un côté, les *catholiques*, de l'autre les *socialistes*, d'un côté, l'*ordre*, de l'autre, le *désordre*, les forces *intermédiaires* prises entre ces deux grands courants, comme dans un étau, sont *impuissantes* et *écrasées*, justifiant le mot de Lacordaire :

« Rien n'est plus grand dans le monde que l'édifice chrétien. Dieu a diminué tout le reste et nous sommes comme une cathédrale debout et vivante dans une solitude dévastée. »

Alors qu'autour du socialisme s'agitent toutes les *ambitions déçues*, toutes les *haines impatientes* et toutes les *utopies décevantes*, autour du catholicisme gravitent toutes les forces sociales, justifiant cette pensée magnifique du plus profond de nos historiens modernes, Taine, lorsqu'il disait :

« Le catholicisme est la grande paire d'ailes indispensables « pour soulever l homme au-dessus de sa vie rampante et de ses « horizons bornés, pour le conduire à travers la patience, la ré- « signation et l'espérance jusqu'à la sérénité ; pour l'emporter « par delà la tempérance et la bonté jusqu'au dévouement et au « sacrifice.

« Toujours et partout, depuis dix-huit cents ans, sitôt que ses « ailes défaillent ou qu'on les casse, les mœurs publiques et pri- « vées se dégradent ; l'égoïsme brutal et calculateur reprend « l'ascendant, la cruauté et la sensualité s'étalent, la société de- « vient un coupe-gorge et un mauvais lieu. »

Entre ces deux puissances fatalement aura lieu un choc formidable dans lequel se joueront les *destinées du monde moderne*. Et ce ne sont pas là des *suppositions parodoxales*, des *prophéties invraisemblables*, c'est la réalité de demain dont parle Thiers lorsqu'il dit : « un jour viendra où le socialisme et le catholicisme se disputeront le monde. »

Nos conjectures sont tellement vraisemblables qu'elles n'ont pas échappé aux *hommes sagaces* qui dirigent le grand journal le *Temps*, ils écrivaient, en effet, à propos du Congrès eucharistique du 22 septembre dernier.

« Dans le présent troublé où nous vivons, les deux plus grandes forces collectives sont indiscutablement, à en juger par les masses qu'elles meuvent la force catholique et la force révolutionnaire. Aucun intérêt bourgeois, aucune idée libérale n'exerce au-dessus des frontières une aussi puissante attraction que l'Eglise universelle et le socialisme universel. »

## CONCLUSION

Or les deux théories d ces grandes écoles sont en complète contradiction, l'une nous apprend à renoncer aux biens de ce monde pour gagner ceux d'un monde meilleur, l'autre au contraire, veut trouver son paradis sur la terre... rêve dangereux et décevant, trompeur. Le conflit est donc fatal, qui *pourrait s'en étonner*, l'histoire est un perpétuel recommencement et cette lutte qui s'annonce brutale, n'est-ce pas l'éternelle lutte de l'*idée et de la matière*, du paganisme et du *christianisme*, de l'esprit et du corps.

En conséquence on peut sans difficulté en prédire l'issue, de même que *Constantin* fit triompher la Croix au Pont Milvius, de

**même que Charles Martel triompha des Arabes à Poitiers, de même que *Napoléon* réussit à terrasser l'hydre révolutionnaire, de même l'Eglise triomphera du socialisme.**

**Nous n'avons donc rien à craindre et nous pouvons avoir confiance dans l'avenir ; peut-être avant la victoire finale devrons-nous subir des *persécutions*, et voir s'amonceler les ruines.**

**Mais qu'importe, au jour où il faudra reconstituer la patrie, soyez tranquilles, c'est à vous, catholiques, que l'on fera appel.**

**De même que *Napoléon*, ce législateur inégalé et inégalable comprit qu'il ne pouvait rétablir l'ordre qu'en s'appuyant sur la Religion, de même celui qui voudra rétablir la paix dans ce pays devra faire appel *aux catholiques*. Au jour *du danger*, quand la nation aura compris vers quel gouffre la mènent ses mauvais bergers, au jour prochain, où elle aura accompli la *salutaire évolution* que tout le monde est unanime à signaler, c'est *vers vous qu'elle se retournera* : dans vos foyers, dans vos demeures vivant d'une *vie de travail et d'honneur*, elle verra renaître les héroïques vertus qui firent d'elle la première des nations et c'est en vous, *catholiques qu'elle mettra son espoir*, car en vous *frémira toujours l'âme immortelle de la Patrie Française*.**

Quand les applaudissements ont cessé, Monseigneur prend la parole et prononce le beau discours que nous publions *in extenso*.

C'est une page lumineuse de doctrine sociale catholique et tout un programme net et précis de nos légitimes et nécessaires revendications. La logique en est serrée, l'éloquence entraînante. C'est la parole du docteur qui éclaire et du chef qui conduit. Les catholiques qui n'assistaient pas au Congrès auront plaisir à lire cette magistrale étude, comme nous avons eu plaisir à l'entendre. Et ceux qui ne sont pas catholiques pourraient aussi bien en faire leur profit. Pourquoi faut-il que les hommes actuellement au pouvoir refusent de prêter l'oreille à cette voix de nos évêques, lorsque, proclamant les droits de la religion, ils ont la conviction et le dessein de travailler à la grandeur et au salut de la France ?

Ce discours de Mgr l'Evêque, très attentivement écouté et vigoureusement applaudi, termine la première journée.

### *Les Revendications catholiques à l'heure présente*
### Discours de Sa GRANDEUR MONSEIGNEUR L'EVEQUE

**le 19 novembre 1912**

Mes chers diocésains,

J'ai pris l'habitude de me réserver une demi-heure environ pendant chacun de nos Congrès, pour m'entretenir avec vous. Peut-être renoncerai-je bientôt à ce système, car vivant toujours au milieu de mon troupeau, j'ai d'autres occasions de lui adresser la parole, tandis que les orateurs moins connus et bien choisis ne sont jamais trop nombreux dans nos séances solennelles. Quoi qu'il en soit, je profite sans scrupule de la circonstance présente. Les difficultés sont si graves à notre époque, nous avons tant besoin, nous, Evêques, d'éclairer et d'encourager nos fidèles, que les sujets intéressants, même nécessaires à traiter, ne nous manquent jamais. Vous dire par exemple ce qu'à l'heure où nous sommes, les catholiques doivent d'un commun accord réclamer hardiment de leurs adversaires, revendiquer comme leur droit essentiel devant l'Etat et surtout devant l'opinion, n'est-ce pas remplir un devoir épiscopal au premier chef ? J'ai résolu de prendre ce soir un aussi beau thème. Notre causerie sera le complément logique de la Lettre pastorale dont vous avez entendu hier la lecture à l'église.

## I

Un homme politique, ancien député et maître de conférences dans l'une de nos grandes écoles nationales, écrivait, il y a un mois, une lettre de laquelle je détache les deux phrases suivantes : « La lutte de l'Etat et de l'Eglise n'est malheureusement pas terminée, puisque celle-ci ne croit pas devoir renoncer à être une institution sociale à laquelle revient l'hégémonie dans la société civile.... Selon moi, la contradiction sera insoluble tant que le catholicisme n'aura pas renoncé à diriger la société civile, au lieu de se borner à inspirer les consciences individuelles (1). Vous souvient-il, Messieurs, que cette année même, le chef actuel

(1) Lettre de M. Eugène Fournière, ancien député, maître de conférences à l'Ecole Polytechnique, au journal *La Démocratie*. Voir ce journal, 25 octobre 1912.

du ministère tenait à peu près le même langage (1) ? En effet, on nous accuse dans certains milieux de vouloir régir la société, alors que notre action, au dire des philosophes nouveaux, ne devrait jamais dépasser les limites de la vie privée. Ce double reproche est bien grave, il faut l'avouer ; mais le premier n'est qu'une calomnie, et le second suppose démontrée l'une des thèses les plus fausses de la sophistique contemporaine.

De la calomnie, je parlerai brièvement. Léon XIII, dans son admirable Encyclique *Immortale Dei*, enseigne que « Dieu a réparti entre le pouvoir ecclésiastique et le pouvoir civil le soin de pourvoir au bien du genre humain. Il a préposé le premier aux choses divines, et le second aux choses humaines. Chacun d'eux dans son genre est souverain (2) ; chacun d'eux est renfermé dans des limites parfaitement déterminées et tracées en conformité exacte avec sa nature et son principe ; chacun d'eux est donc circonscrit dans une sphère où il peut se mouvoir et agir en vertu des droits qui lui sont propres (3) ». Comment ose-t-on prétendre que l'Eglise veut exercer l'hégémonie dans la société civile, quand un Pape a si clairement affirmé le contraire ? Avant de nous condamner, il serait équitable, je crois, de savoir ce que nous sommes et ce que nous voulons.

Quant au sophisme, il est tout aussi blâmable que la calomnie. La religion est affaire individuelle, répète-t-on à l'envi, et voilà pourquoi la loi de Séparation proclame, en son article premier, que l'Etat ne reconnait aucun culte. Erreur très grave, Messieurs. La religion est par nécessité de nature une institution sociale, car les peuples comme les individus dépendent de Dieu et par conséquent lui doivent un hommage collectif d'adoration et de soumission, de reconnaissance et de prière (4). Si Dieu est l'auteur de la société, s'il la conduit à travers les siècles, selon les

---

(1) M. Poincaré, président du conseil des ministres, ayant répondu, en mars dernier, à M. Charles Benoist, pendant une séance de la commission du suffrage universel, qu'entre ce député et lui, il y avait toute la question religieuse, s'efforça d'expliquer sa pensée dans une conversation avec M. Marcel Hutin, de l'*Echo de Paris*. Voici quelques-unes de ses paroles les plus significatives :

« Malheureusement, la manière de concevoir la question religieuse, je veux dire la manière de régler les rapports de l'Eglise et de l'Etat, n'est pas la même chez tous les Français. Tous les républicains de gauche considèrent que la religion est *chose individuelle*, qu'elle doit être tenue en dehors de la politique, et, qu'elle ne doit *diriger aucun des organes de la société civile*. C'est dans cet esprit que nous avons voté la Séparation. Entre ceux qui l'ont repoussée et ceux qui l'ont admise, il y a forcément une *différence d'opinion fondamentale*. J'ai constaté un fait : rien de plus, rien de moins. »

(2) *Utraque est in suo genere maxima*.

(3) Actes de Léon XIII, édit. Desclée, t. II, Encycl. *Immortale Dei* p. 162.

(4) Encycl. *Immortale Dei*, t. II, p. 159. Encycl. *Libertas*, t. III, pp. 105-109, Cf. Encycl. *Sapientiæ christianæ*, t. IV, p. 19.

desseins de son éternelle sagesse, les nations n'ont pas le droit de le traiter comme n'existant pas ou ne s'occupant pas d'elles. Donc lorsqu'elles osent lui reprendre dans la vie publique la place qui lui appartient, à lui, leur maître absolu et leur père, elles commettent l'injustice la plus grave dont l'histoire puisse se souiller : ce crime s'appelle l'apostasie. En outre, n'est-il pas indispensable que la société aide ses membres à poursuivre et atteindre leur fin suprême qui est Dieu, le Dieu de la vraie religion ? Une organisation politique et sociale où ce devoir est méconnu pèche par la base (1). La fameuse Déclaration des Droits de l'homme et du citoyen a beau restreindre « le but de toute association politique » à « la conservation des droits naturels et imprescriptibles de l'homme » (2), la raison, comme la foi et presque aussi énergiquement qu'elle, crie bien haut que les hommes ne vivent pas ensemble pour se détourner de leurs obligations, mais pour s'en rendre la pratique plus facile et plus complète. .

Ainsi la religion ne peut pas se contenter d'inspirer les consciences individuelles ; puisqu'elle a une valeur éminemment sociale, l'Etat, partout où c'est possible, doit s'allier à l'Eglise, en reconnaître le caractère surnaturel, l'aider dans la mission qu'elle a reçue du Christ, son divin fondateur, faire respecter ses enseignements, ses lois, ses institutions, de telle sorte qu'existe entre les deux puissances une étroite union. Cette union, Léon XIII ne craint pas de la comparer à celle de l'âme et du corps dans le composé humain (3). A l'exemple de tous ses prédécesseurs, organes vivants de la tradition catholique entière, il la loue jusqu'à l'exalter, en vingt pages de ses lumineuses Encycliques (4). Ah ! ne vous étonnez pas, Messieurs, de l'insistance avec laquelle l'Eglise maintient, contre toutes les écoles du libéralisme théologique, sa vieille doctrine ; il faut vous souvenir qu'une société établie uniquement pour la défense des droits suprêmes de Dieu et du droit des âmes à faire leur salut, ne peut à aucun prix accepter la doctrine de l'égalité entre la vérité et l'erreur, c'est-à-dire le système absurde en soi, et dès lors partout néfaste, du scepticisme religieux.

Il est bon de rappeler de tels principes, car les catholiques

---

(1) Encycl. *Immortale Dei*, *Ibid.*, p. 149. *Sapientiæ christianæ* t. IV, pp. 19,21.

(2) Art. 2.

(3) Encycl. *Immortale Dei*, *Ibid.*, p. 152.

(4) Encycl. *Immortale Dei*, *passim*. Encycl. *Libertas*, t. III, pp. 109, 110 : *Sapientiæ christianæ*, *ibid.*, p. 19 ; etc.

sont exposés à les oublier, peut-être même à les rejeter, tant est profonde la confusion intellectuelle à notre époque. Cette intransigeance est nécessaire sur le terrain des idées ; en pratique les Souverains Pontifes savent tenir compte des faits et s'ils ne se résignent point à l'abandon des vérités dont ils ont la garde, — c'est là sans aucun doute leur meilleure gloire, — ils conseillent d'accepter les nécessités des temps. L'unité de foi n'existe presque plus nulle part ; elle n'est, en France, qu'un lointain souvenir. ou une espérance que les siècles réaliseront peut-être, mais qui n'a rien de commun avec l'habitude encore très générale de faire baptiser les enfants et bénir les tombeaux. Comment donc l'Eglise exigerait-elle ce qu'il serait impossible aux pouvoirs les plus favorables de lui accorder ? Les fausses religions n'ont évidemment pas les droits divins qui lui appartiennent, toutefois elle ne blâme pas les gouvernements « qui, en vue soit de procurer un grand bien, soit d'éviter un grand mal, dit Léon XIII, tolèrent pratiquement que les divers cultes soient admis dans l'Etat (1) ». Il n'est personne parmi nous, Messieurs, qui n'approuve des paroles aussi sages, mais quand nous constatons les ruines produites par l'indifférence religieuse et l'impiété, lorsque nous sommes les témoins attristés des discordes issues de la diversité des croyances, lorsque l'esprit moderne, sous prétexte de science et de civilisation, conteste, dénature, nie les principes fondamentaux de toute morale, et qu'enfin le désarroi des esprits menace de détruire l'Etat, la famille, la société elle-même, nous demandons avec la plus profonde conviction qu'on ne fasse pas de la liberté de l'erreur une conquête intangible, un signe de saine vitalité, le point de départ d'une nécessaire et magnifique évolution. Notre pensée, ou plutôt la vérité, a pour expression cette maxime de notre grand Léon XIII : « Plus il est nécessaire de tolérer de mal dans un Etat, plus celui-ci s'éloigne de la perfection (1) ». Quel homme raisonnable, quel patriote, quel catholique pourrait parler un autre langage ? Messieurs, ayons le courage du bon sens.

Un progrès réel serait que la liberté de conscience ne se retournât plus contre les catholiques. Si chacun est maitre de ses opinions religieuses, pourquoi la profession de notre foi rend-elle suspects les meilleurs citoyens, tandis que les témoignages de bienveillance sont facilement accordés à quiconque se récla-

(1) Encycl. *Immortale Dei ibid.*, p. 162 Cf. *Libertas Ibid.*, pp. 115, 116.

me du protestantisme, du judaïsme et surtout de la franc-maçonnerie ? Vous le répétez sans cesse : la société devant être laïque, sa sécularisation n'est pas encore achevée. N'avez-vous donc pas fait une guerre assez longue aux traditions chrétiennes de la France ? Vous éloignez systématiquement de toutes les situations auxquelles votre autorité ou votre influence donne accès, les hommes entachés non pas de cléricalisme, comme vous vous plaisez à le dire, mais bien de catholicisme, comme l'avouent les plus sérieux et les plus francs d'entre vous : si bien que d'en trouver encore quelques-uns parmi vos fonctionnaires étonne et trouble. Le jour où cette abominable oppression prendrait fin, un grand progrès serait accompli.

Nous en désirons un autre ; ce serait que l'Etat ne s'estimât pas tenu d'ériger l'indifférence religieuse, c'est-à-dire, au fond, l'athéisme, en dogme social. Que la liberté la plus large soit garantie aux différents cultes et que, par une conséquence logique, la libre-pensée ait droit de cité, le morcellement actuel des croyances l'exige ; mais aucune considération ne l'emporte sur le devoir de reconnaître par des hommages officiels la souveraineté de Dieu. L'existence d'une cause première est une vérité fondamentale, comme certains principes essentiels de toute civilisation, par exemple le droit de posséder et le devoir du patriotisme. De même que l'Etat maintient, contre les collectivistes et les antimilitaristes, le service militaire, le respect de l'armée, l'unité nationale, ainsi devrait-il, au nom de la raison d'abord, puis de l'immense majorité des citoyens qui croit en Dieu, s'incliner, malgré les furieuses protestations des athées, devant l'infinie majesté du Créateur. Mgr d'Hulst avait raison de l'affirmer un jour dans la chaire de Notre-Dame de Paris : « Rien ne saurait dispenser une nation représentée par ses princes ou ses magistrats, de remplir d'une certaine façon le devoir du culte envers la divinité, car c'est là une obligation de droit naturel, qu'aucune circonstance contingente ne saurait rendre caduque. Et, de fait, observait-il, nous voyons en Europe, une petite République, la Suisse, et, de l'autre côté de l'Océan, une grande République, les Etats-Unis, allier sans embarras le respect de la liberté de conscience avec la manifestation officielle et nationale du sentiment religieux (1).

Certes, nous appelons de tous nos vœux le jour où les représentants du pouvoir ouvriraient une session législative par l'as-

---

(1) Mgr d'Hulst, *Conf. de N.-D.* 1895. 3e conf. p. 7[illegible].

sistance à des prières publiques et, en temps de calamité, ne craindraient pas de recourir au ministère du clergé ; mais ce changement si extraordinaire ne nous suffirait pas plus que le premier ; il nous faut un troisième progrès, je veux dire la jouissance de toutes les libertés que l'Eglise a le droit de revendiquer et de posséder.

## II

Ne sommes-nous pas déjà pourvus de ces libertés ? L'Etat n'intervient plus dans le choix des pasteurs, évêques, vicaires généraux, chanoines et curés. Nous pouvons accroître à notre gré le nombre des lieux du culte, et y célébrer en tout temps les cérémonies et les fêtes qui nous plaisent ; les édifices religieux dont l'Etat et les communes conservent, il est vrai, la propriété, sont mis à notre disposition exclusive et gratuite ; nous correspondons sans contrôle avec le Saint-Siège ; nos groupements, permanents ou non, œuvres et associations de toute espèce, synodes, conciles provinciaux, congrès, pèlerinages, n'ont besoin d'aucune autorisation et peuvent tranquillement effectuer leurs opérations, pourvu que l'ordre public ne soit pas troublé ; en chaire et ailleurs, il nous est loisible d'exposer et de défendre nos idées avec la plus entière indépendance, à la condition très légitime de ne critiquer ni les lois, ni leurs représentants. En réalité, vous êtes trop difficiles, objectera-t-on, s'il vous faut quelque chose de plus. Soyons justes ; les législateurs de 1905 ne se trompaient pas autant que vous le dites, lorsqu'ils se glorifiaient d'avoir assuré aux consciences catholiques, aussi bien qu'aux autres, une liberté qu'on leur refusait dans presque tous les pays du monde.

Ce n'est pas moi, Messieurs, qui contesterai jamais des faits bien établis. Il est certain qu'en votant la loi de Séparation, les libres-penseurs des deux Chambres, les uns par libéralisme doctrinal, les autres par nécessité logique, ont coupé des liens qui pesaient sur l'Eglise de France comme de lourdes servitudes : « Le Concordat, écrit M. Etienne Lamy, n'était plus que l'aire étroite et vide où un oiseleur devenu cruel jetait chaque jour une poignée de grains de plus en plus petite, surveillait les mouvements captifs et la faiblesse croissante d'un oiseau à l'aile coupée. L'oiseleur a cessé de servir le grain sur l'aire, mais il a laissé repousser l'aile » (1). Oui, l'aile a repoussé, et de la pri-

---

(1) Les catholiques et la Séparation. Journal l'*Eclair*.

son qui devenait chaque jour plus étroite nous avons pris notre essor vers les sommets où règne la liberté. Pourtant nous n'avons pas encore atteint ces nobles cimes ; des entraves nombreuses, pénibles, injustes, ralentissent notre vol. Il faut être aveugle pour ne pas les voir, sectaire pour ne pas en réclamer la suppression.

Nous jouissons des églises construites par nos pères ou nos frères aînés, mais légalement elles ne nous appartiennent pas et nous ne les occupons qu'à titre précaire, sans garantie du lendemain. Leurs propriétaires ne sont pas tenus de les protéger contre les outrages du temps. Des œuvres de toute sorte sont indispensables à la vie catholique. « Celle-ci n'est sûre, dit encore M. Lamy, que si, au service de ces œuvres, se constitue un patrimoine important et durable comme elles » (1). Or, nous ne pouvons rien acquérir ni transmettre qu'individuellement, à moins de recourir à des associations ou contraires aux lois de l'Eglise, ou nanties de droits de propriété tout à fait insuffisants. Nos séminaristes et même nos prêtres sont astreints, jusqu'à l'âge de 45 ans, à des obligations militaires qui sont incompatibles avec les fonctions du saint ministère et même la vocation sacerdotale (2). L'existence des ordres religieux dépend d'une autorisation qu'on a refusée chaque fois que la demande en a été soumise aux pouvoirs compétents. Ceux que l'on épargne encore subsistent par pure tolérance. Pas un seul n'a le droit d'enseigner, quelle que soit la valeur pédagogique et la dignité morale de ses membres. Nos écoles libres, si légales soient-elles, semblent avoir un seul droit, le droit à la défiance de l'autorité. L'accès en demeure presque toujours interdit aux fils de fonctionnaires ; de nouvelles lois de défense laïque les assujettiront bientôt peut-être à une surveillance plus étroite, pour ce beau motif que nous, leurs protecteurs naturels, nous avons commis le crime impardonnable de rappeler les instituteurs sectaires au respect de la religion. Un fait capital domine tous les autres, c'est que l'Eglise est traitée avec moins de faveur que la dernière des associations. Pendant que le groupe le plus modeste de citoyens a le droit d'être reconnu par l'Etat, et que son bureau peut recourir à la protection des représentants de l'autorité, les chefs de la nation ignorent la hiérarchie catholique. Ils savent qu'une So-

---

(1) *Ibid.*

(2) A l'heure présente, 1/3 de nos prêtres sont inscrits sur les contrôles de l'armée active ou de l'armée territoriale. En cas de guerre, plus du quart des paroisses de mon diocèse serait privé de curé.

ciété de gymnastique a un président et des administrateurs et ils communiquent volontiers avec eux, mais ils ne connaissent ni évêques, ni curés ; leur science officielle ne va même pas jusqu'à leur apprendre le nom du Pape. Si le bail d'une maison curiale est assez maladroitement rédigé pour que le maire paraisse avoir affaire au pasteur de sa paroisse, le préfet du département exige bien vite d'autres formules. Le presbytère — vous l'entendez, c'est d'un presbytère qu'il s'agit — sera loué à M. Dupont ou à M. Durand, au curé, point, car ne l'oublions pas, les ministres du culte existent comme tels dans le seul cas où, selon les articles 34 et 35 de la loi de Séparation, ils auront attaqué le gouvernement dans leurs églises. Alors ils ne sont plus de simples citoyens, mais ils se trouvent tout à coup revêtus d'une responsabilité spéciale, celle que leur donne en effet — je suis charmé de l'entendre dire par des mécréants — l'autorite du sacerdoce de Jésus-Christ.

Il faut donc le dire pour être vrai, nous ne vivons pas sous le régime de la liberté. Parfois on nous prive du droit commun, puisque l'ouverture de nos écoles est régie par une loi d'exception, celle qui exclut les religieux de tout enseignement ; et quand on nous offre de nous traiter comme tout le monde, il se trouve que nos principes nous imposent le refus. C'est ce qui est arrivé lorsqu'on a assimilé nos offices à des réunions publiques ordinaires et prétendu subordonner notre organisation hiérarchique à des associations quelconques. En fin de compte, on ne s'est pas encore résolu à accepter l'Eglise telle qu'elle est, telle qu'elle sera toujours.

Car, Messieurs, l'Eglise ne peut pas changer. Il ne dépend pas d'elle de ressembler aux sociétés laïques ; ce dont les autres confessions religieuses s'accommodent avec plus ou moins de facilité, ne convient pas pour cela à sa nature. Unique en ce monde, sa constitution comme son activité réclame une situation à part. Ce fait gêne les libres-penseurs et les sectaires, je le comprends ; il n'en demeure pas moins réel, indiscutable, donc impossible à supprimer. Y aurait-il encore des esprits assez peu clairvoyants, assez réfractaires aux leçons de l'histoire pour espérer la disparition de la foi ? S'il s'en trouve, ils ne doivent être qu'une infime minorité. Je m'adresse aux autres, aux hommes de bon sens et d'expérience et je leur demande à quoi sert de proposer à l'Eglise ce qu'elle n'accordera pas et, après qu'elle l'a refusé, de la contraindre, par des moyens violents et odieux, de s'étendre sur le lit de Procuste ? Vous ne me contredirez pas, Messieurs, si j'affirme que ce système est non moins contraire aux règles élémentaires de la sagesse qu'à celles de la justice. De fait, son application aboutit à des conflits continuels, aussi nuisibles aux gouvernements qu'à la religion. « Que les princes et les chefs de l'Etat, écrivait Pie VII, dans sa première encyclique, le 15 mai 1800, comprennent donc que rien ne peut contribuer davantage au bien et à la gloire des nations que de laisser l'Eglise vivre suivant ses propres lois (1). »

Si, en effet, un nombre considérable de citoyens est condamné à d'incessantes angoisses de conscience, si « l'homme reste indécis sur le chemin, dit Léon XIII, où il doit s'engager, et comme tiraillé en sens contraire par les ordres opposés des deux autorités à aucune desquelles le devoir ne lui permet de refuser obéissance » (2), le désordre envahit bien vite le corps social. Sans doute les catholiques essaieront de tirer des lois existantes le meilleur parti possible, tant est sincère leur désir de la paix ; ils ne réussiront pas à faire ce que Mgr d'Hulst appelle avec raison un tour de force perpétuel (3). De cette impossibilité résultera un malaise, plus que cela, une agitation dont l'anticléricalisme a besoin sans doute pour vivre, mais que des chefs avisés regretteront et qui fatiguera bientôt la grande majorité du peuple. Le peuple français n'est pas sectaire ; depuis quelque temps surtout, il manifeste la lassitude que lui cause la guerre faite à Dieu. S'il était libre, combien plus d'énergie il saurait mettre dans l'expression de son dégoût !

Au fond, Messieurs, nos politiques modernes redoutent l'influence religieuse ; leur cœur est animé de cette passion ardente contre l'Eglise que Lacordaire a décrite dans une de ses magnifiques conférences. Allons plus loin ; la grande parole du Sauveur, « rendez à César ce qui est à César et à Dieu ce qui est à Dieu (4) », cette parole qui a créé la nécessaire et féconde distinction entre les deux pouvoirs religieux et civil, leur déplait, car ils veulent gouverner les consciences sans qu'aucune autorité s'élève contre leur despotisme. Dans un moment de colère, le premier Consul s'écriait, en parlant du Pape : « Les prêtres veulent prendre les âmes et me laisser les cadavres. » (5) Les hommes d'Etat du XXe siècle se sont approprié, en France, ce mot significatif de Napoléon, mais il faudra que tôt ou tard ils

(1) Abbé Mourret, *Hist. générale de l'Eglise*, t. VII, p. 353.
(2) Encycl. *Immortale Dei ibid.*, p. 152.
(3) *Conf.* de 1895. Notes, p. 389.
(4) S. Math. XXII, 2.
(5) Abbé Mourret, op. cit. p. 357.

renoncent à leurs prétentions insensées. Le christianisme rend les âmes fières et les courages indomptables ; la tyrannie, qu'elle soit perfide ou brutale, n'en aura jamais raison. Encore une fois, qu'on prenne l'Eglise telle qu'elle est et qu'on lui donne la liberté.

Si l'Etat la redoute à ce point qu'il ne consente pas à lui laisser la place, partout où elle veut passer, sans réclamer d'elle des gages et des compensations, si les questions mixtes — il y en a — le préoccupent, qu'il s'adresse à notre chef suprême et, suivant l'expression assez plaisante que vous connaissez, s'en aille causer avec le Pape. Léon XIII, après tous ses prédécesseurs, a reconnu le bienfait des transactions diplomatiques et il les appelle un « mode d'assurer et de garantir la paix et la liberté réciproque des deux puissances »... C'est, dit-il, « quand les chefs d'Etat et les Souverains Pontifes se mettent d'accord par un traité sur quelque point en particulier. Dans de telles circonstances, le grand Pape tient à le remarquer, l'Eglise a donné les preuves les plus exquises de sa charité maternelle en poussant aussi loin que possible l'indulgence et la facilité des accommodements (1). » Le régime concordataire suppose des sacrifices réciproques, auxquels d'ailleurs la doctrine reste complètement étrangère. Pour leur part, les Papes n'ont jamais hésité à les consentir, car le bénéfice qu'en retirent les deux pouvoirs est considérable. Il appartient aux hommes d'Etat de suivre de pareils exemples. Conflits terminés à l'amiable et souvent évités, cordialité des relations, stabilité très utile à l'ordre général, voilà les effets naturels des concordats. Nos politiques se croient-ils le droit de les mépriser ? Quant à Léon XIII, il les estimait de la plus haute valeur ; aussi dans une Lettre aux Evêques des Etats-Unis, après avoir reconnu l'esprit de justice du gouvernement fédéral, écrivait-il que « ce serait une erreur de conclure que la meilleure situation de l'Eglise est celle dont l'Amérique offre l'exemple ». Le développement de la religion catholique, dans ces pays encore neufs, ajoutait-il, « doit être entièrement attribué à la puissante fécondité de l'Eglise... qui pourtant produirait plus de fruits encore si, outre la liberté, elle jouissait de la faveur des lois et du patronage de la puissance publique (2). » De cette faveur nous devrions être assurés, et de ce patronage nous nous réjouirions, pourvu toutefois que Paris n'abusât pas du pacte signé à Rome. Les chaines de la

(1) Encycl. *Immortale Dei*, t. II, p. 153.
(2) Lettre aux Evêques des Etats-Unis, 6 janvier 1895, *Ibid.*, p. 15.

servitude, fussent-elles dorées, s'adaptent mal à des mains faites pour consacrer et bénir, aux pieds des missionnaires qui annoncent l'Evangile du salut.

Les hommes arrivés au pouvoir ou à la veille d'y parvenir entendront-ils un jour la voix de la saine raison ? L'esprit de coterie, l'intolérance des sectes maçonniques, la crainte d'une apparence d'humiliation, la frayeur plus vive encore que certains personnages ressentent lorsqu'on agite devant eux le spectre clérical, ne faciliteront pas les rapprochements désirables. Ne répète-t-on pas que pour atteindre la ville éternelle, force serait de passer par Canossa ? Dieu est le maître des événements. Votre devoir comme le mien, mes chers diocésains, est tout tracé. Répandons d'abord, autant que nous le pouvons, des idées justes sur les droits de l'Eglise et des catholiques, la mission vraie de l'Etat, les principes de l'équité et de la charité. Que notre parole soit ferme, mais calme et mesurée, car, observait le cardinal Gerdil, « la modération est fille de la vérité et mère de la paix » (1). Puis allons avec courage à l'action. Un vénérable archevêque de Cambrai, le cardinal Régnier, racontait qu'il avait entendu Pie IX s'écrier en public : « Les méchants disent au peuple : *Agitez, agitez*, et moi, je vous dis : *Agissez, agissez* » (2). Donc, de l'action bien préparée et sagement combinée, de l'action forte et persévérante, de l'action unissant les catholiques autour de leurs pasteurs et les conduisant partout où il y a des préjugés à détruire, des erreurs à combattre, des blessures à panser, du bien à faire. Ah ! Messieurs, soyons les premiers par notre zèle désintéressé pour toutes les saintes causes, par notre dévouement de tous les jours aux victimes de l'impiété et du vice, comme aux deshérités des joies de ce monde. Le salut ne peut venir que de l'Eglise, essayons de le prouver clairement. Si l'on nous reconnait pour les instruments de la puissance capable de guérir, mieux que toutes les autres, les maux de la société, la paix religieuse, cette paix si souhaitable, sera un jour conclue ; elle se fera sans compromission avec l'honneur, sans abaissement ni pour l'Etat ni pour la religion, donc pour le plus grand bien de l'Eglise et de la France, ces deux patries auxquelles nous avons élevé dans nos cœurs un glorieux et magnifique autel.

(1) Allocution de Mgr Fuzet, le 31 décembre 1911, voir *Bulletin religieux* de Rouen, 6 janvier 1912, p. 7.
(2) Mgr Baunard, *Les deux frères*, p. 182.

## MERCREDI 20 NOVEMBRE. — 2me JOURNEE

La Messe. — Elle est célébrée par Mgr l'Evêque à l'église Sainte-Foy au Sacré-Cœur. M. l'abbé Couyba, directeur des Missions diocésaines, y prononce une chaude allocution, où il rappelle nettement les devoirs des parents envers leurs enfants relativement 1° à leur formation : formation de l'intelligence, de la volonté, du cœur ; formation physique et morale ; 2° à leur établissement. L'orateur termine son exposé par quelques mots fort à propos au sujet de la vocation en général et en particulier de la vocation sacerdotale.

On exécute de jolis chants pendant la messe, et il y a, comme la veille à Saint-Hilaire, de nombreuses communions.

### 1re Séance. — La Famille et les Œuvres de Presse

Le premier rapport de la journée : *Ce que doit, peut faire ou éviter la bonne presse pour la diffusion d'idées saines sur la famille et la Patrie*, avait été confié à M. Rengade. Ce sujet, d'importance capitale, a été étudié par M. le Rapporteur d'une façon très détaillée et traité avec compétence. Son rapport, fait d'observations judicieuses et de très profitables conseils, a produit une excellente impression sur l'auditoire.

M. Rengade constate d'abord l'importance de la Presse en général, et ensuite, au point de vue spécial qui nous occupe, son influence sur la Famille et, partant sur la Patrie. Il lui demande trois choses : 1° Etudier la famille, élément social, dans des articles périodiques et sous des rubriques spéciales ; à son avis, des articles sérieux et intéressants sur ce sujet seront lus avec plaisir ; 2° combattre pour la famille, en s'efforçant d'enrayer les projets de loi qui lui sont contraires et de provoquer ou de faciliter ceux qui sont en sa faveur, en luttant contre les erreurs qui tendent à la désorganiser ou à la détruire ; 3° distraire la famille par un choix judicieux d'informations ou de faits-divers, de chroniques littéraires ou de feuilletons. Ne pas donner aux actes criminels trop d'importance ; signaler les actes de dévouement et de courage au lieu de les négliger. Il termine par quelques mots sur les annonces qu'il faut proscrire.

## *Ce que doit, peut faire ou éviter la bonne presse pour la diffusion d'idées saines sur la Famile et la Patrie*

**RAPPORT par M. RENGADE, avoué à Agen**

Monseigneur
Mesdames
Messieurs,

Nous commettrions une erreur et une injustice si dans un congrès sur la famille chrétienne et française, nous ne parlions pas de la presse, si nous ne lui donnions pas la très large place à laquelle elle a droit. Le Journal est aujourd'hui partout, il s'empare de la voie publique dans nos villes, nous le voyons parcourir les campagnes et atteindre les hameaux les plus isolés, il pénètre dans toutes les demeures, il s'adresse au lecteur de tout âge, de tout sexe, de tout rang. Il a une influence indéniable pour le bien et aussi pour le mal. Ce serait une tactique déplorable exposant aux pires déceptions que de le négliger et de le traiter par mépris. Saluons donc Sa Majesté la Presse, quatrième pouvoir de l'Etat. Saluons-la avec respect mais aussi avec indépendance, et examinons ce qu'il convient de lui demander de faire pour la famille et par là-même pour notre chère patrie.

Nous n'avons pas dans ce Congrès — Congrès d'étude et non de polémique — à juger les feuilles publiques, à les distinguer en bons et mauvais journaux, à séparer le bon grain de l'ivraie, à condamner les uns, à approuver les autres. Cette haute mission est la charge et le privilège de nos évêques et nous n'avons au point de vue catholique qu'à nous incliner avec respest devant la sagesse de leurs décisions.

Nous nous adressons donc à toute la Presse à tous les journaux et nous leur disons, aidez-nous à fortifier la famille, à augmenter sa stabilité a accroitre sa valeur morale et intellectuelle et même son bien-être matériel.

C'est une œuvre sociale et patriotique à laquelle nous vous convions, il ne saurait y en avoir de plus haute pour tenter votre force et vos puissants moyens d'action.

Nous savons que vous répondrez à notre appel et que vous reconnaitrez après examen que dans le sujet qui nous occupe trois choses s'imposent à la Presse : étudier la famille, combattre pour la famille, apporter à la famille de saines et morales distractions.

Et tout d'abord, Messieurs, ce que nous demandons à la Presse, c'est de ne pas ignorer la famille, c'est de savoir qu'en dehors de l'individu qui est quelque chose, il y a la famille qui est beaucoup plus, que ses intérêts sont distincts des intérêts de l'individu, que le journal ne doit pas concevoir uniquement son public comme une agglomération de lecteurs isolés, mais encore comme une réunion de groupes de lecteurs, groupes unis et constitués par les liens si forts du sang, de la parenté et de la communauté d'intérêts. Le journal devra donc étudier la famille et les questions qui l'intéressent. Elles sont si nombreuses : constitution de la famille, son évolution à travers les âges, solidarité étroite de la famille et de la Patrie, droits et devoirs du père, de la mère et des enfants, questions de mariage, questions particulièrement grave de natalité, faveurs à accorder aux familles nombreuses, facilités qui doivent leur être données pour bien se loger, se vêtir, se nourrir, pour voyager économiquement et se distraire.

Enumération bien incomplète.

La matière, on peut en être certain, ne manquera pas.

Ces questions pourraient être traitées soit d'une manière théorique, soit d'une manière pratique. Il ne faut négliger aucun des aspects de la question, mais l'important est d'en parler et les journalistes ont trop de talent pour ne pas être sûrs qu'ils trouveront le moyen d'en parler d'une façon intéressante. Il y aura évidemment à choisir les questions suivant le moment et suivant les lecteurs auxquels on s'adressera, mais l'essentiel est de les traiter de telle façon que le public ait l'impression que son journal ne s'adresse pas au lecteur isolé mais bien au groupe familial. Les questions théoriques, les idées générales, peuvent fort bien être traitées dans les feuilles quotidiennes ; il n'y a pas lieu de les réserver pour des revues, pour des recueils mensuels ou bi-mensuels que beaucoup ne lisent pas. La place ne manque pas. Où sont les quatre petites pages d'autrefois ? Il faut aujourd'hui six ou huit pages, elles peuvent bien donner asile, je ne dis pas chaque jour, mais au moins une fois par semaine, à une étude à la fois sérieuse et intéressante. Le lecteur se reposera ainsi des faits divers rapides et de l'information express. Il fera, il en est capable croyez-moi, un effort d'attention et de réflexion et après avoir lu il sera heureux de l'attention donnée et de l'effort consenti.

La Presse, qu'elle me permette un reproche, a fait tout ce qu'elle a pu pour donner aux lecteurs des habitudes de paresse et pour créer chez eux un esprit superficiel. Pour favoriser le lecteur pressé ou négligent elle abuse des manchettes sensationnelles, de grands titres en tête des colonnes, de grands titres dans le corps du journal, des gravures, des artifices typographiques ; tout est disposé pour qu'on puisse lire rapidement, mais sans fruit, sans utilité, pour qu'on puisse même savoir ce qu'il y a dans le journal sans prendre la peine de le lire.

Vos lecteurs, le plus grand nombre du moins, valent mieux que cela. L'article sérieux, pas ennuyeux, bien entendu.

Tous les genres sont bons, hors le genre ennuyeux.

L'article sérieux dis-je, bien et clairement écrit, excitera l'intérêt, si on ne peut pas le lire dans la course rapide au bureau ou à l'atelier, on mettra le journal de côté et le soir, à la lumière de la lampe familiale, l'article sur la famille sera lu dans son véritable cadre, avec profit et utilité pour tous.

Il y aurait un grand intérêt à ce que ces articles, à ce que ces etudes ne soient pas isolés et trop espacés. Ils devraient revenir à date fixe, il serait bon de créer une rubrique spéciale — La famille — Questions familiales, ou — En famille. Je m'en rapporte à votre expérience de la presse qui trouvera certainement le meilleur titre pour cette excellente chose. Deux fois par semaine, une fois au moins, ce n'est pas trop vous demander, consacrez une colonne de journal à cette haute question. De cette façon vos articles seront suivis et attendus, et les auteurs qui réussiront dans ce genre arriveront sûrement à une saine et bonne renommée.

C'est en agissant ainsi, c'est en étudiant la famille, que vous préparerez le terrain pour la deuxième partie de votre tâche qui découle nécessairement de la première. Après avoir instruit la famille il faut combattre pour elle, il faut engager le combat, le bon et loyal combat contre les lois et projets de lois néfastes à la Patrie par lesquels on a voulu amoindrir les droits de la famille, la désagréger, la dissoudre, comme si l'on ignorait que la fin d'un pays est proche lorsqu'au lieu de groupes de familles il ne compte plus que des individus.

Nos législateurs, depuis longtemps, il faut le reconnaitre, se sont beaucoup trop préoccupés de l'individu et pas assez de la famille. Toutes les lois ont été envisagées au point de vue de l'individu, et si l'on n'a pas voulu, d'une façon expresse, détruire la famille, on y est arrivé indirectement en la faisant passer systématiquement au second plan.

Il n'y a pas lieu de revenir aux législations plus ou moins barbares sacrifiant tout à la famille, et dans lesquelles l'individu ne comptait pour rien. Nous sommes, quoi qu'on puisse dire, de notre pays et de notre temps, mais il y a, en tenant compte des mœurs actuelles, une question de mesures ; eh bien, il faut le dire bien haut, la mesure est rompue au profit de l'individu. On s'est beaucoup trop occupé des personnes criant leur droit au bonheur, ne voulant supporter ni le plus petit ennui, ni la moindre contrainte, invoquant avec fracas le droit de faire leur vie, après l'avoir faite, de la défaire et de la refaire aussi souvent que leur caprice l'exigera.

De là après l'abus du divorce les lois qui le simplifient, le facilitent, les projets de lois qui le rendent plus facile encore de telle sorte que cette chose sacrée qui est le mariage pourra se dissoudre comme un vil contrat de louage. De là ces projets de loi facilitant l'inconduite et détruisant la sécurité du foyer par d'indécentes légitimations, ou bien réduisant à néant les droits des pères et mères en matière de mariage. Bien des projets de lois ont été convertis en lois sans grande discussion. On les considérait sans grande importance alors qu'ils faisaient partie d'un tout qui était l'exaltation de l'individu au détriment de la famille.

La Presse a enregistré le dépôt de la proposition, la discussion, la promulgation. C'est insuffisant. Il faut discuter le projet avant qu'il ne soit soumis aux législateurs, en montrer les côtés pervers, antijuridiques et antilibéraux, les conséquences funestes pour la nation qui a bien le droit d'imposer quelque gène et quelque contrainte aux passions destructives du foyer.

Enrayer les mauvais projets ne suffit pas, il faut provoquer les bons, les soutenir, hâter leurs discussions et montrer que, favorables à la famille, ils le sont aussi au pays. Il faut faire en un mot une campagne de presse.

En combattant avec vous, vos lecteurs s'intéresseront à vous, ils vous aideront et de leur parole et de leur argent.

C'est en combattant — nous en avons fait une cruelle expérience — que les nations se forment et prennent conscience de leur unité et de leur force. C'est en combattant pour des questions de famille, et en famille, que la famille se formera. Dans la bataille elle ne peut rien sans vous, elle est impuissante. Un mauvais projet de loi voit le jour, que peut faire, livrée à elle seule, une famille d'ouvriers ou de bourgeois français ; quelques paroles, l'expression franche d'une opinion sincère, tout cela est peu, ne va pas bien loin, tombe vite. Si vous paraissez, au contraire, les bonnes volontés sont groupées, les efforts sont dirigés, l'animation est partout, l'opinion se fait entendre et fort et loin, votre voix claironnante sonne la charge et annonce la victoire.

Etudier et combattre c'est bien, mais peut-être un peu austère, et la famille, comme tout être ayant sa vie propre a besoin de repos et de délassement. La Presse doit lui procurer des distractions. Je dois même dire que ce sont surtout des distractions que l'on recherche dans la lecture de son journal, il ne faut pas les proscrire, mais qu'elles n'absorbent pas tout et qu'elles soient de la meilleure qualité possible.

Examinons rapidement à ce point de vue les diverses parties du journal.

Il y a d'abord les informations, partie très bien faite en général, qui, grâce au développement de la télégraphie, a fait dans ces temps derniers, de très grands progrès. Au point de vue spécial qui nous occupe il n'y a que peu à dire sur ce sujet. Soyez clairs, soyez précis, ne nous donnez pas trop de nouvelles contradictoires et ce sera une agréable et profitable distraction que de suivre dans vos colonnes les grands événements et les grandes guerres.

Après les informations les faits divers. Ils ne sont pas négligeables. Un grand philosophe a pu dire avec de l'exagération peut-être que dans quelques siècles il ne resterait des journaux d'aujourd'hui que les faits divers et les annonces. Les faits divers agréablement contés nous intéresseront, sans qu'il soit besoin de dépeindre ce qui se passe de plus horrible de plus bas et de plus criminel dans le monde, sans qu'il soit besoin de donner des proportions démesurées au récit des faits et gestes des grands bandits modernes et de les transformer en héros.

A côté du fait divers, crime, folie passionnelle actes criminels ou immoraux, il y a le fait divers acte de bonté, de courage, de vigueur de dévouement. Cette seconde catégorie est certainement aussi intéressante que la première, pourquoi la négliger, pourquoi ne pas lui donner la préférence et ne citer des actes honteux ou criminels que le strict nécessaire en ayant bien soin de flétrir dans le récit, les auteurs de ces abominables attentats.

Pas de journal sans chroniques et sans feuilletons. Il ne faut pas certes les supprimer, vous feriez trop de peine à beaucoup de lecteurs et surtout de lectrices — et en ce moment nous cherchons à les distraire — mais un feuilleton peut être palpitant d'intérêt, tenir le lecteur en haleine de numéro en numéro sans être immoral, sans contenir le récit complaisant d'actes vicieux et de turpitudes. C'est surtout par les mauvais feuilletons que le mauvais journal fait du mal à la famille. Supprimez-les. Donnez-nous des feuilletons agréables à lire et convenables sans fausse pudibonderie. On ne vous demande pas des berquinades niaises ou enfantines. Les gens les mieux pensants ont aujourd'hui les idées assez larges pour permettre au romancier honnête de se mouvoir à l'aise dans son récit. Adressez-vous donc à de bons auteurs, bons écrivains et bons français — et le père de famille n'aura pas à cacher le journal comme un objet malfaisant et dangereux,

En finissant un mot sur les annonces. Vous connaissez la théorie assimilant la 4e page du journal à un mur loué à un tiers qui pourra y afficher ce qui lui conviendra sans que le journal en soit même moralement responsable. Cette théorie n'est pas tout à fait exacte. Certes la Presse ne peut être responsable de tous les produits qu'on prône et de toutes les réclames extravagantes insérées dans les annonces, mais par respect pour les lecteurs auxquels vous vous adressez vous devez exiger que rien ne vienne salir la quatrième page de votre journal, vous devez proscrire ces annonces malfaisantes facilitant la débauche ou provoquant à des actes immoraux et criminels destructifs de la famille et de la race. Il est inutile d'insister davantage.

J'ai fini, Messieurs. Je ne saurais trop répéter en terminant qu'un principe doit dominer notre discussion. La Presse ne doit pas oublier que la famille forme un être moral distinct, qu'on doit s'adresser à elle, écrire pour elle, imprimer des journaux pour elle. La famille dans cette œuvre vous doit son concours, elle vous le donnera. Venez à elle elle vous soutiendra. En fortifiant la famille vous fortifiez la patrie. Un chef d'Etat a dit avec raison qu'on n'aimait que les forts et qu'on ne recherchait que les forts. La vérité de ces paroles se justifie tous les jours, nous en avons sous les yeux des exemples convaincants. Que la Presse nous aide à donner la force à la famille et à la Patrie indissolublement unies dans le Christ, elle travaillera ainsi pour le triomphe du Droit et pour la plus grande gloire de la France.

Le premier vœu qui vient en conséquence de ce rapport, c'est que la presse étudie la question de la Famille. M. l'abbé Lafougère fait remarquer que les abonnés d'un journal peuvent, en faisant une réclamation collective, y amener les directeurs. Doit-on publier ces articles sous une rubrique spéciale ? La question est controversée ; Mlle Garreau, M. Rengade tiennent pour l'affirmative ; M. l'abbé Découls répond négativement. M. l'abbé Chassaing demande que l'on commence par les bulletins paroissiaux. Après intervention de M. l'abbé Jouanou, on s'accorde à dire que l'on peut faire pénétrer ces idées saines soit par des articles sérieux, soit en les présentant, d'une manière plus plaisante, sous forme de chroniques ou de nouvelles.

Le deuxième vœu, « que la Presse combatte dès leur apparition les projets de loi qui tendraient à porter atteinte à la stabilité de la famille », donne lieu à une intéressante observation de M. J. Amblard. Il est nécessaire, dit-il, pour aboutir à un résultat, d'engager la lutte avant que ces projets ne soient votés par les Chambres. C'est en s'y prenant de cette façon que l'on est arrivé récemment à arrêter certains projets sur les Compagnies d'assurances et le monopole de l'alcool. M. Guilhot rappelle qu'il en a été ainsi pour les projets Doumergue.

Le troisième vœu, relatif au choix des faits-divers et des feuilletons, donne lieu à de nombreux échanges d'idées. Monseigneur et M. Rengade observent que les journaux antireligieux gardent la plupart du temps le silence sur les cérémonies religieuses, même à propos de funérailles ; et M. Colombier se plaint avec raison que parfois nos journaux catholiques font trop de réclame par leurs comptes-rendus aux œuvres laïques ou maçonniques. Nos journaux doivent relater les évènements sensationnels, sinon le public irait chercher ailleurs les nouvelles ; c'est une constatation faite par M. l'abbé Martinon et M. Labat-Martinelli. M. Rengade déplore qu'il y ait eu sur ce point des abus, à propos, par exemple, des affaires Bonnot et Garnier. M. le Rapporteur voudrait que l'on entremêlât ces sortes de récits, si leur publication est nécessaire, de réflexions morales et de vigoureuses réprobations. Monseigneur constate que la presse honnête en général peut avoir à ce sujet quelque chose à se reprocher ; les journaux doivent former leur public et non sacrifier à ses préférences. Recourir autant que possible à des sources d'informations catholiques.

Quant au quatrième vœu, « que les journaux s'opposent à la publication d'annonces ayant pour effet de faciliter l'inconduite ou de provoquer à des actes immoraux », il est adopté sans discussion.

A M. Rengade succède M. le docteur Villatte, qui, dans un rapport très senti, plein de conviction, développe le sujet suivant : *De quelques ennemis du foyer domestique. Après avoir énuméré les principales causes qui détournent nos paysans et en particulier les jeunes du foyer domestique, chercher si la presse n'est pas une de ces causes.* Presque toutes les mesures dirigées contre la famille, affirme avec textes et documents à l'appui le sympathique Rapporteur, sont l'œuvre de la Franc-Maçonnerie. Et il cite les lois contre le mariage, contre l'autorité paternelle ; les campagnes menées, au grand jour parfois, contre les familles nombreuses ; les tentatives d'accaparement de la femme et de l'enfant. Pour lui, l'influence de la presse, sur les jeunes gens surtout, est à peu près nulle ; cela résulte d'une enquête à laquelle il s'est livré lui-même dans le canton de Villeréal. Il signale parmi les causes qui éloignent les jeunes gens du foyer domestique : l'alcoolisme, la caserne, les sports.

### *De quelques ennemis du foyer domestique. Après avoir énuméré les principales causes qui détournent nos paysans et en particulier les jeunes du foyer domestique, chercher si la presse n'est pas une de ces causes*

**RAPPORT par M. le DOCTEUR VILLATTE, de Villeréal**

Monseigneur,

Mesdames,

Messieurs,

La famille est, selon le mot de Frédéric Le Play, la cellule sociale ; c'est celle qui représente l'élément fondamental des sociétés. Le rôle de l'homme n'est pas de vivre isolé ; après avoir reçu les sacrements qui font de lui un parfait chrétien, le mariage consacre son entrée dans cet édifice social qui s'appelle la famille, édifice d'autant plus respectable qu'il porte à sa base la marque de son institution divine. C'est dans cette intimité du foyer domestique que la vie et les pratiques chrétiennes doivent trouver leur épanouissement le plus parfait ; c'est par ce milieu familial que nous furent transmises les croyances de nos pères, c'est par lui que nous espérons voir nos fils devenir ce que nous sommes nous mêmes, des catholiques convaincus. La famille est donc, messieurs, un des plus puissants moyens de transmission des idées religieuses d'une génération à l'autre.

Comme toutes les grandes institutions, celle-ci devait avoir ses ennemis. Chaque pierre tombant de la maison familiale, chaque lambeau arraché à l'édifice chrétien, ne devait-il pas faire la joie des démolisseurs et des semeurs d'anarchie. Qu'ils s'appellent libres-penseurs, membres d'une ligue d'enseignement, ou francs-maçons tout court, leur besogne est toujours la même : accumuler ruines et décombres et dresser sur le tas le culte de la matière brutale. Le F.·. Léon Martin l'avouait d'ailleurs en 1904 au congrès des loges parisiennes : la Franc-Maçonnerie, disait-il, doit poursuivre la déchristianisation de la France en étendant sans cesse son influence morale et philosophique. Et comment cette secte pouvait-elle mieux mettre en œuvre ses infâmes projets qu'en s'attaquant au mariage et au foyer chrétien qui sont la base et la garantie de l'ordre. Ce sont ces attentats contre la famille que je veux vous énumérer, messieurs ; ils constituent un des plus formidables assauts qui aient été livrés contre les institutions chrétiennes ; la bataille est encore engagée d'ailleurs, et si vous lisez les compte-rendus des débats parlementaires, les vœux exprimés dans les congrès et dans les loges maçonniques, vous aurez la conviction que la lutte se prolonge et que la Franc-Maçonnerie est bien décidée à la mener jusqu'au bout.

A la base de la famille il y a le mariage, lien indissoluble qui fait de cette union autre chose que ce qu'elle fut jadis, un bail provisoire et réalisable au gré des parties. Chacun de vous, messieurs, connait la fragilité des liens qui unissaient l'époux à l'épouse chez les peuples païens ; il suffisait chez les Romains, par exemple, que le mari prononçât devant sa femme « *le res tuas tibi habeto* », pour que chacun d'eux retrouve sa liberté entière. C'est à ces mœurs barbares que la Maçonnerie veut nous ramener. Pour connaître l'opinion de la secte en matière de mariage, il vous suffit de lire à la page 54 du « Plan Maçonnique » le récit de la cérémonie que les initiés appellent « reconnaissance conjugale » ; elle en dit long sur leurs doctrines matrimoniales : on présente aux deux époux une baguette de verre, symbole de fragilité, et on la leur met entre les mains : un frère la reprend ensuite et la brise sous leurs yeux pendant que le vénérable prononce ces quelques mots : « Les époux comprendront par ce symbole que leur union peut être volontairement et légalement rompue par eux, comme vient de l'être cette baguette. Nous n'admettons pas, entre citoyens libres, les liens indissolubles et les contrats sans clauses résolutoires. Nous rendons hommage à la sagesse et à la logique des législateurs républicains qui ont introduit dans nos lois le principe du divorce si longtemps réclamé par nous. » Voilà le principe qui a été consacré par une loi dont l'apôtre fut le frère israëlite Naquet. Est-il possible de proclamer plus clairement la légitimité de l'union libre ? Le docteur Fischer développa d'ailleurs publiquement cette théorie dans une conférence faite en 1904, sur le rôle de la femme, à la loge « le Lien des peuples » ; cette tenue blanche fut organisée sous les auspices du Grand-Orient et l'orateur conclut par ces mots : « La Franc-Maçonnerie tiendra à honneur, comme d'ailleurs dans toutes les questions qui intéressent le bonheur et le progrès du genre humain, de marcher au premier rang et de favoriser ce mouvement d'émancipation par son exemple et son formidable appui, ainsi que sa toute-puissante publicité ; elle proclamera hautement que les humains procréaient et se mariaient bien avant qu'il y eut des prêtres et des officiers de l'Etat civil ainsi qu'une société plus ou moins civilisée. »

Le frère Blatin lui aussi, messieurs, expose ses idées sur le mariage à la page 20 de son « *Rituel Maçonnique pour tenues blanches* », et « salue le jour où les prétoires ne retentiront plus du bruit des conflits conjugaux, et où la question des natalités se résoudra par le libre jeu des forces naturelles. » Je ne veux pas multiplier les citations, mais ces quelques considérations ne peuvent pas vous laisser d'illusions.

Ce n'est pas seulement contre la stabilité des rapports entre l'époux et l'épouse que la Franc-Maçonnerie entend diriger son action néfaste ; elle réserve ses plus rudes coups à la partie de la famille, d'autant plus vulnérable qu'elle est plus innocente, je veux dire aux enfants. Je ne vous dirai pas comment elle supprime les aspirations naturelles des jeunes, comment elle empêche chez eux l'éclosion de tout sentiment religieux, comment elle met sa main brutale sur un cerveau par ses baptêmes laïques, ses premières communions laïques, ses écoles et ses patronages laïques, ses œuvres postcolaires et ses œuvres militaires. Je sais que d'autres rapporteurs plus autorisés que moi-même s'acquitteront de cette tâche. Je veux seulement vous montrer, messieurs, que la secte est une ennemie des berceaux nombreux qui sont l'honneur de la famille, en même temps que le gage le plus sûr de sa durée. Alors que toutes les grandes nations voient leur population augmenter dans des proportions considérables, les statistiques constatent chez nous une lamentable diminution des naissances. N'y a-t-il pas dans ces constatations quelque chose d'angoissant pour un patriote digne de ce nom ? Sur l'initiative de M. Piot, une ligue fut fondée naguère pour rémédier à cet état de choses e1 encourageant les familles nombreuses. Savez-vous quelle fut la réponse de la Maçonnerie ? Elle créa immédiatement un journal qui prit pour titre ironique « *La Régénération* », et le but de cette publication fut clairement exposé dans la *Revue Maçonnique* de février 1904 : « il s'agissait de railler de la belle manière ces placides gens convaincus qu'ils peuvent réagir contre des lois naturelles par des sermons, circulaires, bulletins et comités, coûteux pour l'Etat qui les subventionne. » En même temps le F.·. docteur Robin de Cempuis publie un livre intitulé « *Population et prudence procréatrice* » et la *Revue Maçonnique* le couvre de fleurs, le propage et le déclare une « véritable bible de l'Humanité. » La même année encore la loge « Les travailleurs socialistes de France » discute dans une de ses réunions sur la nécessité de limiter la population, et le F.·. Minot, dans le compte-rendu qu'il fait de cette tenue dans la *Revue Maçonnique*, entonne hardiment le panégyrique du néomalthusianisme. Il fait des vœux « pour que cette doctrine soit toujours en progrès parmi les populations malgré les exhortations délirantes des ridicules doctrinaires de la repopulation et de la surpopulation ». Ces infâmies ont été écrites dans l'organe officiel des loges, et la Franc-Maçonnerie n'a pas protesté, c'est sous son aile que ces idées se sont propagées. Chez un peuple qui a le souci de son avenir, surtout pendant les heures tragiques que notre patrie vient de traverser, on devrait supprimer le titre et les droits de citoyen à quiconque travaille à dégarnir nos frontières. Je constate avec regret que les crimes de la Maçonnerie n'ont guère terni son auréole, et qu'elle commande encore dans ce pays d'où elle devrait être chassée pour crime de lèse-patrie.

Les familles unies et nombreuses ne sont même pas à l'abri des atteintes de la secte. Elle a renouvelé la monstrueuse théorie spartiate d'après laquelle l'enfant appartient à l'Etat, et comme, en France, l'Etat c'est elle, il s'en suit qu'à l'autorité du père elle substitue l'autorité maçonnique et que l'enfant devient sa propriété. Il y a dans cette entreprise criminelle la violation d'un droit naturel, mais il y a aussi la violation d'un droit divin puisque c'est par Dieu que l'enfant appartient à ses parents. L'enfant est une propriété sacrée, et c'est une raison suffisante pour qu'elle ne soit pas respectée par la Franc-Maçonnerie. La liberté d'enseignement est le corollaire de l'autorité paternelle, le père a le droit de faire instruire son enfant comme il veut et par qui il veut. Je ne vous montrerai pas messieurs, qu'actuellement le père de famille est blessé dans ses convictions les plus chères et que la plupart des écoles publiques sont des foyers d'anticléricalisme et d'irréligion ; j'écarte la question scolaire si brûlante d'actualité. Mais je m'attacherai seulement à vous montrer que si nous pouvons encore confier nos enfants à des établissements où l'on enseigne et où l'on respecte nos croyances, c'est malgré la volonté des loges qui réclament depuis longtemps le monopole de l'enseignement. La loi du monopole, négation radicale du droit paternel, est pour la Maçonnerie une réforme essentielle. Le F.·. Jeyer disait au convent de 1898 : « Comme l'Etat c'est nous, l'Etat sera républicain, et nous, républicains et maçons, nous imposerons ces réformes. » En 1905, les délégués de toutes les loges réunies au convent annuel de Paris ont voté d'acclamation le monopole de l'enseignement. Malgré la pression des loges le parlement Français a rejeté cette loi, et le F.·. Augagneur en a rugi de colère. Ces déclarations se passent de commentaires ; la Franc Maçonnerie nie et avilit l'autorité paternelle : et cette œuvre-là, elle l'achève par l'enseignement qu'elle donne dans les écoles publiques : pardonnez-moi, ici, messieurs une courte digression : il y a une chose qui me frappe dans la société actuelle, c'est le peu d'autorité que les pères de famille ont sur leurs fils, surtout lorsque ceux-ci approchent de la majorité. Quelle est la cause de cet état de choses ? Je crois qu'elle réside surtout dans ce fait que l'école n'enseigne pas assez à l'enfant le respect qu'il doit avoir pour ses parents, et surtout pour leurs opinions. Comment voulez-vous qu'un père puisse faire de son fils un catholique si ce fils se croit autorisé à tourner en ridicule les opinions de ses parents et à ne tenir aucun compte de leurs directions. C'est à ce spectacle que nous assistons quotidiennement. Nous avons eu l'occasion, dans le canton de Villeréal, d'organiser cette année, à l'époque de la Fête-Dieu, une manifestation catholique sous la direction de Monsieur l'Archiprêtre. Pour grouper les hommes nous avons dû, bien entendu, en visiter le plus possible, faire appel à leur foi et à leur zèle pour se rendre le jour fixé à l'église de Villeréal. Nous avons eu le triste spectacle d'un père de famille nous répondant : « Messieurs, je vous réponds de ma présence à l'église, mais je ne peux pas vous répondre de la présence de mon fils. » Et ce fils a seize ans. Voilà, messieurs, un mal que je vous signale, et je le considère comme très grave. L'autorité du père ou de la mère sur l'enfant souvent n'existe pas, ou dans tous les cas elle est considérablement amoindrie. On a trop fait, à mon sens, de l'enfant, l'élève de ses professeurs, on ne l'a pas assez habitué à écouter les leçons de ses parents parallèlement à celles de ses maîtres ; et c'est ainsi que les maîtres étant devenus athées ou libres-penseurs, les générations actuelles sont devenues areligieuses ou irréligieuses.

D'ailleurs, dans cette œuvre de corruption de la jeunesse, la Maçonnerie a su ménager toutes les chances de succès. Elle a violé l'autorité du père, et a choisi comme précieux auxiliaire la femme. En 1899, au congrès de Boulogne-sur-Mer un franc-maçon prononça ces paroles : « Il y a deux personnes qui pourraient fournir une grande force à la Maçonnerie, c'est l'instituteur et la femme. Gagnons la femme et l'ennemi aura vécu. » En 1900, au congrès Maçonnique international, un certain frère Cocq porte un toast « à la femme, collaboratrice puissante dans l'œuvre d'émancipation universelle. » Pour répondre à tous ces vœux, on a multiplié les loges mixtes et les tenues blanches régulières, réunions maçonniques d'un caractère spécial où sont conviés les profanes et spécialement les dames. Au convent de 1903 on refuse d'admettre la femme à la vie maçonnique, mais on n'abandonne pas l'effort pour la réalisation du vieux programme maçonnique : « Pour abattre le catholicisme il faut commencer par supprimer la femme, et puisque nous ne pouvons la supprimer, corrompons la. » C'est contre la famille que cet effort est dirigé ; la franc-maçonnerie sait l'influence sociale que la femme exerce en sa qualité d'épouse et de mère, que d'elle dépend souvent l'attitude sociale du père et l'âme de l'enfant. Elle sait aussi que la femme devenue institutrice sera pour elle un précieux auxiliaire de déchristianisation, c'est pour ces motifs qu'elle la flatte et la comble de ses faveurs. Voilà comment la Maçonnerie a su se servir des éléments de la famille elle-même pour l'affaiblir.

Vous m'avez demandé, Monseigneur, de vouloir bien étudier quel pouvait être le rôle de la presse dans cette œuvre de destruction du foyer domestique. Je n'irai pas jusqu'à nier son influence, mais je la considère comme très faible, et je suis toujours tenté de sourire lorsque je vois des hommes compter sur les journaux ou les livres pour faire la mentalité d'un pays sur cette question. Je me suis livré depuis quelque temps à une expérience très simple : j'ai demandé toutes les semaines à une vingtaine d'hommes quel journal ils lisaient et ce qu'ils y lisaient. La moitié lisaient n'importe quelle feuille, aussi bien athée que catholique, aussi bien libérale que radicale ; les autres lisaient un journal assidument, les uns la *Dépêche*, les autres la *Croix*, les autres les *Nouvelles*, les autres la *Petite Gironde*. Ici commence la partie intéressante de mon histoire ; parmi la population rurale, tous ou à peu près m'ont déclaré ne lire que la quatrième page, c'est-à-dire les cours des derniers marchés et le chapitre des chiens écrasés. La population des villes, au contraire, lit dans une proportion de 40 % environ les articles de la première page où l'on expose et discute des idées. Ce qui revient à dire, messieurs, que la population adulte de nos régions est composée d'une forte majorité d'hommes qui ne pensent pas et qui ne se préoccupent que de leurs intérêts matériels. Ces gens là se marient par routine, souvent par intérêt ; ils considèrent le mariage comme un *modus vivendi* plus avantageux que le célibat pour eux travailleurs, et ne se sont jamais demandés si c'est là une nécessité sociale. Ils oublient souvent que le mariage est un sacrement de l'Eglise, et ne se préoccupent pas de savoir si les liens établis entre eux et leurs épouses sont vraiment indissolubles ; si par hasard ils commençaient la lecture d'un article qui traiterait de cette question, je suis persuadé qu'ils ne l'achèveraient pas. Je ne parle pas en ce moment pour la partie de la société plus cultivée qui pense et qui discute des idées. Mais, messieurs, comptez-vous sur les lectures pour faire une mentalité sérieuse chez cette dernière partie de la société ? Quant à moi, je ne crois pas à l'influence de la presse pour rompre l'amitié entre l'époux et l'épouse pas plus que pour rendre ou faire perdre aux parents l'affection de leurs enfants. Que la lecture des exploits d'une bande d'apaches ou des aventures d'un mari infidèle puisse faire naitre chez quelques esprits faibles le désir de les imiter, je n'en disconviens pas ; mais ce sont là des cas exceptionnels et peu nombreux.

Bien plus considérable me paraît être l'influence d'un autre mal dont souffre notre époque et que je connais d'autant mieux que je le constate plus souvent : je veux parler de l'alcoolisme. Je ne m'étendrai pas sur ce point, c'est un sujet que tout le monde connaît, et je considère comme superflu d'établir que ce vice apporte le plus grand trouble dans la vie familiale. C'est la désunion des époux, quelquefois le divorce, et presque toujours les enfants abandonnés sans soutien.

Que dire du désir trop souvent provoqué qu'éprouvent les jeunes de changer de milieu ? Tantôt d'après les conseils d'un maître ou d'un ami, tantôt après son passage à la caserne, le jeune homme qui a reçu une ébauche d'instruction rêve de quitter la campagne pour goûter les plaisirs de la ville. C'est un problème des plus angoissants, cet abandon de la terre et cet exode des populations rurales vers les villes, et je regrette que nous, catholiques, nous ne soyons pas au premier rang dans la lutte contre ces maux de notre temps.

Messieurs, vous adresseriez de légitimes reproches au médecin que je suis si, venant de constater les maux dont nous souffrons, je ne vous proposais aussitôt un remède. Les adversaires de nos idées ont vu dans la famille l'organisation sociale capable de continuer les traditions chrétiennes, et c'est pour celà qu'ils ont tenté de la détruire. Ce qui a fait leur force, ce qui leur a permis de nous imposer toutes leurs volontés et les lois dirigées contre les familles chrétiennes, c'est qu'ils ont su s'organiser en un bloc puissant. Imitons-les donc sur ce point : quels que soient nos efforts individuels, leur résultat sera nul s'ils ne sont pas coordonnés vers un même but. A ce bloc de sectaires opposons des groupements d'hommes décidés à se dire sincèrement et loyalement catholiques avant tout, à défendre leurs croyances contre les entreprises sacrilèges des ennemis de Dieu et de l'Eglise, et décidés aussi à exiger le respect de leurs droits de citoyens. C'est le but des Unions paroissiales que d'autres vous feront mieux connaitre. Je les crois seules capables de lutter efficacement sous la direction de nos évêques ; pour ma part j'applaudirai de grand cœur à leurs initiatives et celles-ci devront être aussi nombreuses que les entreprises de nos ennemis. Sur tous les points il faut arrêter le courant qui nous envahit et menace de nous anéantir. Si l'idée de famille est combattue, si les devoirs de père ou de mère, d'époux ou d'épouse, et de fils ne sont plus remplis, ce n'est pas à l'influence de la presse qu'il faut en imputer la cause, pas plus qu'à la multiplicité des frivolités qui détournent la société des choses sérieuses. Non, Messieurs, ces choses-là ne sont pas la vraie cause, elles ne sont que des effets de cette cause qui est l'absence de formation chrétienne des générations actuelles. Et c'est surtout à cela qu'il faut remédier. Il faut que chacun sache mieux les devoirs que notre religion lui commande dans la famille, et seul l'enseignement religieux méthodique et profond peut instruire les jeunes de ces obligations. C'est vers ce but que doivent tendre les efforts des éducateurs, c'est-à-dire les vôtres, Messieurs les membres du clergé. Le jeune homme que vous aurez fait un parfait chrétien sera fatalement un bon fils, deviendra un époux parfait et un père de famille exemplaire ; à la vie folle des villes il préfèrera la vie pure des champs et le séjour au foyer ; il se laissera facilement pénétrer de cette vérité qu'il n'y a pas de plus noble métier que celui du laboureur, plus soucieux des choses sérieuses il élèvera son esprit vers des idées plus saines, il dédaignera les frivolités et songera parfois à Dieu et à la patrie. Quelle que soit la difficulté de votre tâche, vous ne pouvez pas douter du succès de vos efforts, parce que Dieu n'abandonne jamais ceux qui le servent et défendent ses droits.

De la discussion qui suit, et à laquelle prennent part, d'un côté MM. les curés de Poudenas, J. Amblard, et, de l'autre, MM. Deseuns, du Cos de Saint-Barthélemy et le docteur Villatte, il résulte que la mentalité est toute différente dans les arrondissements de Villeneuve ou de Nérac. A Nérac, les jeunes gens lisent beaucoup les journaux : à Villeneuve, ils ne les lisent guère. L'influence de la presse varie dès lors suivant la région. Sur la question des sports,

M. l'Abbé Angély est très catégorique ; ils peuvent, en effet, dit-il, exercer une influence de démoralisation ; M. l'archiprêtre de Villeréal approuve. Tous les congressistes sont unanimes cependant à les déclarer utiles et même, en certains cas, nécessaires. Le Souverain Pontife, d'ailleurs, les a bénis et encouragés. Sur une intervention de Mgr l'Evêque, demandant si la Presse peut avoir sur les jeunes gens une influence moralisatrice, M. le docteur Villatte, sans nier absolument l'importance de la presse, dit que le meilleur moyen, pour lui, d'obtenir de bons résultats, c'est l'action individuelle et la conférence. Les lectures sérieuses en commun, observe M. l'abbé Saillan, n'aboutissent pas à grand chose, du moins dans les milieux ruraux. En définitive, c'est par l'influence personnelle que peut s'exercer la plus profitable action.

Monseigneur lève la séance à 11 h. 3/4 et donne rendez-vous pour l'après-midi.

## 2e Séance. — Organisation des forces catholiques dans le Diocèse

Le Congrès, bien vivant, a belle allure ; il y a le nombre et l'entrain. C'est devant une très belle assistance que M l'abbé Renaleau présente son intéressant rapport sur le *Comité paroissial : sa nécessité, ses attributions, moyens d'en assurer le recrutement et le fonctionnement.* 1° Nécessité du comité paroissial. L'association est une force ; sapée par la révolution, elle se refait à notre époque ; nous devons en profiter. Seul, le prêtre ne pourrait rien ; la coopération des laïques lui est indispensable. C'est au moyen des comités paroissiaux que cette union peut et doit se faire. 2° Attributions et action. S'occuper des intérêts religieux, plus spécialement des œuvres paroissiales ; former ainsi une élite qui créera dans la paroisse un mouvement. 3° Recrutement Convoquer un groupe de bons catholiques, leur expliquer le but, l'utilité, la nécessité de leur réunion en comité. 4° Fonctionnement. Convoquer régulièrement les membres : les choisir, par quartier dans les villes ou section dans les campagnes ; faire fusionner les différentes classes sociales. Il est à désirer, conclut M. l'archiprêtre de Prayssas, que l'on fonde des comités paroissiaux et que chaque année ces comités paroissiaux se réunissent par canton en assemblée générale.

### *Le Comité paroissial : Sa nécessité, ses attributions, moyens d'en assurer le recrutement et le fonctionnement*

### RAPPORT par M. l'abbé RENATEAU,

*curé-archiprêtre de Prayssas*

Monseigneur,

Mesdames,

Messieurs,

Il y a quelques années, je me trouvais dans la capitale du protestantisme calviniste, à Genève.

Avec un prêtre de Nîmes, mon compagnon de voyage, nous étions descendus au « Cercle Catholique », car bien qu'en majorité protestante, Genève a aussi ses églises, ses prêtres et ses fidèles catholiques. Là, nous rencontrâmes plusieurs jeunes gens. On se mit à causer des événements religieux qui intéressaient notre pays. L'un d'eux, un jeune homme, à l'œil intelligent et à la mine décidée — c'était le président du Cercle — nous dit : En France, vous avez beaucoup de qualités, mais vous avez un grand défaut, vous les catholiques, vous ne savez pas vous unir et vous organiser. Nous aussi, en Suisse, nous avons eu, il y a quelque temps, une période tourmentée, même une période de persécution. Nous avons eu les inventaires, les spoliations ; on nous a pris nos églises. Mais nous nous sommes unis, et comme l'union est une force et un principe de force, le gouvernement fédéral a reculé, et nous avons — du moins relativement — la paix et la liberté.

Ce souvenir s'est évoqué de lui-même en lisant le titre du programme de cette journée. « *L'organisation des forces catholiques dans le diocèse.* » Il me semble que le mot de ce jeune catholique suisse est bien d'opportunité, car il trace tout un programme coïncidant admirablement avec celui qui est le nôtre aujourd'hui.

C'est surtout par un point de comparaison qu'on saisit la vraie physionomie d'une situation. Prenons donc comme comparaison, l'état des forces catholiques dans le diocèse, il y a une dizaine d'années. Elles existaient sans doute, mais à l'état latent : dispersées, endormies, individuelles, privées, par conséquent sans puissance et surtout sans action. Rien n'est grand et efficace que ce qui arrive à la vie publique, dit Lacordaire. Et *maintenant, dix ans après !* Ce n'est certes pas la perfection, cependant c'est un grand pas de fait. Les forces catholiques sous le coup de fouet des événements, et grâce à la direction et à l'impulsion énergiques et puissantes de notre vaillant évêque, se sont non seulement éveillées, mais unies, groupées, surtout organisées. Elles ont pris leur place au grand jour, sous le soleil de Dieu. Elles sont arrivées à la vie publique. Elles existent, elles vivent, elles agissent.

Si je rencontrais de nouveau mon cher président de Genève, je pourrais lui dire : « Vous aviez fort raison, il y a quelques années : vous en auriez moins aujourd'hui, si tant est que vous en eussiez encore ; car nous aussi, catholiques de France, nous avons appris la science vitale d'organiser nos forces.

La principale forme de cette organisation ce sont les Comités : Comités diocésains, comités cantonaux, comités paroissiaux ; trois membres d'un même corps, ou mieux trois organes unis et distincts d'une même intelligence, d'une même foi, d'un même cœur.

## COMITE PAROISSIAL. — SA NECESSITE

Je n'ai à m'occuper ici que du Comité paroissial. Je serais vraiment tenté de lui appliquer le texte de l'Ecriture : *Et tu, Bethleem, terra Juda, nequaquam, minima es in principibus Juda : ex te enim exiet dux qui regat populum meum Israël.* Et toi aussi, comité paroissial, tu es le plus petit dans la hiérarchie mais tu n'es pas le moindre ressort de la vie catholique, car c'est de toi que doit sortir l'élite qui sauvera le peuple chrétien.

Le Comité paroissial est *nécessaire*, parce que le Comité est une Association, que l'Association est une force, et que nous avons besoin de force pour défendre nos droits et nos intérêts les plus sacrés.

Il y a un peu plus de cent ans, la Révolution, obéissant à sa loi native de destruction, brisa d'un coup brutal tout ce qui était force parce qu'association et durant tout un siècle, l'individu, petite chose mince, fragile, faible et infirme s'est trouvé seul en face de cette force colossale qu'était l'Etat, conception païenne du vieil empire romain. Aussi, il a été écrasé. Mais instruit durant plusieurs générations à la douloureuse et coûteuse école de l'expérience, il s'est enfin resaissi et a repris sous de multiples formes l'idée des corporations d'autrefois.

Au point de vue catholique, la rupture du Concordat a eu pour avantage, non voulu certes, d'ouvrir devant nous un vaste champ d'initiatives avec des coudées plus franches. Pour ma part, élevé dans les dernières années de la tyrannie concordataire, je déclare que ce n'est que depuis sa chute que j'ai senti un peu un souffle de liberté.

L'organisation par le Comité paroissial, cellule de vie religieuse est nécessaire pour garder chez nous le Catholicisme, reconnu historiquement comme principe d'ordre, de moralité et de civilisation.

Dans notre pays, jusqu'au fond de nos campagnes, le catholicisme est attaqué, sapé, traqué de toutes manières. Qu'essaie-t-on de mettre à sa place ? L'Incrédulité, l'Athéisme, la Libre-Pensée, le Matérialisme abject, la Franc-Maçonnerie révolutionnaire et satanique. De fait, dans toutes nos paroisses, la Maçonnerie a à sa solde des sortes de Comités composés de quelques politiciens, piliers de café. Ils pérorent à tort et à travers, mais la mentalité de leur auditoire est si faible qu'ils ont quand même de la prise.

C'est évidemment le rôle et la mission du prêtre de garder et de défendre la foi, les traditions et tout ce patrimoine religieux de notre race, auxquels sont rattachés tous nos intérêts tant spirituels que matériels. Car, — c'est une idée qui ne me quitte pas — la mentalité actuelle n'est plus la mentalité française, parce qu'elle n'est plus la mentalité catholique. Chez nous, la mentalité de race et celle de religion ne font qu'un. On nous l'a changée. La mentalité du Français, il n'y a pas si longtemps, était faite de bon sens, d'ordre, de travail, de respect, d'économie, de sagesse, de bonne tenue, de religion. Est-ce celle d'aujourd'hui. Depuis plus de trente ans l'argent de l'étranger et le nôtre aussi, tombé aux mains de la Maçonnerie a payé des écrivains, des conférenciers, des journalistes, des agitateurs pour décatholiciser et démoraliser notre pays.

Le prêtre a donc le devoir d'opposer une barrière à ces faussetés et à ces mensonges, et de refaire une mentalité catholique française. Mais tout seul, que peut-il ? Sa voix ne porte pas partout où il voudrait, où il faudrait. Il a besoin d'appui, d'aides, de collaborateurs. Il est comme le général en chef qui dirige, mais qui a besoin d'un état-major d'officiers qui prennent le mot d'ordre et vont le porter à l'aile droite, à l'aile gauche, au centre et finalement assurent la victoire.

Et c'est précisément là le but et la fonction du Comité paroissial. Mettez en contact les laïques avec le prêtre, mieux que cela apportez au prêtre la collaboration des laïques.

Œuvre nécessaire, parce qu'avec ces catholiques de choix, le prêtre a un groupe d'élite qui défend ses décisions, est son écho, et fait l'opinion.

Nécessaire, parce que le prêtre et le laïque doivent travailler de concert. Dans le plan de Dieu, l'Eglise et par conséquent le prêtre, a besoin de la société civile pour se développer pleinement. C'est en ce sens que l'Eglise a besoin du « bras séculier » sa vie est moins parfaite quand l'Etat se sépare d'elle, ne reconnait plus officiellement sa nature de société spirituelle et ne lui donne pas un état civil et un statut légal.

Les adversaires de l'Eglise l'ont bien compris. Voilà pourquoi ils ont espéré la ruiner en la réduisant à la vie privée. C'est ce qui a lieu surtout depuis la Séparation. Les conséquences néfastes en seraient complètes, s'il n'y avait au sein de la société civile, une fraction de laïques catholiques qui restent formellement unis à l'Eglise. Dans cette société, les laïques sont chez eux, ils constituent un faisceau de forces qui agit sur l'Etat, et comme on l'a dit, ils défendent en quelque façon l'Eglise comme un nouveau bras séculier, en vertu d'un quasi-concordat d'ordre privé passé entre le prêtre et cette élite de catholiques.

Le Concordat faussé dans son interprétation, la loi de Séparation avec les Cultuelles, tendaient à bloquer le prêtre dans sa sacristie et même à l'y envahir. Ce plan d'invasion a été écarté. L'Etat inspiré par la Franc-Maçonnerie ne renonce pas à sa pensée : Il veut empêcher le prêtre de sortir de l'Eglise, il voudrait l'isoler d'une société qui serait entièrement laïcisée.

Il s'agit de déjouer ce plan. Il n'y a qu'un moyen : l'union entre prêtres et laïques. Sans les prêtres les laïques ne seront qu'un troupeau sans chef ni pasteurs ; sans les laïques, les prêtres seraient condamnés à un isolement splendide peut-être, mais néfaste. Par leur union au contraire, dans le Comité paroissial, ils pourront faire œuvre utile et féconde et reconquérir peu à peu l'influence et la place qui reviennent légitimement à notre foi, à nos traditions, au Catholicisme. Il va sans dire que tout ce que nous avons dit du Comité paroissial, s'applique également au sous-Comité des dames.

## SES ATTRIBUTIONS. — SON ACTION

Plusieurs des attributions que Monseigneur l'Evêque d'Agen signale dans sa lettre aux membres du Comité diocésain et des Comités cantonaux, s'appliquent aux Comités paroissiaux, telles que défendre les droits des Catholiques et résister à l'oppression, répandre les idées religieuses et sociales, faire l'éducation civique des fidèles. Mais ce qui le regarde plus spécialement, c'est de se dévouer aux œuvres paroissiales qui essaient de conjurer l'impiété ou l'indifférence. Dans sa lettre précitée, Monseigneur l'Evêque signale aux Comités. trois catégories d'œuvres. — La formation chrétienne de l'enfance, la persévérance des jeunes gens et des jeunes filles après la 1re Communion, les Œuvres post-scolaires, les Œuvres de Presse ; les œuvres sociales dont il ne faut pas laisser le monopole à nos ennemis : syndicats, mutualités, caisses rurales ou ouvrières, secrétariats du peuple, repos dominical, préparation des Congrès cantonaux.

Les comités paroissiaux s'interdisent toutes les questions étrangères aux intérêts religieux et sociaux des catholiques. Cette réserve faite, ils ont devant eux tout le vaste champ de la vie paroissiale et de ses œuvres à maintenir ou à créer.

Il y a particulièrement de nos jours ce qu'on appelle des *questions d'actualité*. Questions très importantes souvent, qui touchent à la vie religieuse, mais faussées et dénaturées dans les journaux, discutées contradictoirement dans les conversations. A la réunion du Comité paroissial le prêtre fait la lumière, fixe les vrais points de doctrine, raffermit les convictions, et voilà lancés aux quatre points de la paroisse une trentaine d'hommes et de femmes qui, à l'occasion, dans les rencontres, dans les conversations, dans les veillées, dans les foires, vont dissiper les erreurs, répandre la vérité, car ils connaissent la question, et qui connait la question a déjà la supériorité.

Exemples : le décret du Pape sur la communion des enfants ; la Question des Manuels condamnés ; la liberté de conscience ; l'Œuvre du Denier du Clergé. Au temps des pélerinages, la question du Miracle, le mouvement de réveil catholique dans l'élite intellectuelle, le rôle de la Franc-Maçonnerie.

Au *point de vue de la formation catholique pour les membres :* En quoi consiste l'esprit catholique et paroissial ? Caractères surnaturels de l'action du Comité paroissial, importance de s'instruire de sa religion. Au temps des Retraites ecclésiastiques, nécessité pour les membres de la retraite, c'est-à-dire de la réflexion sérieuse, Œuvre de l'Apostolat de la Prière.

Au *point de vue de la vie paroissiale.* Recrutement et organisation des catéchistes volontaires, création de patronages, fonctionnement de l'Œuvre des vocations sacerdotales, Œuvres de la Bonne Presse, bibliothèque, bulletins et almanachs paroissiaux, surveillance de l'école, soin des enfants abandonnés au point de vue religieux, préparation des grands événements paroissiaux comme visite paroissiale, missions et retraites, triduum eucharistique, Congrès cantonaux.

Le programme d'attribution est infiniment plus vaste. Je n'ai pris dans cette esquisse que ce que nous avons fait nous-mêmes depuis deux ans dans nos réunions. Et cela n'a pas été sans fruit.

C'est ainsi que le Comité paroissial devient vraiment la cellule de vie catholique.. On peut dire qu'il est le moteur de la vie paroissiale et de ses mouvements religieux. C'est l'état-major en même temps que la Garde du curé ; c'est le bureau de recrutement de toutes les œuvres paroissiales. Il devient, selon une expression heureuse, la ruche intelligente et laborieuse où s'élabore la régénération religieuse de la France. Je déclare que dans ma paroisse c'est l'œuvre la plus vivante, celle qui me donne le plus d'action et aussi de consolation.

Par le fait même qu'on est membre d'un Comité paroissial, on est classé dans une élite catholique, et comme noblesse oblige, on est plus catholique presque par force, on est en quelque sorte compromis. Je me hâte de dire qu'il est des compromissions honorables et saintes : celles pour le Bien et pour Dieu.

Un catholique, d'ailleurs, donnera plus largement son concours, s'il se rend compte du sens et de la portée de son appoint.

Jusqu'ici, dans presque toutes nos paroisses, en dehors de l'Eglise, deux hommes ne s'étaient jamais réunis en tant que catholiques. Maintenant grâce à nos comités, soit dans la paroisse, soit dans le canton, tous les mois et plusieurs fois par an, un bon nombre d'hommes se réunissent en tant que catholiques, et c'est dans notre pays, d'abord, un coup porté au respect humain et ensuite un grand pas fait dans l'affirmation de la vie sociale et publique du catholicisme.

Etant unis et groupés, les membres du Comité bénéficient de la force de la collectivité et du nombre. J'ai remarqué plus d'une fois l'aspect crâne et décidé de mes membres du Comité se rendant en groupe à la messe, après la réunion. Ils portaient en eux la double force d'une idée commune et d'un groupement. Je dirai que les Comités cantonaux et paroissiaux ont été chez nous la prise de possession officielle de la vie publique par le Catholicisme.

## MOYENS D'EN ASSURER LE RECRUTEMENT ET LE FONCTIONNEMENT

Voici une question attendue peut-être avec impatience, parce qu'elle est fondamentale et d'ordre essentiellement pratique.

Pour fonder un comité paroissial, dans certaines paroisses, il suffit d'un mot du curé ; dans d'autres, il sera mieux de profiter d'une occasion extraordinaire. Pour ma part, j'ai appliqué le règlement tout simplement. J'ai convoqué un jour un groupe de meilleurs catholiques de ma paroisse. Je leur ai exposé le but, la nécessité, le règlement du comité paroissial. Ils ont compris, ils ont accepté : le Comité paroissial était fondé. Il en a été de même pour le sous-comité de dames. J'ai appliqué la même méthode dans la paroisse de Fraysse, avec le concours de Monsieur le Curé. Elle y a eu les mêmes bons résultats. Même résultat dans la paroisse de Marsac et de Laugnac où j'ai réussi à fonder un Comité paroissial grâce à l'appui et au dévouement de Monsieur le Curé. Et puis, il faut essayer. On est parfois heureusement surpris du résultat. Il est des heures où il suffit d'oser et les saintes audaces pour le bien sont plus sages qu'on ne croit et réussissent souvent.

Pour le fonctionnement, nous nous en tenons de même au règlement, et nous nous en trouvons bien. Les réunions ont lieu une fois par mois, le troisième dimanche, le matin pour le Comité, le soir, pour le sous-comité. La convocation est faite du haut de la chaire, et en plus pour le Comité par carte d'invitation à un centime. Mesure qui n'est peut-être pas inutile pour rafraichir la mémoire et assurer la fidélité.

L'observation du règlement est essentielle au bon fonctionnement du Comité, parce que c'est l'ordre, et que l'ordre est un principe de vie.

Si l'Association est irrégulière elle donne l'impression d'une Œuvre sur le papier, d'une Œuvre malade, et on s'en détache. Si, au contraire, son fonctionnement est régulier, elle marque qu'elle est bien vivante et en santé, et on aime cela.

La régularité c'est le pouls des œuvres. Il y a de la continuité, et par le fait, la mentalité s'y fait lentement mais sûrement. On s'y intéresse.

Un des membres de mon comité paroissial, un tout jeune père de famille, me dit un jour : Oh ! M. le curé, pas besoin de m'envoyer de feuille de convocation, je vous assure que j'y penserai. Cela me fit plaisir, car cette parole me prouvait qu'il y avait pris goût. Je ne lui envoyai pas de feuille. Le malheur voulut qu'il n'y pensât pas. J'ajoute tout de suite que ce fut tout à fait une exception, car il y a toujours pensé depuis et il n'y manque jamais.

Un point important c'est de grouper dans le Comité des représentants de chaque quartier de la ville et de chaque section de la campagne, afin qu'ils rayonnent autour d'eux et exercent la bonne influence. Il importe aussi d'y grouper et d'en faire fusionner les diverses classes sociales, chose parfois assez difficile, mais qu'il faut s'obstiner à réaliser.

J'ajouterai enfin que les réunions seront d'autant plus intéressantes et fructueuses, qu'en dehors de la Conférence qui se fera sur une question du programme ou de l'actualité, on leur donnera la forme de conversation, d'échange d'idées. Ainsi chacun y prenant part, observera durant le mois, s'informera, notera ce qui a trait aux choses paroissiales pour en faire part à la réunion suivante. Il deviendra ainsi un membre vraiment actif et vivant, un lieutenant de son chef et un vicaire de son curé.

Au milieu des temps nouveaux, il faut se faire une âme neuve et actuelle.

Les événements de ces dernières années ont accumulé bien des ruines autour de nous. Nous sommes un peu comme au temps d'Esdras et de Néhémie, au retour de la captivité de Babylone. Le premier était prêtre et le second laïque. Ils retrouvaient Jérusalem doublement détruite dans son Temple et dans ses traditions. Tous les deux s'unirent et sans se décourager devant l'immensité de la tâche, ils prirent la truelle d'une main et l'épée de l'autre : la truelle pour reconstruire, l'épée pour lutter contre les ennemis de la Loi.

N'est-ce pas là le modèle, en même temps que l'œuvre des comités paroissiaux ? Lutter et reconstruire.

Et s'il fallait un jour donner des armoiries au Comité paroissial, comme armes symboliques je lui donnerais celles-là. Et comme devise la fière parole de L. Veuillot : Les seules causes qui meurent sont celles pour lesquelles on ne meurt pas.

## VŒUX

Qu'on fasse dans chaque paroisse le recensement des catholiques convaincus, énergiques, actifs, pouvant fournir les éléments d'un Comité paroissial.

Que MM. les Archiprêtres se mettent à la disposition des curés de leur canton pour la formation d'un Comité paroissial.

**Qu'on essaie, au lieu de dire à priori : ce n'est pas possible.**
**Que chaque année les Comités paroissiaux se réunissent au chef-lieu de canton ou ailleurs, dans une séance générale ou un Congrès.**

Le rapport de M. Renateau, expérimenté d'avance pour ainsi dire et vécu, reçoit d'unanimes approbations. Les débats s'engagent ensuite. Ils amènent à distinguer nettement le conseil paroissial du comité paroissial. Monseigneur, dirigeant avec autorité et habileté la discussion, la ramène aux deux points suivants : 1° instruire le comité paroissial, former une élite à mentalité catholique ; 2° faire appel aux membres du comité paroissial pour la vie des œuvres paroissiales. M. l'abbé Renateau est appelé à donner son avis sur des questions de détail que divers auditeurs lui adressent. Sans prétendre avoir atteint la perfection, il dit avoir essayé un commencement d'action que Monseigneur approuve bien vivement. M. le curé de Tonneins préfère à la fondation d'un comité paroissial la vie autonome des diverses œuvres paroissiales. On lui répond que l'ensemble des directions des diverses œuvres peut former le comité paroissial.

M. du Cos de Saint-Barthélemy, sur l'invitation de Monseigneur, raconte ce qui a été fait dans diverses paroisses du canton de Francescas. On préconise la tenue de congrès cantonaux. M. le curé de Montesquieu demande à quoi sont obligés, au point de vue religieux, les membres du comité paroissial. M. Renateau dit qu'il faut observer le règlement de Monseigneur, n'admettre que des hommes pratiquants. Si ces pratiquants n'existent pas, les grouper sous un autre titre, les amener à la pratique religieuse si possible, et puis alors les faire entrer dans le comité. Monseigneur donne un dernier mot de conclusion : faire quelque chose, grouper les meilleurs. Le comité paroissial sortira de cet effort.

M. de Sigalas a la parole pour parler des *Conférences de Saint-Vincent de Paul*. En des termes très délicats, il présente la Société de S. Vincent de Paul comme une vénérable aïeule dans la longue série des œuvres du XIX<sup>e</sup> siècle, mais qui peut s'adapter merveilleusement aux besoins de l'époque actuelle. Il s'attache surtout à parler de la Conférence de Marmande et à préciser des détails sur son fonctionnement pratique. Il donne l'intéressante monographie d'une Conférence récemment fondée, celle de Marcellus Le nombre des Conférences s'accroît d'ailleurs de jour en jour; c'est un mouvement qui légitime et fonde bien des espérances. Loin de nuire aux autres œuvres existantes, elles en accroîtront la vitalité et leur donneront une plus grande cohésion. Le Conseil central se met à la disposition des prêtres ou des laïques pour aider à la fondation de nouvelles Conférences.

On passe à la discussion. Le diocèse comprend une vingtaine de Conférences, sept ou huit dans la région marmandaise.

## *Des conférences de S. Vincent-de-Paul considérées comme moyen de grouper et de développer les forces catholiques même dans les campagnes*

**RAPPORT par M. Louis de SIGALAS,**

*Président du Conseil central des Conférences de S. Vincent-de-Paul dans le diocèse, membre du Comité diocésain.*

Monseigneur,

Mesdames,

Messieurs,

Un ancien membre de la Société de Saint Vincent de Paul pouvait seul avoir les délicatesses, le sens de l'opportunité que vous avez eu, Monseigneur, en confiant cette année au modeste président du Conseil Central la mission d'entretenir le Congrès, pendant quelques instants, de notre Société.

Ces assemblées diocésaines étant en quelque sorte une revue d'appel annuelle des œuvres et des troupes catholiques, vous avez avec beaucoup de raison, Monseigneur, laissé d'abord défiler devant vous les phalanges pressées et impatientes des œuvres nouvelles, nées des besoins de temps nouveaux, et, dans le long cortège, vous avez réservé les dernières places, c'est-à-dire les places d'honneur, à l'ancienne Société de Saint Vincent de Paul. Aussi me semble-t-il la voir sous la figure d'une vénérable aïeule s'incliner respectueusement en passant devant Votre Grandeur et la remercier des attentions que vous avez eues pour elle. Sachant que sa marche était lente, digne, majestueuse, comme celle d'une ancêtre, vous n'avez pas voulu presser ses pas ; Vous avez même daigné lui préparer sa voie en la présentant officiellement dans votre belle instruction pastorale de l'an dernier.

De plus, en la citant à l'ordre du jour, à la veille de la célébration du centième anniversaire de la naissance de son pieux et illustre fondateur, Frédéric Ozanam, vous avez mis le comble à la joie qu'elle éprouve en cette année de triomphe, si l'on peut du moins se servir de cette expression en parlant d'une œuvre qui recommande et recherche avant tout la vertu d'humilité.

Cette dette de reconnaissance, bien légitime, acquittée, j'entre immédiatement dans mon sujet, afin de me conformer, dans la mesure du possible, aux instantes recommandations faites aux rapporteurs d'être brefs, pratiques et de se borner à « provoquer la discussion, la rendre utile et en dégager les conclusions. »

La Société de Saint Vincent de Paul a été fondée à Paris par Ozanam en 1833. Elle est une association charitable d'hommes, qui a pour but la sanctification de ses membres par la pratique des œuvres de miséricorde et le soulagement matériel et spirituel des pauvres ; elle tend à ce but par tous les moyens que la charité indique, mais spécialement par la visite des famille pauvres à domicile, qui est son œuvre fondamentale, mais non exclusive.

Les membres de la Société de Saint Vincent de Paul se réunissent donc pour pratiquer, suivant certaines règles, la visite des pauvres et d'autres œuvres de charité, se perfectionner dans la vie chrétienne et s'édifier les uns les autres par le bon exemple.

Elle est née à une époque où n'existait plus, pour ainsi dire, aucune œuvre de zèle ou d'apostolat, la Révolution les ayant à peu près toutes détruites. Cette Société a donc été la première grande œuvre reconstruite au commencement du siècle dernier. Il serait extrêmement intéressant d'en retracer l'histoire ; malheureusement le temps très court qui m'est accordé ne me permet pas de l'entreprendre. (1) Il me suffira de dire que,

(1) Nous ne saurions trop recommander la lecture de l'admirable Vie d'Ozanam par Mgr Baunard à tous ceux qui désireraient connaître cette magnifique histoire.

dans la pensée d'Ozanam et de ses amis, la Société de Sain Vincent de Paul devait être un centre de pieux groupemen pour les catholiques actifs de ce temps, qui étaient jusqu'alor complètement livrés à l'isolement. Aussi M. le Comte Albert d Mun a-t-il pu dire avec beaucoup de vérité : « Les Conférence « de St-Vincent de Paul furent la grande école de dévouemen « envers le peuple, la source de tout le mouvement social catho « lique au XIXe siècle. »

Votre Grandeur elle-même ne l'a-t-elle pas admirablemen écrit plus récemment : « L'une des meilleures gloires de la So « ciété de St-Vincent de Paul est d'avoir pris l'initiative du ma « gnifique mouvement d'apostolat qui nous permet d'envisage « l'avenir avec confiance. La justice oblige à le dire, presqu « toutes les œuvres populaires lui doivent leur origine ; elle s « prête à toutes les formes de la vie moderne, son esprit surna « turel et son organisation à la fois souple et ferme la renden « apte à remplir une foule de tâches excellentes, en définitiv « à seconder toutes les saintes audaces du zèle. »

L'ensemble d'œuvres que notre chère Société a pu entrepren dre et accomplir jusqu'ici, elle continuera certainement à l réaliser et même à l'améliorer. Là en effet où existent des œu vres nombreuses elle peut grouper et unir les membres qui e font partie. Là où il n'en existe pas ou du moins très peu, dan les campagnes notamment, elle peut remplir son rôle primiti et servir de lien aux catholiques isolés.

Dans les villes d'abord, ne voit-on pas immédiatement appa raître son utilité ? Quel admirable terrain d'entente, ou, si l'o veut, de neutralité sacrée que celui de la charité pour les hom mes d'affaires, les hommes occupés, les hommes d'œuvres ! Quel fruits ne rapporteront-ils pas des réunions hebdomadaires e des assemblées générales !

C'est là, dans ce contact fréquent, dans cette intimité très sim ple et très cordiale, que l'on subit, pour le rendre à son tour, l contre-coup des émotions, des enthousiasmes, du zèle et des ver tus de chacun.

Ici pas de théories, pas de discussions, mais de l'action, d l'union, en dehors de toutes les questions irritantes.

Son action est très vaste comme vous allez pouvoir vous e convaincre vous-mêmes. L'article « 2 du règlement porte e

« effet qu'aucune œuvre de charité ne doit être regardée comme « étrangère à la Société. »

La Société de St-Vincent de Paul s'occupant donc un peu de tout, peut, *jusqu'à un certain point*, tenir lieu d'une foule d'œuvres spéciales qu'il nest pas possible d'établir partout : Elle secourt les pauvres : œuvre de *bienfaisance*. Elle visite les malades : œuvre de *miséricorde*. On prie au commencement et à la fin des séances : œuvre de *prière*. On y fait une bonne lecture : œuvre d'*instruction religieuse et morale*. Sans obliger personne, par les seuls usages établis, elle pousse ses membres à la communion fréquente : œuvre *eucharistique*. Elle s'efforce de ramener à Dieu ceux qui s'en éloignent : œuvre d'*apostolat*. Elle répand et fait lire de bonnes publications : œuvre de *bonne presse*. Elle soutient de toutes ses forces les écoles chrétiennes : œuvre *scolaire*. Elle s'occupe des apprentis et des ouvriers : œuvre *post-scolaire et ouvrière*. Elle réhabilite les unions illégitimes : œuvre de *St-Régis*, etc., etc.

On trouve donc en elle le germe de toutes les grandes œuvres. Aussi l'a-t-on fort bien appelée une « œuvre mère. »

La Société de St-Vincent de Paul disait gaiement M. Baudon, un de nos premiers présidents généraux, « est la marmite où viennent cuire toutes les œuvres. » Ou si vous préférez la figure de l'Evangile en son adorable poésie ; c'est le grand arbre où viennent se poser, comme les oiseaux du ciel, les idées aux grandes ailes qui vont s'envoler partout où il y a du bien à faire.

Permettez-moi de vous citer des exemples. Je m'excuse d'être obligé de mettre en scène la conférence de St-Vincent de Paul de Marmande que je connais plus particulièrement, vous le comprenez. Cette conférence a eu, comme tout ce qui est humain, de bons et de mauvais jours ; depuis 1855, année de sa fondation, elle a connu des périodes de prospérité et des périodes de sommeil relatif. Mais ce que ses dévoués présidents ont toujours cherché à réaliser par elle, c'est le groupement de tous les catholiques de la paroisse qui, soit par leur piété, soit par leur dévouement, leur paraissaient dignes de faire partie de cette phalange d'élite. Ainsi toutes les classes sociales, toutes les professions s'y trouvent réunies soit dans les réunions hebdomadaires soit dans les assemblées générales, soit surtout à l'occasion de notre petite retraite annuelle préparatoire à une de nos quatre grandes fêtes, l'Immaculée-Conception.

En dehors des misères matérielles et morales qu'elle a eues à secourir, notre Conférence a contribué efficacement à l'organisation de la *Messe du Départ*, de l'*Adoration Nocturne* pour les nuits du *Jeudi-saint* et de l'*Adoration perpétuelle*, à la création du *Patronage de garçons*, à la fondation de l'*Association Catholique* de Marmande qui a pu fédérer toutes les œuvres de la paroisse, etc., etc.

De plus, notre groupe est toujours prêt à *répondre* à l'appel de M. l'Archiprêtre ou à lui offrir son concours. Notre Conférence s'efforce de remplir ainsi son rôle d'auxiliaire soumis et dévoué du Clergé paroissial.

Ensuite chacun de nous, en dehors de la Conférence, tout imprégné de l'esprit de la Société de St-Vincent de Paul, s'est spécialisé suivant ses goûts, ses préférences, son tempérament. Nous nous sommes ainsi consacrés soit aux œuvres de piété, soit aux œuvres scolaires et post-scolaires, soit aux œuvres agricoles ou économiques, soit aux œuvres de Bonne Presse, etc., etc.

Mais, nous réunissant tous à certains jours sur le terrain fécond de la charité, nous reprenons contact et resserrons les liens qui doivent exister entre nous, catholiques, disciples d'une même religion et en même temps « compagnons d'aumônes et de prières. »

Je me reprocherais de ne pas indiquer en passant que plusieurs de nos confrères se font un devoir et une joie d'assister à la retraite annuelle des hommes de la région, que fait donner chaque printemps, à la Bastiolle, près Montauban, l'Association de Notre-Dame de Bon-Encontre.

Vous savez tous combien cette œuvre des retraites fermées est chère au cœur de notre Evêque ; c'est en effet une véritable et première école de formation religieuse et sociale que la Société de St-Vincent de Paul ne cesse de nous recommander.

Il me semble maintenant avoir suffisamment prouvé par un exemple que, dans les villes, les Conférences de St-Vincent de Paul peuvent constituer un excellent « moyen de grouper et de développer les forces catholiques. »

Je suis heureux d'ajouter qu'un chef-lieu d'arrondissement de notre diocèse a parfaitement compris ce qui s'est fait à Marmande, et a commencé de réaliser ce groupement des forces catholiques par l'intermédiaire de la Conférence de St-Vincent de Paul. Je suis convaincu que nos confrères mèneront à bien cette entreprise et que sous peu ils seront imités et suivis par la plupart de ceux de nos confrères qui seraient en retard sur ce point.

Mais dans les campagnes, allez-vous me dire, tout cela n'est pas possible ? Je m'empresse de vous répondre que ce groupement réalisé dans une ville peut aussi bien s'obtenir dans un village. Comme pour une paroisse urbaine, je vais essayer de vous le prouver par un exemple et un exemple tout récent.

La réussite arrive rarement du premier coup : le curé est souvent réservé et persuadé que l'œuvre n'est ni possible, ni urgente ; la deuxième fois il est plus intéressé ; plus tard bienveillant et questionneur ; enfin conquis et promettant son concours qui devient de plus en plus actif ; bref à la quatrième ou cinquième visite ou démarche, la place se rend et on compte une Conférence de plus.

C'est une lecture bien suggestive que celle des notices sur les Conférences fondées. Aussi permettez-moi de vous citer un extrait du rapport du curé lui-même de la paroisse à laquelle je vais faire allusion. Vous y verrez un exemple topique et vécu de fondation de conférence.

« C'est exactement le 22 mai 1910 qu'a été fondée notre Con-
« férence. Je n'ose pas dire, ainsi que l'a écrit notre regretté
« secrétaire que c'est sur l'initiative du curé de la paroisse.
« Car je vous dirai, Messieurs qu'il a souvent fallu le pousser
« un peu, non pas certes qu'il ne voulut pas, oh ! non, mais il
« craignait de n'être pas suivi ; il trouvait dans la paroisse une
« certaine indifférence peu faite pour l'encourager, et surtout
« un si grand respect humain qui fait qu'on a peur de son om-
« bre, qu'il se disait quelquefois : à quoi bon, cela ne tiendra
« pas. Notre vénéré président avec qui je m'en étais quelquefois
« ouvert à l'occasion de la Conférence de X. partageait bien
« mes appréhensions à ce sujet. Enfin comme il s'agissait de la
« cause du Bon Dieu avant tout, et comptant sur lui, nous nous
« mimes à l'œuvre : les convocations furent faites un peu par-
« tout dans la paroisse. MM. Louis Drouilhet de Sigalas, prési-
« dent du Conseil Central, et Charles Lefèvre, président du Con-
« seil Particulier, nous donnèrent leur jour et au jour fixé, 22
« mai la première réunion se tint au presbytère. »

Vous ne sauriez croire combien je regrette que le défaut de temps ne me permette pas de continuer la citation de ce rapport très intéressant. Je vais cependant vous le résumer à grands traits. Ce sera la meilleure façon de vous indiquer ce que peut faire à notre époque une conférence de St-Vincent de Paul dans une paroisse de campagne.

Fondée le 22 mai 1910 avec 18 membres, cette conférence comptait un mois après 13 confrères nouveaux, soit au total 31. Le nombre aurait pu être envié par plus d'une ville importante ; or, je tiens à le faire remarquer, la commune en question ne possède que 643 habitants.

A leurs réunions qui se tiennent le dimanche après la messe ils n'ont jamais été moins de 14 présents et souvent ils se trouvent au nombre de 20 à 25. C'est un résultat superbe ; et cependant il n'y avait rien à faire, croyait-on.

Je me permettrai de vous faire remarquer ici qu'il n'est nullement nécessaire qu'une conférence soit aussi nombreuse. Composée seulement de 8 à 12 membres elle peut fort bien vivre et réaliser beaucoup de bien.

Nos confrères se mirent donc à l'œuvre et recherchèrent les pauvres de la paroisse. A la fin de 1910 ils portaient des secours à cinq ou six familles.

Je crois devoir répondre ici à l'objection courante qu'il n'y a pas le plus souvent de pauvres à secourir dans les campagnes.

Il n'est pas en effet indispensable, pour établir une conférence dans une localité, qu'il y ait immédiatement des pauvres à visiter. Il suffit que ses membres acceptent de faire cette visite le jour où elle devient possible. En attendant ils se consacreront à d'autres œuvres charitables et religieuses. C'est ce qu'ont fait et ce que font les confrères dont je parle.

Ainsi ils se sont rendus quelques-uns au Pélerinage de Verdelais où se trouvèrent réunies les conférences des diocèses de Bordeaux et d'Agen sous la présidence de Mgr du Vauroux, toujours si bienveillant pour notre Société, et de Monsieur Calon, notre Président général, heureux de venir lui-même malgré son âge et son état de santé, nous apporter le puissant concours de ses encouragements.

Nos confrères ont beaucoup contribué au succès d'une mission prêchée dans la paroisse en cherchant à attirer des auditeurs et à « ramener les éloignés. » Quelques retours à Dieu furent le résultat de ces démarches.

C'est également à cette Conférence que revient l'heureuse initiative de la plantation d'une belle Croix de Mission. « Depuis « le premier jour, dit le rapporteur, elle n'avait cessé d'en « poursuivre la réalisation, allant, par des délégués choisis par « elle, frapper à toutes les portes, pour recueillir les fonds né- « cessaires à cet effet. » La fête de la plantation de la Croix donna lieu à une manifestation splendide, dont la Conférence avait le droit d'être fière.

C'est à la fois un magnifique exemple d'aumône spirituelle et d'apostolat chrétien que nous ne saurions trop recommander aux Conférences.

Cette jeune Société s'est fait représenter aux fêtes des *Noces d'or* de la Conférence de St-Pardoux du Breuil.

Heureuse d'affirmer son patriotisme elle fait solennellement célébrer la *Messe du Départ*.

Le jour de la fête de l'*Adoration perpétuelle*, les membres de la Conférence se distinguèrent des autres fidèles par leur exactitude à venir adorer le Saint Sacrement à l'heure choisie par chacun d'eux. A la prochaine fête ils se proposent de s'approcher de la Sainte Table et d'établir l'Adoration Nocturne.

Lors du Congrès de Marmande de Novembre 1911 nos confrères tinrent à honneur de s'y faire largement représenter. Le rapport nous dit qu'ils en revinrent tous ravis et réconfortés.

Cette année ils se sont préoccupés d'une manière toute spéciale de l'œuvre des bonnes lectures qu'ils essaient de faire connaître et de répandre autour d'eux. Par ce temps de diffusion intense de mauvaises publications, ils ont compris l'importance et la nécessité d'un contre-poison. C'est une aumône spirituelle au premier chef, qui à l'heure actuelle, en vaut bien d'autres.

Cette Conférence bien unie à la Société de St-Vincent de Paul a voulu prendre part à la souscription ouverte parmi les Conférences du monde entier en vue de la célébration du centenaire d'Ozanam.

Enfin le dimanche 20 octobre dernier avait lieu chez elle l'Assemblée générale des Conférences voisines. Elle fut superbe. Avec les délégués des Conférences nous étions une cinquantaine.

C'était pour cette Conférence le digne couronnement de deux ans et demi de réunions et de travaux méthodiques. C'était en quelque sorte un petit Congrès cantonal réunissant un groupe de catholiques déjà initiés aux œuvres dont les entretinrent M. le Président du Conseil particulier et moi-même. Aussi à la fin de cette si réconfortante réunion la satisfaction était générale.

Ce qu'a essayé de réaliser la Conférence de Marcellus, je veux enfin la nommer, elle y a droit, la plupart des autres, je le sais, s'efforcent de l'accomplir avec plus ou moins du succès, mais toutes avec la meilleure volonté du monde.

Si j'ai signalé la Conférence de Marcellus, c'est à cause de sa fondation récente et de son succès qui prouvent que notre Société n'a pas vieilli et qu'elle est toujours apte à exercer la plus salutaire influence.

Ainsi donc il résulte de tout ce qui précède que, pour grouper les jeunes gens et les hommes, une Conférence de St-Vincent de Paul semble tout indiquée : de toutes les associations c'est la plus facile à organiser et celle qui répond le mieux aux besoins de l'époque actuelle. Elle a depuis longtemps fait ses preuves, et, dans tous les pays où elle est établie, ses membres n'ont d'autre ambition, à l'exemple de leur saint patron, que d'être les *serviteurs de Dieu et des pauvres !*

De plus, une conférence pour si modeste qu'elle soit, le jour où elle est rattachée à la Société de Saint-Vincent de Paul, n'a plus une existence isolée et précaire. Elle participe à la vie commune et les divers Conseils, sous la juridiction desquels elle est placée, lui procurent une sage direction, des secours matériels, s'ils sont nécessaires, et assurent ainsi sa durée.

Les mots de secours matériels que je viens de prononcer m'amènent tout naturellement à vous parler de cette question matérielle qui préoccupe si souvent les autres œuvres. Ici en effet elle se pose rarement, la conférence ayant peu de dépenses obligatoires. Elle n'a pas de loyer à payer puisqu'elle se réunit soit à la sacristie, soit au presbytère. Les membres de la Conférence ne sont pas astreints à des cotisations annuelles ; ils donnent simplement à la quête, qui est secrète, suivant leurs moyens et leur générosité.

Ensuite, suivant ses recettes, la Conférence donne peu ou beaucoup. Donc aucun risque de faillite.

L'importance et la puissance de l'organisation de la Société de Saint Vincent de Paul est telle que je crois devoir y insister un peu.

A sa base, les Conférences qui s'occupent d'œuvres pratiques. Au-dessus des Conférences, quand il y en a plusieurs dans la même ville ou dans la région environnante, un Conseil Particulier dont le but est de les unir.

Au-dessus du Conseil Particulier comme des Conférences isolées, soit un conseil Central, soit un Conseil Supérieur, embrassant dans sa circonscription les Conférences d'un ou plusieurs diocèses ou d'un pays tout entier, comme en Belgique, en Angleterre, en Allemagne, etc....

Enfin un Conseil Général, centre de toute la Société, lui servant de lien, de moyen d'unité, et consacrant le temps et le zèle de ses membres aux intérêts communs.

De la sorte, chaque Conférence n'est pas isolée et ne compose pas un tout à elle seule. Elle n'a pas à se former ses règlements, ses traditions, sans prendre conseil de personne ; au contraire elle fait partie d'une grande société, entre les membres de laquelle il y a unité de cœur, d'esprit, d'usages ; elle s'appuie sur l'avis éclairé de ces divers conseils, et, tout en conservant pour la pratique de ses œuvres la plus grande liberté d'action, elle participe à une direction commune et adoptée de tous.

Est-il besoin d'ajouter que l'autorité des divers Conseils, depuis le Conseil Particulier jusqu'au Conseil Général n'est réelle que parce qu'elle est spontanément acceptée, et que la persuasion, le bon exemple sont les moyens les plus sûrs, pour ne pas dire les seuls, du maintien de cette autorité ? L'Eglise, cependant, a voulu fortifier encore ces liens de la manière la plus solide pour les chrétiens, en accordant de nombreuses et précieuses indulgences aux Conférences agrégées et aux Conseils institués par le Conseil Général.

Aussi n'y a-t-il pas, à mon avis, pour un Comité paroissial, une confrérie du St-Sacrement ou un Cercle d'Etudes par exemple, de base plus solide qu'une conférence de St-Vincent de Paul qui en sera la pépinière ?

Depuis que, sur les désirs de Monseigneur et du Conseil Général de la Société, a été institué dans notre diocèse un Conseil Central, les progrès de nos conférences et de nos œuvres sont manifestes ; ils ne sont d'ailleurs, espérons-le, qu'à leurs débuts. Ils coïncident avec ceux de la Société tout entière qu'Ozanam semble si bien protéger du haut du ciel.

Je vous citerai, comme preuve de son éternelle jeunesse, les merveilleux et rapides accroissements que la Divine Providence lui a donné dès ses débuts et qu'elle ne cesse jamais de lui accorder.

Il est certain qu'il y a 79 ans nous étions à peine quelques-uns ; mais voici que depuis longtemps nous sommes des milliers et sur tous les points du globe. On peut dire sans exagération que le nombre des conférences s'élève à environ 7.000 et celui des membres à environ 140.000 qui distribuent annuellement aux pauvres 18 millions de secours.

Le grain de sénevé semé en 1833 par Ozanam est donc aujourd'hui un arbre gigantesque qui étend ses rameaux dans le monde entier.

A la veille des fêtes du Centenaire de notre fondateur, qui réuniront à Paris au mois d'avril prochain nos confrères de tous les pays de l'univers, et à une séance comme celle-ci consacrée à l'organisation et à l'action des catholiques, je ne puis mieux terminer mon rapport, il me le semble du moins, qu'en vous citant une magnifique pensée d'Ozanam qui rend le mieux le son de son âme chrétienne, et qui devrait toujours être présente à l'esprit des catholiques militants, pour les réconforter quand ils seraient tentés de se laisser aller au découragement :

« Nous sommes, dit Ozanam, comme ces ouvriers des Gobe-
« lins, qui, suivant les dessins d'un artiste inconnu, s'appliquent
« à assortir des fils de différentes couleurs à l'envers de la
« trame. Ils ne se rendent pas compte de ce qu'ils font. Ce
« n'est que lorsque leur travail est terminé, qu'il leur est donné
« d'admirer ces fleurs, ces figures et ces splendides œuvres di-
« gnes d'orner les palais des rois. C'est ainsi, mes amis, que nous
« travaillons, que nous souffrons ici-bas sans voir ce que nous
« produisons, mais Dieu le voit, et, quand il voudra découvrir
« l'œuvre que nous aurons exécutée, il montrera à nos yeux
« étonnés, ce que lui, le grand artiste, invisible et présent par-
« tout a fait de toutes ces peines qui nous ont paru si stériles,
« et il daignera réserver une place dans son grand palais à nos
« misérables travaux. »

## VŒUX

« Le Congrès diocésain de 1912 émet les vœux suivants :

« 1° Qu'à l'occasion du centenaire d'Ozanam, il soit exercé dans le diocèse une plus intense propagande en faveur des conférences de St-Vincent de Paul ;

« 2° Que le clergé des paroisses urbaines et rurales, dans lesquelles des conférences seront possibles, veuille bien se pénétrer de cette pensée que *loin de nuire aux autres œuvres existantes, elles en accroîtront la vitalité* et leur donneront une plus grande cohésion ;

« 3° Que toutes les personnes dévouées, prêtres ou laïques, désireuses d'aider à leur fondation, veuillent bien se mettre en rapport avec le Conseil central. (1)

Monseigneur souligne cette vérité que l'esprit de la Conférence est avant tout un esprit de charité, lequel pénètre toujours plus facilement les âmes. Mais vaut-il mieux commencer par fonder la Conférence ou le comité paroissial ? M. l'archiprêtre de Villeréal préfèrerait d'abord le comité paroissial. Il n'y a pas de méthode exclusive, la méthode dépend du milieu et des circonstances. M. Lefèvre demande et obtient la parole pour expliquer que la Conférence de St-Vincent-de-Paul est possible là où ne réussira pas le comité d'action catholique ; la pratique de la charité effraie moins que la lutte ; la religion est charité, dit-il. L'éminent avocat du barreau de Marmande obtient de vifs applaudissements.

Monseigneur encourage la fondation des Conférences de S. Vincent de Paul et souhaite que chacun de ses curés trouve, au milieu des confrères de l'association, un peu de réconfort dans son zèle pastoral. Il préconise aussi la fondation des Conférences dans les groupes de jeunesse et, à ce sujet, demande à M. le Supérieur de St-Caprais de raconter ce que font les jeunes confrères du Collège. Il engage les jeunes collégiens à demeurer, après la fin de leurs études, fidèles à leur Conférence de Saint-Vincent-de-Paul.

En terminant, Monseigneur recommande la fidélité à l'heure du Congrès pour le lendemain jeudi. Le général Bonnet — une surprise — viendra parler des œuvres militaires. La séance est levée à 5 heures.

(1) S'adresser à M. Louis de Sigalas, à Marmande.

**Séance générale du soir**

La réunion générale de notre deuxième journée du Congrès a été une manifestation inoubliable. Les catholiques qui ont eu le bonheur d'y assister en garderont l'impérissable souvenir. La salle était plus que comble ; et l'on a dû à l'entrée, refuser de nombreuses cartes. C'est un touchant et réconfortant spectacle que cet empressement des foules enthousiastes, avides d'entendre nos orateurs catholiques et de les applaudir.

Monseigneur l'Evêque offre cordialement, en termes très délicats, ses souhaits de bienvenue à NN. SS. de Cormont et Cézerac qui assistent à la séance, et après que M. l'abbé Lafougère a lu le résumé des travaux de la journée, il présente, en quelques mots aimables, M. Botet de Lacaze à qui il donne la parole immédiatement.

L'éloquent conférencier salue d'abord les évêques par un très heureux compliment : « Le Pape sait bien choisir ses évêques », et il aborde son grand sujet : *la Religion nécessaire.* Je ne viens pas, dit-il en substance, prouver devant vous la religion, je viens l'acclamer. Ce n'est pas une thèse téologique que je vais développer, c'est une profession de foi simple et sincère que je vais faire. Nous pouvons garder chacun nos préférences et nos espoirs ; mais nous sommes tous unis sous le drapeau de la Croix, suivant la parole de Pie X : *unum vexillum, crux* ; et tous nous proclamons la nécessité indispensable de la religion. Elle est nécessaire à l'individu, enfant, jeune homme, homme ou vieillard, — à la famille, — à la société.

Le sympathique conseiller général du canton de Bouglon développe cette triple affirmation avec un beau talent, servi par une grande foi et un grand cœur. Poète, il traduit ses nobles sentiments dans un style imagé et charmant qui donne un irrésistible attrait à sa parole ; orateur, il fait passer ses convictions ardentes et profondes dans l'âme de ses auditeurs ; littérateur, il sait donner à l'expression de sa pensée une forme variée et un tour élégant ; humoriste enfin, il émaille son discours de traits piquants, de fines observations, d'anecdotes topiques qui, tout en provoquant le rire, fustigent ou démasquent l'hypocrisie et l'erreur. M. de Lacaze est même un peu psychologue ; s'il a étudié la psychologie des foules, il a aussi pénétré celle de certains milieux parlementaires et tout particulièrement du Conseil général ; il en donne des preuves incontestables. Parlant de ses longues luttes pour la cause de l'Eglise et de la liberté, le conférencier déclare avoir parfois une mentalité lassée ; mais il luttera quand même ; les catholiques peuvent compter toujours sur sa fidélité et sur son dévouement. Cette splendide conférence, où se sont révélées une fois de plus, avec son éloquence, cette franchise et cette loyauté qui attirent et gardent au vaillant conseiller général l'estime même de ses adversaires, se termine par un vibrant appel à l'union des catholiques et par ces mots qui résument sa pensée et ses sentiments et soulèvent l'enthousiasme de l'auditoire : « Mesdames, Messeigneurs, vive Dieu et vive la France ! »

Après une longue ovation faite à M. de Lacaze, Monseigneur le remercie et le félicite chaudement.

## RAPPORT DE M. BOTET DE LACAZE

Messeigneurs,

Mesdames,

Messieurs,

Au moment où le bon Evêque d'Agen me manifestait le très bienveillant, mais un peu impérieux désir de me voir prendre la parole à cette place, il m'est venu à l'idée de traiter dans ma modeste causerie de l'autorité des Evêques.

J'ai dû réfléchir, depuis, que ma mentalité un peu inquiète de conférencier d'office serait peut-être pénible à ce bel auditoire encore sous le charme des hautes discussions du Congrès et avide de la grande parole de demain.

Puis-je oublier qu'à cette tribune même j'ai souvent applaudi des orateurs éminents parmi lesquels ma bonne amitié se réjouit de compter les gloires du barreau agenais. J'ai une autre appréhension, et pourquoi ne l'avouerai-je pas, un autre scrupule.

Trente ans d'opposition consciencieuse et de critiques justifiées ne m'ont guère préparé à ce que j'appellerai une vibratio commune devant une élite sympathique.

Professionnel des minorités, j'ai toute ma vie, pour employe un terme du palais, plaidé coupable. Deux attitudes résumen tout mon passé : attaquer ou se défendre.

Je me sens si peu préparé à mon rôle nouveau d'orateur sa cré que j'ai dû choisir un sujet d'une simplicité presque naïv Je compte parler *de la religion nécessaire.*

Mais avant d'entreprendre ma modeste tache ne dois-je pa m'incliner devant les éminents prélats qui nous président ?

Saurai-je assez bien dire toute la sécurité que donnent a grand troupeau catholique les houlettes placées en de telle mains ? Activité évangélique, haute dignité dans le sacerdoce, au torité et bienveillance, n'est-ce pas l'essence des qualités maî tresses qui imposent la vénération. Quand j'ai entendu prêche de grands orateurs devant des Princes de l'Eglise, ils savaien dans un beau texte latin réclamer dignement les bénédiction réconfortantes ; dans mon ignorance de la science liturgique j'en suis réduit à implorer de Vos Grandeurs, Messeigneurs, l sourire de bonté exquise, sourire épiscopal par excellence, qu sera pour moi le plus précieux des encouragements. La formul de mes compliments sera brève : Le grand Pape sait bien choisi ses Evêques !

Parler de la religion nécessaire devant un auditoire qui lu est si courageusement fidèle, n'est-ce pas une démonstratio vaine et sans objet ? Il est de ces vérités, objecte-t-on, qui s'épa nouissent dans la clarté de l'évidence.

Démontre-t-on la lumière du jour ? Si on ne la démontre pas on a bien le droit de la célébrer et dans une hymne au soleil d'adorer le Créateur qui le vivifie. Notre belle religion catholique a le même éblouissement.

Qu'on lutte pour une idée, qu'on combatte pour son pays l'essence même de la force n'est-elle pas dans l'amour du Pays ou dans la puissance de l'idée ?

L'Eglise traverse une période grave et troublée.

Le grand Etat-major c'est le Congrès diocésain, qui vient d'étudier les éventualités de la bataille et fortifier ces œuvres admirables qui sont, tantôt des troupes d'avant-gardes ou des troupes de couverture. A la veille de nous séparer et de rejoindre chacun notre poste de combat, ne nous semble-t-il pas utile et réconfortant que nous jetions ensemble un regard attendri vers le Drapeau ?

Je sais bien que nos regards viendront parfois d'horizons opposés. Horizons étagés des conditions sociales, horizons politiques en rivalité apparente. Rien de tout cela n'est fait pour nous angoisser..... Pour ma part, rivé par mon passé aux mêmes convictions et aux mêmes espérances, je me sens plein de la plus respectueuse déférence vis-à-vis de ceux que j'appellerai des adversaires amis. La diversité des aspirations politiques pour les hommes de bonne foi, n'a-t-elle pas une origine commune, dans cet idéal de bonheur qu'on rêve plus parfait pour son pays : Non ! ils ne sauraient être déclarés coupables ces penseurs aux convictions opposées qui cherchent des solutions rivales, au grand problème !

Laissez-moi revivre l'image du beau temps du collège. Dans la grande classe de la vie, nous restons attentifs à nos bancs, les uns à droite, les autres à gauche, mais si nos regards se lèvent vers le maître, au-dessus de la chaire, un grand Christ ouvre les bras et nos cœurs battent à l'unisson.

Quelque profond que soit le fossé de nos divisions apparentes, il n'est jamais assez large, pour que des gens, hypnotisés par une même aspiration, ne puissent se tendre une main amie.

Le successeur de Pierre a merveilleusement encouragé le geste. Cette fois-ci je vais oser parler latin : « *Unum Vexillum crux* ! » Un seul drapeau, la Croix ! Vous le voyez, Messieurs, il est bien facile de s'entendre.

J'aurais bien voulu avoir des loisirs et surtout l'envergure suffisante pour ébaucher un tableau raisonné des religions comparées. Une telle étude, proclamant l'incontestable supériorité de la chère nôtre, eut été bien séduisante à entreprendre. Je voudrais que dans nos réunions contradictoires, on ait l'énergie d'asseoir la superbe cathédrale de notre *Credo* sur les colonnes même de cette science dont on la menace comme d'une rivale victorieuse. Ils ne nous manqueraient pourtant pas, les solides arguments pour proclamer la défaite de la fausse triomphatrice. J'ai eu la faiblesse et je m'en accuse, de plaider cette exquise foi du charbonnier avec sa poésie naïve. Elle est si touchante dans sa simplicité qu'elle attendrit ses bourreaux eux-mêmes. Les impies se découvrent devant elle avec le même respect attendri qu'inspire le blanc cercueil de la jeune fille, mais, aussitôt le cortège passé, ils acclament leurs deux déesse : la Science et la Raison.

Je n'ai jamais pu m'empêcher de sourire quand j'ai entendu revendiquer le monopole de la raison et de la science par ces indigents de l'une et de l'autre. Ces primaires de la pensée, ces lamentables avariés de la civilisation drapent leur ignorance derrière ces manteaux de fausse pourpre, impuissants à voiler leur déformation morale. La raison et la science sont des flambeaux admirables, bien plus faits pour éclairer les voûtes troublantes de nos cathédrales, que pour vaciller fumeuses sous les obscurs plafonds de la Libre Pensée.

Que les admirables apôtres catholiques qui m'écoutent aient le courage de ces lumineuses démonstrations. Qu'ils consacrent la gloire de notre religion appuyée sur la science, consolidée par la raison, ils compléteront l'effort des faibles qui. comme moi, doivent se contenter de célébrer la religion du sentiment.

La religion, c'est-à dire son influence moralisatrice, est nécessaire à l'individu, à la famille et au pays.

Merveilleusement assimilable au tempérament de nos races latines, elle est l'aliment indispensable à la puissance de la pensée et à la délicatesse du sentiment. Que la tête se lève anxieuse et interrogative, que le cœur multiplie ses battements inquiets, le voile se déchire, le doute se dissipe ! Le catholique remporte un double triomphe : il pense et il aime !

La religion est nécessaire à l'individu quelles que soient les étapes de la vie.

Vous parlerai-je de la touchante cérémonie du baptême qui consacre la plus troublante des évolutions. C'est la divine berceuse de l'intelligence qui sommeille. Avec quel charme elle s'éveillera demain dans le sourire que la jeune mère attentive a été la première à surprendre. Les petites mains sont jointes. « Jésus ! » c'est la première leçon !....

Me permettrez-vous à ce sujet une petite anecdote qui sera reposante par sa naïve originalité. Les hasards d'un bureau de placement avaient envoyé, dans une grande ville du Midi, une brave femme de ma commune. A la traversée d'un jardin public, je fus accosté par une cauchoise à la coiffe géante. Elle transportait un lourd fardeau de dentelles et de rubans qui devait sans doute receler un enfant. L'abord que me fit la nourrice, en notre cher idiome local. me démontra vite qu'elle n'était pas du pays de sa coiffe. Elle me conta avec d'innombrables détails, dont je vous fais grâce, qu'elle était placée chez un Monsieur très riche et très mal pensant « des gens de rien » concluait-elle. Le dimanche on l'empêchait d'aller à la messe et le matin même, comme elle était en train à apprendre son nourrisson à *faire Jésus*, le père était entré dans une violente colère. Que devait-elle faire ? La consultation était grave ! J'eus un éclair... « apprends-lui à faire les marionnettes. C'est tout ce que méritent ces gens-là ! »

Ne trouvez-vous pas qu'elle est bien dans son écrin cette petite croix d'or qui reluit au cou du bébé rose ? Elle complète l'émotion respectueuse qu'on réserve aux tout petits. Avec quelle déférence discrète et irraisonnée ne se penche-t-on pas sur les berceaux ?

Le programme de déchristianisation qui, méthodique, ronge comme un affreux mal, notre pauvre pays, a voulu prendre l'enfant à sa descente du berceau.

Il fut un temps où l'ouvrière abritait sès bébés dans les salles d'asile où de blanches cornettes veillaient. La rafale anticléricale a balayé les ailes blanches qui n'ont plus le droit de voleter au-dessus des petites têtes. Je leur ai jeté mon indignation à la face, à ces bourreaux déguisés en juges, qui ont dit à ces saintes femmes : allez vous sacrifier dehors ! allez prier dehors ! On les a conduites à la frontière ces pieuses criminelles éprises d'idéal et d'abnégation. Elles ont dû baiser les yeux du vieux père qui ne doit plus les revoir, elles ont dû pour la deuxième fois s'arracher à l'étreinte folle de la mère deux fois crucifiée !... Vous avez désaffecté ou démoli la petite chapelle où les prières étaient si belles et si bonnes, vous avez brûlé les bancs de l'asile où elles aimaient se dévouer aux enfants des autres. Non contents de leur avoir ravi la famille, vous avez poussé la cruauté jusqu'à leur prendre leur beau soleil de France... Il était donc bien grand leur crime !!! Messieurs les juges ! avouez donc qu'elles faisaient chanter des refrains révolutionnaires. Vous êtes satisfaits maintenant. Dans vos garderies on n'entend plus la chanson factieuse. Vous la connaissez Mesdames : « Le Petit Jésus allait à l'école.... »

Voilà jusqu'où a été poussé le raffinement de l'anticléricalisme sectaire.

Nous voici à l'âge de l'école. C'est le moment précis de l'éclosion de l'intelligence. C'est donc là que devait porter l'effort de la puissance occulte gouvernementale. Elle a bien compris que sur les petites âmes blanches l'empreinte de la Religion laissait des traces indélébiles. L'éducation chrétienne s'attache à développer des principes solides : élévation de l'âme, piété familiale, charité, probité, justice. Est-il donc besoin de vos grands livres de morale civique, souvent mal écrits, toujours creux, pour fixer ces hautes vérités ? Chez nous dix lignes suffisent : elles s'appellent le décalogue.

A cet âge, il faut songer à autre chose qu'à instruire, il faut surtout *élever*. J'avais le très grand honneur cette année de présider une belle distribution de prix dans une école libre florissante entre toutes. Un sentiment d'admiration me saisit dès la première minute. L'amphithéâtre où s'étageaient ces garçons était admirable de correction et de tenue : on les sentait tout de suite bien élevés. Je ne voudrais pas avoir l'air d'un censeur sévère et de parti pris, mais je trouve que trop souvent l'éducation donnée dans les écoles publiques fait ce que j'appellerai des rodomonts. Je voyageais il y a très peu de temps avec un lycéen partant pour un examen : il racontait devant moi à sa famille ébahie d'admiration, qu'il avait dit à un de ses examinateurs : « Si vous me collez, je vous casserai la figure dans la rue ! » Je crois même me rappeler qu'il n'avait pas employé le mot figure.

L'éducation officielle fait presque toujours des arrogants et des cabrés. Comme je le disais dans une autre enceinte, l'enfant moderne semble prêt à sortir de sa poche la Déclaration des droits de l'homme. Demandez donc à un des nôtres de vous monter son catéchisme et vous verrez que les jeux de physionomie ne se ressemblent pas. A l'arrogance et à l'aplomb officiel, je préfère la timidité déférente des nôtres : les uns sont élevés dans l'hypnotisme des devoirs, les autres se grandissent prématurément dans la vanité souveraine de leurs droits.

Nous étonnerons-nous de la tendance révolutionnaire des élèves quand les maitres eux-mêmes sont des factieux ? Suis-je injustement pessimiste, quand j'affirme que l'éducateur qui passe ses soirées à prêcher le matérialisme et l'antimilitarisme est mal préparé à rester le lendemain dans les limites correctes de la neutralité religieuse et du patriotisme vivifiant ?

La neutralité peut exceptionnellement s'étaler hypocrite dans les grands Lycées que fréquentent les enfants de l'aristocratie gouvernementale ; elle se transforme en hostilité brutale chez les primaires.

Neuf fois sur dix l'instituteur se déclare l'ennemi du curé. Il fait des plaisanteries grossières sur le catéchisme et punit l'enfant de chœur en retard de trois minutes pour la classe ; il est encore plus agressif s'il veut se mettre en relief dans ces réunions du soir pompeusement appelées cours d'adultes ; il hurle la victoire de la science, le triomphe de la raison ; il vocalise les grands mots de sociologie moderne, de fraternité universelle ; il bave sur la religion ; il crache sur l'histoire.

Ne vous étonnez pas, Messieurs, la consigne part de haut. Il doit arracher aux influences cléricales l'âme de *nos* enfants : c'est la phrase textuelle d'un rapport académique contre lequel j'ai dû il n'y a pas bien longtemps protester au Conseil Général. Je m'élevai avec violence contre le pronom possessif employé par cet inspecteur ! « *Nos* enfants ne sont pas les vôtres, Monsieur ! » et la discussion prit très vite sa déviation naturelle vers le droit supérieur du père de famille. Je vous ferai grâce des péripéties de la discussion, mais je veux vous dire un de mes arguments. J'avais admis, pour la circonstance, l'hypothèse toujours amusante à risquer devant des adversaires, d'un changement de régime : « Rassurez-vous, Monsieur le Préfet, ces choses-là se passeraient en grande courtoisie. Que diriez-vous, mes chers collègues, si le gouvernement nouveau exigeait de vos enfants le billet de confession ? Le silence fut glacial. Rien n'est curieux comme de semblables discussions, au sein de notre assemblée départementale.

Lorsque se pose une de ces questions que je qualifierai d'épineuse, les abstentionnistes, comment dirai-je, se volatilisent, et je parle devant des fauteuils vides qui lèvent les bras en l'air en signe d'humiliation et de désespoir. Si Ponce-Pilate, ce grand précurseur des gens qui n'aiment pas se compromettre, vivait encore, je ne serais pas surpris de lui voir poser sa candidature au Conseil Général de Lot-et-Garonne.

Je n'ai donc jamais manqué de revendiquer le droit supérieur du père de famille. Comment, il aurait le droit d'être fier de la ressemblance physique et vous lui contesteriez le droit à la ressemblance morale ? Mais la filiation n'est-elle par la continuation de l'individu, la survie de la personnalité. Où les trouvera-t-on, ces hommes qui, soucieux de la succession de leur patrimoine matériel, se désintéresseront de la transmission de leur patrimoine moral ? Cette mentalité que les éducateurs modernes ont la prétention de couler dans le même moule, c'est-à-dire de déformer, restera la propriété incontestée et inaliénable du chef de famille !

Admettez-vous que vous trouverez des pères assez aveulis

pour tolérer que leurs fils répondent à leurs hauts enseignement, par le ricanement sceptique ou le sarcasme inepte de ces petits et faux savants de village que j'appellerai les phtisiques de la pensée ? Ce n'est pas chez nous que vous trouverez les laquais de la conscience !

Nous voulons, oui nous voulons, que nos petits joignent les mains comme nous, qu'ils s'agenouillent à nos côtés et qu'ils prient avec des yeux très purs la bonne Vierge. Nous voulons que vous nous laissiez pleurer tranquilles, devant le blanc défilé de nos premières communiantes. Nous voulons en un mot que la même éducation, la même impulsion morale idéalise les mêmes peines et les mêmes joies.

Que l'Etat, ce grand despote impersonnel, ne compte pas étendre ses conquêtes. L'association des pères de famille veille ; laissons sourire les détracteurs obstinés de cette belle œuvre. Vous n'avez, me disait un jour à ce sujet, un adversaire, qu'une petite armée de cadres. Laissez-moi une seconde fois lui répondre : « Nos pères de famille de Lot-et-Garonne ont un peu la mentalité des territoriaux. Pendant les périodes pacifiques leur dévouement est relatif ; je reconnais même que les demandes de sursis et de dispense se multiplient. Que demain l'heure grave sonne, ils seront tous de l'active, je m'en porte garant ! Les indifférents eux-mêmes viendront à nous ; les crises aiguës feront enrôler les volontaires. »

Il y a quelques années, faisant un séjour à Toulouse-la-Sainte, un petit papier fut distribué le dimanche matin à la porte des églises. Il annonçait qu'une fédération laïque réunie dans la nuit à la Bourse du travail, avait décidé l'envahissement de l'église St-Gérôme et le passage à tabac — « *c'étaient les termes* » — du moine factieux qui y prêchait. C'était un jour de grandes courses ; les récriminations furent nombreuses parmi les jeunes : « on n'a pas idée d'aller se faire tuer pendant les courses, disaient les uns, à trois heures en plein jour, quel carnage écœurant. Encore si c'était le soir ! » — « Il n'y aura personne, » hasardaient les plus prudents.

A trois heures moins le quart l'église était comble, les fidèles n'étaient pas ceux des vêpres ordinaires. Nous attendions avec une certaine impatience nerveuse la bande annoncée. Renseignée sur la qualité des dévots improvisés qui l'attendaient elle s'empressa de rebrousser chemin.

Parmi tous ces gens prêts aux plus graves éventualités, deux bons tiers étaient des déshabitués de l'église. Le tocsin tout simplement les avait enrégimentés !

Pour compléter mon anecdote j'ajouterai que le bon moine fut tellement heureux de ce magnifique auditoire qu'il nous garda une heure et demie.

Un de mes pieux voisins un peu avant la fin du sermon fit à mi-voix cette étrange prière ; « Mon Dieu la veillée des armes a trop duré ; de grâce envoyez-nous les émeutiers. »

Je me résume et, une fois de plus, j'affirme que si on touchait à la liberté des pères de famille le recrutement de notre belle association serait admirable.

Mais l'enfant a grandi. Au jeune homme aussi la religion est nécessaire. Le printemps s'épanouit avec l'éblouissement de ses floraisons et les griseries de ses parfums, la force physique s'est développée sous l'influence virile des exercices sportifs : parallèlement la fièvre des carrières bat son plein, le clairon rappelle à la caserne. La religion trouvera-t-elle sa place dans ce tourbillon de l'activité en délire ? Eh ! Je l'affirme hautement, si l'éducation première a été chrétienne, vous verrez que sous le dolman ou la tunique, si bien ajustés soient-ils, il y aura une petite poche où se cachera la petite médaille de l'aïeule. Vienne le matin d'une grande journée, je suis sûr que la pensée pieusement émue s'y fixera pendant une délicieuse seconde.

Il n'est point besoin d'être un grand psychologue pour savoir que, dans la vie d'un jeune homme, il est des périodes troublées où le conseil à donner est grave, où la réprimande du père peut être dangereuse et même fatale.

La mère seule osera parler. Elle le prend sur ses genoux, ce grand enfant, elle s'empare de ce regard qui n'ose plus fuir : « Je t'en supplie, mon petit, ne fais plus de peine au Bon Dieu et à ta mère ! » Le voilà bien l'argument vainqueur ! Vous m'avez compris, mesdames. Peut-il y avoir une force supérieure à ces deux puissances magiques combinées, l'amour maternel et la foi ?

L'âge mûr vient d'entendre sonner le glas de l'angélus d'automne ; le soleil pâli se couche derrière la lourde chaîne de montagnes des devoirs ; les teintes vives se fondent, l'égoïsme lui-même pâlit ; l'homme mûr n'a plus le loisir de vivre pour lui, il doit songer aux autres. Ses épaules moins puissantes sentent encore plus le poids des responsabilités, il ne se cambre plus pour discuter ses droits, il se voûte sous le fardeau des devoirs. A cet âge on a déjà besoin de s'appuyer sur quelque chose. Messieurs, la religion est là ! Tantôt consolatrice, tantôt impérieuse elle est le réconfort, le stimulant de toutes les heures. Le chef de famille rehaussé par ce grand principe d'autorité, d'essence religieuse, sent grandir encore la haute dignité de sa mission. Je ne veux pas m'attarder à la démonstration facile du rôle prépondérant de la religion dans ce qu'on est convenu d'appeler la lutte pour la vie.

Après les angoisses de l'automne, nous voici aux tristesses de l'hiver. L'œil terne du vieillard ne sait plus voir que des paysages de brume. La neige est presque consolante pour lui, car elle nivelle les tombes. Les chants se sont tus. les fleurs sont tombées... Où raviverez-vous l'âme lassée de ce pélerin du grand voyage ? Mais conduisez-le donc à l'église ! Là chante l'éternel printemps ! Les fleurs n'y sont jamais fanées et les lueurs y gardent leurs éblouissements. Quand il fait froid dehors, il fait si bon pour les pauvres vieux dans les églises.

Vous parlerais-je de l'aïeule, dont les mains tremblantes et bleuies, ont la consolation du long rosaire ?

Je conclus qu'à tous les âges la religion s'impose. Elle élève, elle vivifie, elle console.

Arrivant à la démonstration de la religion nécessaire à la famille, il me semble que je m'engage dans des sentiers battus ; que dis-je ? dans de magnifiques avenues pavoisées de beaux rapports, enguirlandées de discussions fécondes. Je me contenterai de dire que les individualités améliorées par la pratique chrétienne, formeraient une admirable collectivité qui serait la famille idéale. Rêvons une seconde à la haute perfection d'un foyer essentiellement catholique : ce serait la faillitte même de la prétendue morale moderne. Avez-vous remarqué que la tentative criminelle qui vise l'école, s'attaque aussi violente à la famille ? La famille, c'est la petite fontaine qui grandissant dans sa course devient un beau fleuve. Empoisonner la source n'est-ce pas empoisonner le fleuve lui-même ? La dignité de la famille, son immutabilité semblait à l'esprit révolutionnaire une barrière dangereusement rétrograde. Le culte de l'individualisme, son affranchissement, la conservation de ses droits, ont pris une place tellement prépondérante dans les tendances modernes, qu'on a négligé de songer à ses rapports nécessaires avec la collectivité que j'appelle maintenant famille, que j'appellerai tout à l'heure patrie. En voulant le bonheur d'un seul, ne vous exposez-vous pas à faire à ses côtés de nombreuses et d'innocentes victimes ? Le divorce, ce néfaste précurseur de l'union libre, remplaçant le mariage, c'est la clef de voûte de la maison familiale réduite en poussière. Les cendres du foyer sont jetées à tous les vents, le feu s'éteint sans souci des petits délaissés qui tout autour grelottent. Les parents, chassés de l'Eglise, n'y enverront plus les enfants, dont l'éducation flottante se ressentira d'un contrôle intermittent et souvent contradictoire. Vous le savez, Messieurs, l'Etat éducateur athée s'appropriera ces épaves, il y recrutera ses nouvelles couches, dont les statistiques judiciaires nous attestent lamentablement la valeur.

Je ne sais pas de meilleur élément de désagrégation sociale que le désordre dans la famille. La religion reste la suprême sauvegarde ; la puissance occulte qui domine les pouvoirs publics essaie un merveilleux coup double. La même balle lui suffira peut-être.

Si l'attaque est simultanée, la défense doit être parallèle. Vous, Messieurs les ecclésiastiques, qui par vocation avez la grande force de l'apostolat, consacrez-vous à la préservation de la famille. Avec le tact et la délicatesse qui s'attachent au caractère sacré de votre mission, gardez la confiance que, si vous savez frapper, pas une maison familiale ne vous restera fermée. Ne vous inquiétez pas si une main inquiète a poussé le verrou de la grande porte ; vous avez des auxiliaires naturels qui favoriseront votre entrée dans la place. Ces alliés inconscients seront l'enfant ou l'aïeule. Sous leur touchante égide la porte s'ouvrira bientôt. L'aurore et le soleil couchant ont des clartés si troublantes ! Le sourcil de l'indifférent et même de l'impie ne saura pas garder sa sévérité, si vous savez choisir les jolies heures. Aujourd'hui le sourire, demain la main ouverte, après-demain la confiance. En dehors de cet apostolat de sentiment qui ne peut que vous être personnel, notre congrès vous a donné déjà et vous donnera encore, je ne dirai pas des armes car le mot est trop dur, mais des méthodes victorieuses. Messieurs les Curés, veillez sur les familles chrétiennes, gardez-les jalousement, améliorez-les, ou mieux encore gagnez-les !

Vous servirez en même temps la Religion et la France.

Les rapports de la religion et de la société sont antérieurs au Christianisme.

La nature même de l'homme a provoqué le culte spontané, bénéfice d'origine sans doute, qui a mis au cœur de la créature l'impérieuse loi qui élève son intelligence vers le Créateur. Mais cette loi n'était pas de nécessité physique, l'homme peut l'enfreindre sous l'influence d'une tare morale. En jetant un rapide coup d'œil sur l'histoire, on s'aperçoit vite que les peuples n'ont jamais pu secouer le joug d'une croyance supérieure.

La famille fut le noyau autour duquel se sont formées les sociétés primitives. Dès l'origine la Divinité pénétrait la famille de sa pensée et lui donnait une sorte de consécration mystérieuse. Le Père était la chaine qui unissait le passé au présent ; le culte des morts, sous le touchant régime patriarcal, continuait sans interruption la survie de la famille. Plus tard, le paganisme vint substituer ses caricatures grotesques de la divinité au Dieu Créateur et Providence universelle. Les barrières de la famille se reculèrent jusqu'à l'extension de la cité. Nous voici à l'époque de l'humanisation des divinités, on les rabaisse au niveau de la créature. Les Grecs, ces légataires universels de la civilisation égyptienne, parviennent à les idéaliser et leur art admirable donne à ses idoles une beauté inimitable. La Bible, elle, nous montre Israël monothéiste : Dieu, pur esprit et éternel. La vérité se fait jour.

Voici Rome victorieuse imposant sa divinité aux peuples conquis ; tous l'adorérent.. Enfin, quand le gouvernement impérial fut substitué à la République, l'Empereur personnifiant la Cité fut divinisé à son tour. Le Panthéon restait ouvert pour abriter toutes les divinités, même celles des provinces asservies ; Il n'y avait point de religion d'Etat, mais toutes se toléraient, toutes étaient honorées à la condition d'entrer dans ce cadre d'unité, qui faisait la force romaine.. C'est en face de ce colosse que se dressa le Christianisme et .... vous savez tous comment David terrassa Goliath ! Les éléments de la religion naturelle déviés par le paganisme furent utilisés dans la vérité. Le Christianisme devait y trouver cette puissance qui n'a cessé de grandir à travers les siècles.

J'ai démontré à grands traits que le besoin religieux s'imposait aux collectivités. Aurai-je besoin d'ajouter que la Religion est un levier puissant qui grandit et surélève les destinées des nations ? J'ai hâte de dire que quand on a l'honneur d'être catholique et français, et à ce double titre d'avoir de grands ancêtres, on est doublement fier de suivre dans l'histoire la marche parallèlement triomphale de la Religion et de notre séculaire Monarchie française. Je ne m'attarderai pas à cette étude facile où mon admiration pour ces grandes pages trouverait tant d'occasions de s'enorgueillir, je me résume d'un mot : La fille ainée de l'Eglise ne cessa de grandir sous sa tutelle bénie.

Mais voilà le XVIIIe siècle avec ses blasphémateurs et ses impies. Dans l'Incendie géant de la Révolution le pacte qui scellait la sainte alliance est brûlé. La guerre antireligieuse se déchaîne, c'est la haine sans merci. Ce n'est plus le ton froid de l'indifférence de l'ironie ou du scepticisme, c'est la colère montante de la haine du Christianisme jusqu'à la haine personnelle de son divin Auteur : « Ecrasons l'Infâme ! »

Ce blasphème incarnera le mal, en lutte éternelle avec le bien. Les apostasies et les hérésies si dangereuses pour l'Eglise, ne revêtirent jamais le caractère de destruction acharnée qui s'étale dans Jean-Jacques Rousseau et dans Voltaire. L'épopée révolutionnaire s'acharna à la ruine matérielle et morale de l'Eglise. Les petits-fils des grands impies devaient changer de manière. *Le cléricalisme, voilà l'ennemi :* la formule est nette mais adoucie. La persécution moderne subira une évolution analogue : au lieu de la guillotine qui décapite, c'est le poison journalier qui tue.

Vous allez me permettre de gravir avec vous ce Calvaire trentenaire de la persécution contemporaine.

Une coïncidence curieuse veut que le plan de déchristianisation remonte à cette année de 1879 veille de ma majorité électorale, où j'avais l'âge de comprendre. Très modestement, j'avais pris part aux deux tentatives modérées qui ont leurs dates éloquentes : le 24 mai et le 16 mai. Humble chef de cabinet de préfet, petit gratte-papier de préfecture, comme me qualifiaient alors les journaux d'opposition, j'eus le grand honneur d'être révoqué deux fois pour avoir servi la République qui bénéficiait alors du titre de gouvernement d'ordre moral. Je n'ai pas pour cela, la prétention de vous révéler de graves secrets d'Etat, mais je puis affirmer que dans la petite coulisse d'où je pouvais voir, le grand grief qui primait tous les autres était notre tendance qu'on qualifiait de *cléricale*. — Le même reproche a été fait à bien d'autres depuis nous. — Le maréchal de Mac Mahon, malgré sa belle devise : « J'y suis, j'y reste », fut obligé de partir : il était général et il allait à la messe. N'était-ce pas doublement inquiétant ?

Les deuils de l'Année terrible s'éclaircissaient, la diplomatie sommeillait, on entreprit résolument la persécution religieuse. Il fallait encore attaquer d'autres institutions tutélaires, j'ai nommé la magistrature et l'armée. La magistrature avec son beau passé d'indépendance, qui, sous la monarchie, osait tenir tête au roi lui-même, restait une sauvegarde. Appliquer des décrets odieusement sectaires ? Jamais ! Les consciences délicates s'émurent et les démissions, comme une trainée de poudre, se succédèrent dans toute la France mettant à la retraite une pléïade de magistrats intègres, qui laissèrent leurs places libres aux autres. Quelles lamentables conséquences que ces soubresauts des consciences aux heures troublées !

L'armée ne vit elle pas, au moment des inventaires, de braves soldats briser leur épée de dégoût, et ici encore, d'autres prirent leur place. Ils ont été bien habiles, nos adversaires, en déblayant nos institutions par l'écœurement que devaient inspirer certaines besognes : ils avaient escompté les scrupules. Ne peut-on pas se demander s'il n'eût pas été plus politique, (j'emploie volontairement ce mot), de calmer ces scrupules par cette affirmation peut-être victorieuse, que l'ordre donné assume les responsabilités de l'exécution ? Cette théorie eût laissé à leur poste tant d'hommes d'honneur qui y font défaut.

En feuilletant le *Journal Officiel* des trente dernières années, on trouverait la preuve évidente d'un plan d'attaque inlassable, patient, et savamment combiné. L'assaut contre la Religion est presque journalier ; nos adversaires gravissent un à un les degrés de cet escalier impie, qu'ils construisent marche à marche, au cœur de la citadelle catholique, pour arriver à démolir la Croix qui la domine. Il y a bien eu quelque temps d'arrêt sur les paliers, mais à chaque halte simulée correspond aussitôt un bond de plusieurs marches.

J'ai eu bien des collègues haut placés, appartenant à toute la gamme officielle. Voulez-vous me permettre de vous conter, par ordre chronologique, quelques-unes de ces exquises confidences qui comblaient d'aise les modérés de l'époque. « *Ce qu'est le père Combes, mon ami, voulez-vous (entre nous) que je vous le confie ? C'est au fond un clérical !* » — « *Waldeck-Rousseau,* me confiait un autre, *m'a avoué que derrière les congrégations qui lui sont sympathiques il visè les unifiés et leurs fédérations* ; puis me prenant par le bras, il me glisse dans l'oreille : « *Le Père du Lac dine chez lui deux fois par semaine.* » En voulez-vous une autre confidence coïncidant avec la discussion sur la séparation de l'Eglise et de l'Etat ? « *Mon cher collègue, vous ne pouvez pas soupçonner ce qu'est Briand. Vous avez l'esprit méfiant des gens qui habitent la campagne. Eh bien ! Briand, il est de mèche avec le Pape !* » Les secrets se sont succédé et ne cessant pas d'habiter la campagne j'ai gardé le même scepticisme. J'ai toujours compris que les armistices favorisaient les amoncellements d'armements, et qu'il n'y a que les belligérants naïfs qui y croient. Eh bien ! je veux rester belligérant ; ma mentalité de sceptique campagnard n'est pas près de changer.

Ce que je serai amené à dire pourra paraître un peu outrancier, vous me le pardonnerez, j'en suis sûr, quand vous saurez que mes plus puissants adversaires en ont eu la primeur. Je suis un partisan résolu de ce que j'appellerai la manière forte. Je me demande si ma mentalité n'a pas été formée quand, tout enfant, j'apprenais à lire. Dans la salle qui me servait de classe je ne pouvais me lasser de regarder une belle gravure représentant Jésus, chassant les vendeurs du Temple. Avant de partir pour le Congrès, j'ai voulu revoir la chère gravure et je me suis assuré que la main divine frappait avec la même énergie.

Un éminent cardinal, qui m'honorait d'une bienveillance toute affectueuse, me poussait un jour à développer devant lui mes théories que j'appellerai extrêmes. Quand j'eus terminé, il me prit les mains, me disant : « *Vous êtes un aimable énergumène.* » Six mois après, le retrouvant dans une maison amie, il me fit l'aveu suivant : « Vous savez, me dit-il, que le peuple de Bordeaux (tant pis ! je l'ai nommé), a fait en mon honneur une manifestation inoubliable. A la sortie de mon archevêché désaffecté, la foule a dételé ma voiture et l'a traînée en triomphe jusqu'à ma nouvelle demeure. J'étais ému aux larmes et j'ai eu cependant le temps de penser à vous et à votre thèse sur le courant que déchainerait la manière forte.

On m'a fait un grand grief quand je me suis présenté comme candidat d'office au Sénat, de mon attitude violente au moment des Inventaires. Je vous demande la permission de vous en faire juges. Au moment où la gendarmerie montait la côte qui conduit à notre chère petite église de Veyries, le bon curé d'alors, qui avait (comment dirai-je ?) une âme de protestataire, sonna le tocsin. Spontanément les laboureurs voisins, au nombre d'une vingtaine accoururent, fermèrent le portail, et la barricade fut dressée. Les bons gendarmes étaient sous le porche quand j'arrivai : ma qualité de trésorier de la fabrique me faisait un devoir d'être là. Le juge de paix fit les trois sommations réglementaires, et chaque fois le cri « *Je refuse* » nous arriva de l'intérieur comme un coup de clairon. Le capitaine de gendarmerie me supplia d'intervenir ; telle la statue de la douleur, je restai muet. L'ordre fut donné d'enfoncer la porte. La poussée commença ! Ah ! messieurs les partisans de la manière douce ! je vous aurais voulus près de moi, à cette heure angoissante : le portail ébranlé tenait toujours, j'entendais le souffle oppressé des hommes arcboutant la porte de leur église. Mon émotion fut à son comble quand j'entendis à l'intérieur de fraiches voix au timbre tout spécialement poignant pour moi, entonnant le cantique : *Nous voulons Dieu.*

Si le trésorier de la fabrique dut se retourner pour cacher une larme vous me pardonnerez cette faiblesse.

La poussée ne fut pas victorieuse. « *Nous reviendrons* », me dit le capitaine, et la brigade s'éloigna. Quand elle eût disparu au tournant de [illegible], je revins vers les assiégés. Les chants avaient cessé, la barricade tomba, la porte s'ouvrit. Je n'oublierai jamais l'expression de la physionomie de ces hommes qui, sans mot d'ordre, je le répète hautement, venaient de lutter pour défendre leur église... Un mois plus tard la force armée reparut. Cette fois, la concentration, (tout comme au Parlement), avait été bien faite. Les routes qui convergent vers l'église étaient militairement gardées. En arrivant je déclinai mes titres, j'ai été le seul témoin de l'inventaire. Je refusai les clés. La sinistre besogne commença. Pauvre chère porte, elle tint bon longtemps, mais grinça enfin sous la dernière pesée. A cette minute même par un phénomène télépathique il me sembla entendre le Grand Orient qui applaudissait. Tout le reste fut brutalement odieux : les serrures de la sacristie opposèrent une petite résistance proportionnée à leur force. Le juge de paix, dont on avait exigé des études liturgiques spéciales, écrivait en leur donnant leur nom technique les objets découverts. Tout à coup je le vois inventorier un petit ciboire de vermeil que ma pieuse mère avait offert à Notre-Dame de Veyries le lendemain d'un insigne miracle (ma réception au baccalauréat), sans doute ! J'eus un mouvement de nervosité inconscient. Le bon commissaire spécial venu d'Agen pour la circonstance s'en aperçut, probablement car se rapprochant avec une déférence marquée il lui parut généreux de provoquer une digression : « *Monsieur le Conseiller Général*, me dit-il, *vous devez avoir beaucoup de gibier dans ce pays-ci ?* — « *Quelquefois*, répondis-je, glacial, *du gibier de potence.* » Mit-il ma phrase textuelle dans son rapport ? c'est probable, puisque le représentant du gouvernement m'en fit, quelque temps après, le reproche.

Ma réponse factieuse et révolutionnaire fut colportée parmi les délégués sénatoriaux qui rirent, mais ne furent pas désarmés puisqu'en trop grand nombre ils votèrent contre moi. Et voilà comment, si je m'étais mis du côté des gendarmes, et si j'avais invité le commissaire à chasser la caille, j'aurais été peut-être sénateur de Lot-et-Garonne. Ne me plaignez pas, Messieurs, je ne regrette rien !

L'anecdote de la résistance de notre petite église souvent renouvelée dans le diocèse, n'a pas une éloquence souveraine ; mais enfin ! qui oserait nier qu'elle contient — je n'ai pas la prétention de dire un enseignement — mais un indice consolant ? Si les jours s'assombrissent, si la fusillade de la persécution crépite menaçante, (je parle au figuré) Messieurs, levons-nous pour la sainte défense. Vous verrez combien nombreux s'enhardiront les timides. Nous ne sommes pas des révolutionnaires mais des citoyens profondément respectueux des lois essentielles de conservation sociale. Nous voulons à un titre égal la conservation religieuse. Nous payons tous les impôts, même celui du sang. Je sais bien que les nobles françaises qui m'écoutent ne me démentiront pas. Elles ne vous prêteront pas leurs fils, messieurs du Pouvoir, pour déformer leur mentalité dans vos écoles. Elles les donneront valeureusement à la France. Mais au moment du départ elles veulent confier à leurs petits soldats, sans que vous leur ayez appris à en sourire, le petit scapulaire de bure qui placé sur le cœur fera peut-être dévier la balle ; elles veulent qu'une cornette blanche se penche sur le cher blessé et abrite sa souffrance ; elles veulent que l'aumônier recueille sa dernière pensée et sa dernière larme. Que le sacrifice suprême se consomme. C'est poignant ! c'est horrible ! Mais, de grâce ! laissez à ces chers petits la consolation de mourir dans l'apothéose du bel idéal et du glorieux sacrifice ! Oui, nous les garderons ces libertés précieuses. Une impérieuse nécessité de foi, une sorte de famine morale secoue l'esprit moderne. Les peuples, comme les individus ont besoin du réconfort spiritualiste. Notre tempérament, notre cœur, ne peuvent s'accommoder des mornes tendances de l'athéisme antireligieux.

Mais encore une fois pourquoi cette rage ? Pourquoi ? Parce que le principe d'autorité, principe d'essence supérieure indispensable au gouvernement des nations, est le principe souverain de la Religion catholique. On a persécuté les corps par le martyre, on persécute les âmes par les idées. La douleur morale a les mêmes angoisses que la douleur physique. Ne nous lassons pas d'y trouver le stimulant de nos revendications et de nos luttes. Nous avons vu exiler, nous avons vu déposséder, nous avons vu cet odieux cambriolage des cimetières qu'on appelle la suppression des fondations ; le milliard des congrégations escompté pour les Retraites ... vrières, tombé dans le. coches malpropres d'Israélites aussi méprisables que déc On nous menace dans nos enfants. L'heure sonne où nos n talités lassées ne peuvent plus ni tolérer ni souffrir. Rappel nous que même à l'époque de la grande persécution rom tous les chrétiens ne mouraient pas dans l'arène. Et vous, dames, suivez-nous sur ce beau terrain de la défense relig se. C'est la seule circonstance où la galanterie française nous permette pas de vous céder le pas. Vous êtes les gran triomphatrices de la délicatesse, du dévoûment et du sa fice, armes merveilleuses de l'apostolat. Vous serez le sentime nous serons le courage ! Quel merveilleux ensemble pour m ter la victoire !

Quant à vous, Messieurs, laissez-moi vous adresser du p profond de mon cœur une dernière prière — la prière du fra tireur qui a passé trente ans de sa vie aux avant-postes — « *Il les fusils sur les lignes parallèles. Songez aux sentinelles alli qui combattent avec un égal courage à votre droite et à vo gauche. N'épaulez jamais que bien en face dans la direction crépitent les balles ennemies.*

*Notre mission est belle. Que notre pensée, allégée de la mati prenne ses ailes d'ange pour voler assez haut dans la pureté l'azur d'où elle n'apercevra plus les petites misères d'en l Trève aux discussions mesquines. Trève aux polémiques a miantes !*

*Répudions ce qui divise, acclamons ce qui unit !*

*Laissons nos cœurs de gascons battre librement, comme ils vent. Confondons dans un même élan deux évocations sublim La Religion, la Patrie.*

Monseigneur l'Evêque de Cahors se défend de vouloir f re une conférence après celle que l'on vient d'entendre. ajoutera quelques mots, simplement. Si la religion est cessaire, elle l'est non seulement en un jour de Congrès, m toujours ; elle l'est non pas dans certains actes, mais d tous nos actes, même nos actes de citoyens. Pourquoi d aurions-nous peur de nous affirmer catholiques toujours partout, quand nos adversaires n'éprouvent aucun scrup à nous faire la guerre ? Cette pensée de l'affirmation co tante de notre catholicisme amène Monseigneur de Cahor parler de la confessionnalité des œuvres et à rappeler, même temps que les enseignements du Pape, ceux qu'a d nés Monseigneur d'Agen dans son discours de l'année d nière à la Cathédrale d'Auch. Faisant ensuite une très opportune allusion à notre glorieuse martyre agenaise, Mgr Cézerac émet le vœu que tous les catholiques du diocèse adoptent sa fière devise : « *Fides nomine et opere vocor* », qu'ils soient catholiques par la foi et par les œuvres.

Cette simple et claire improvisation dans laquelle Mgr l'Evêque de Cahors a donné avec douceur des conseils autorisés, paternels mais très fermes, a produit sur l'auditoire une heureuse impression et provoqué de vifs applaudissements.

Une remarque, faite par Monseigneur d'Agen, termine la séance : « L'union est nécessaire entre évêques, prêtres et laïques ; après le discours de M. de Lacaze et l'allocution de Monseigneur de Cahors, notre Congrès de 1912 est une démonstration heureuse de cette union. » On récite ensuite la prière et les évêques donnent à la foule des congressistes leur bénédiction.

### JEUDI, 21 NOVEMBRE — 3me JOURNEE.

La Messe — Célébrée à N.-D. des Jacobins par S. G. Mgr de Cormont, elle réunit une belle affluence de congressistes ; seulement, comme elle commence bien à l'heure, le plus grand nombre y arrive en retard. Monseigneur d'Agen y assiste. On exécute, pendant la cérémonie, des cantiques populaires et de jolis chants au grand orgue. C'est une touchante et pieuse manifestation.

L'allocution de Mgr l'Evêque d'Aire contient un appel à l'espérance et à l'action. Telle est bien, en effet, la double leçon qui se dégage de pareils Congrès catholiques. La parole de Mgr de Cormont, claire, aisée, facile, convaincante, pénètre les âmes et pousse à de généreuses résolutions. Comme les jours précédents, les communions sont très nombreuses à la messe.

### Ire Séance — *La Famille et l'Ecole chrétienne*

Notre Congrès de 1912 est bien le plus beau et le plus suivi que nous ayons eu jusqu'à ce jour. A cette séance du matin de la journée de clôture, la vaste salle est entièrement occupée par les congressistes. Monseigneur d'Agen préside, assisté de NN. SS. d'Aire et de Cahors.

Premier rapport : l'*Education chrétienne à l'école et ses*

*heureux effets sur la vie de famille. Comment, d'autre part, l'esprit et la vie de famille facilitent l'éducation chrétienne à l'école.* Il est lu par M. F. Ducasse, avocat à Villeneuve-sur-Lot. Me Ducasse présente un travail très étudié, très clair, sûr dans la doctrine, que l'auditoire écoute avec attention. M. le Rapporteur, après avoir constaté ce que sont devenus de nos jours le jeune homme et la jeune fille et rappelé l'affaiblissement de l'esprit de famille, montre avec netteté que le désordre ne sera et ne peut être réparé que par l'éducation chrétienne. La famille ne doit pas se désintéresser de la formation de l'enfant, et donc se désintéresser de l'école. Les parents et les maîtres doivent agir de concert. Il est à souhaiter, conclut-il, que l'on crée des cercles de parents, des associations de familles, partout où cela est possible.

**_L'éducation chrétienne à l'école et ses heureux effets sur l'esprit et la vie de famille. Comment d'autre part l'esprit et la vie de famille facilitent l'éducation chrétienne à l'école :_**

**RAPPORT par M. Fernand DUCASSE**
***avocat à Villeneuve-sur-Lot.***

Messeigneurs,

Mesdames,

Messieurs,

Qui de vous n'a observé le jeune homme tel que les écoles athées le rendent à la société, alors que le temps, le frottement de la vie, parfois la douleur n'ont pu encore émousser les angles accusés de son caractère. Soigné dans sa personne comme un petit maître, très entraîné aux exercices physiques et suivant une hygiène sévère, s'entourant pour mettre de son côté, dans la lutte pour la vie qu'il va entreprendre, des précautions les plus minutieuses, tel le boxeur qui entre dans le ring, il a suivi au point de vue moral les mêmes principes. Il sait déjà flatter ceux qui dans son entourage lui seront utiles, il s'est soigneusement débarrassé de toute affection familiale exagérée comme de toute idée religieuse, aussi méthodiquement qu'il a su faire disparaître de son organisme tout tissu adipeux ne laissant subsister que le muscle utile.

Il appellera volontiers son père et sa mère ses vieux, en parlera avec honte, comme de gens inférieurs appartenant à une autre époque. Il discutera avec des hommes de soixante ans, les raillera, les traitera d'égal à égal quelle que soit leur valeur avec une assurance déconcertante, réservant son respect et son admiration à l'homme arrivé aussi trouble que soit son passé.

Si les pas de ce jeune homme s'égaraient jusqu'au milieu de vous Messieurs du clergé, je n'oserais vous promettre que très irrévérencieusement il ne touche du fer en riant aux éclats, car sa philosophie positiviste et rationnelle le recouvre pour la route qu'il veut suivre, d'un manteau autrement large et commode que notre religion et qu'il ne s'encombrera pas volontairement de poids lourds qui ralentiraient sa marche. Il est très pénétré que le but essentiel de l'existence est de se procurer beaucoup d'argent pour vivre le plus agréablement et le plus luxueusement possible, son rêve ne s'élargit guère au-delà de cet horizon. Il s'efforcera cependant d'être très séduisant et vous rendra volontiers service, si son amour-propre et son ambition qui sont sans bornes ne doivent pas en souffrir.

S'il a des défauts, ne croyez point que ce jeune homme soit dépourvu de toute qualité, la santé qu'on a su lui faire, la simplicité même de ses idées, sa logique poussée à l'excès, son absence de sentimentalité, en feront un être gai, bienvenant, qui ne ressemblera en rien au portrait que nous dépeignait l'auteur de la *Confession d'un enfant du siècle*. Souvent il sera mieux armé que nos jeunes catholiques pour réussir dans la vie, mieux préparé aux affaires parce que précisément plus positif, ayant fait des études souvent plus pratiques, guidé par des hommes ayant vécu la vie du monde : moins bien éduqué il aura aussi plus d'initiative : n'ayant enfin qu'un but unique, matériel, tangible : réussir, il y tendra avec plus de force, son esprit n'étant distrait par aucune idée de l'au-delà.

Ce jeune homme plein de force et de santé est à nos yeux cependant un être incomplet, car sa morale faite de rationalisme, d'altruisme, de naturalisme, mots dont il se servira volontiers et avec à propos dans les réunions publiques, mais dont il a su faire *in petto* une sage appréciation, est à peu près inexistante : que ce qu'il en reste chez lui n'est que le résidu atavique de notre religion, idée vague d'une morale civique inspirée de celle du Christ, de notre pure et vieille charité adoptée mais défigurée par nos adversaires.

Cette morale sans Dieu ou pour mieux dire cette absence de

morale, quel que soit son bon naturel, ne feront jamais de ce jeune homme qu'un époux et un père médiocre sinon mauvais, qu'un pauvre citoyen.

Quel sera le moyen assez puissant pour combattre les penchants, les passions de ce jeune homme, pour en faire le digne chef d'une famille, d'un foyer chrétien.

Que faudra-t-il, pour faire de la jeune fille qui a suivi parallèlement une même éducation, l'épouse, la mère que nous voulons à nos foyers.

La solution de ce difficile problème vous la trouverez en parcourant les titres des études de notre congrès dans la base même de tous ces travaux : la famille, l'esprit de famille ; et si la famille, si l'esprit de famille ne sont pas assez forts pour compléter cette éducation si imparfaite, ce sera encore sur cette même base que vous referez des parents chrétiens.

La famille, quel sujet délicat à traiter, même devant un public tout acquis et sympathique. N'éprouve-t-on pas en effet quelque pudeur à parler de son père, de sa mère, de ses frères et sœurs, de sa femme, de ses enfants ; c'est cependant tout cela la famille ! C'est cette image bénie où se reporte notre pensée dans les crises que nous traversons et dans laquelle nous puisons de nouvelles forces. Elle n'est plus, qu'elle existe encore et qu'elle se renouvelle dans les êtres aimés qui nous entourent à nouveau et à qui nous laissons nous-mêmes les traditions que nous avons reçues de ceux qui nous ont quittés.

La famille, les poètes l'ont chantée et célébrée et tous les hommes qui ont vraiment pensé, l'ont toujours considérée comme l'abrégé, le centre, et le modèle de la nation. L'union qui existe dans la famille a toujours inspiré les législateurs qui ont reproduit dans leurs codes les lois qui la font prospérer.

N'est-elle pas, suivant l'expression très juste d'un de nos littérateurs modernes, « la petit groupe sacré dont les membres « sont unis non seulement par les liens du sang, mais aussi « par l'amour le plus pur et par le respect qui descend du père « et de la mère aux enfants et remonte des enfants au père et « à la mère ; n'est-elle pas dans la petite patrie une autre pe- « tite patrie ; n'est-elle pas pour nous autres catholiques, sui- « vant la définition de Monseigneur Dupanloup, le sanctuaire « auguste de l'autorité qui crée, de l'éducation qui élève, de la « Providence qui perpétue. »

La définition de la famille vous a donné celle de l'esprit de famille, ce lien d'affection si doux, si fort en même temps, qui unit les membres de cette petite société parfaite qui existait avant tout autre, qui forme le centre, le noyau de la grande famille que doit être la nation, l'Etat.

S'attaquer à la famille, c'est donc frapper au cœur même de la nation, et c'est bien là l'œuvre néfaste, la mission que semblent s'être imposés ces fous ou ces sectaires qui veulent rayer de notre esprit, de notre vie, Dieu, la famille et la Patrie.

C'est par la famille et par l'esprit de famille vous disai-je que vous pourrez vaincre l'athéïsme et la déchristianisation si méthodiquement organisée dans notre France par les maçons qui occultement la dirigent.

C'est par leur effet bienfaisant que le jeune homme à l'âge où il est moins aveuglé par ses passions se rapproche de Dieu en se rapprochant du foyer.

Mais cette grande influence de la famille sur l'enfant, au moment où il devient capable de juger, de discerner, de discuter dans cet océan si tourmenté où se débat notre pauvre pensée. n'est-elle pas quelquefois néfaste.

Que de fois, le sourire d'un père incrédule, d'une malheureuse mère a fait plus de mal à un enfant que des années d'enseignement athée. Que d'impressions que l'on croyait fugitives chez un enfant et qui ont duré toute une vie car elles s'imprégnaient dans un cœur encore vierge.

Il faut donc que la famille, que le père, que la mère soient vraiment digne de ces noms.

Il faut en un mot, que le foyer soit profondément chrétien.

N'est-ce pas la grande voix de l'Eglise qui institua la famille sur ses véritables bases, n'est-ce pas l'Eglise qui lutta au prix de son sang contre Rome et Byzance, qui repousse encore de nos jours les lois sur le divorce dirigées contre elle, qui a fait en un mot de la famille païenne le foyer chrétien, de la femme qui n'était qu'un jouet et qu'une esclave, la reine vénérée de ce foyer.

Pour que nos foyers demeurent ou deviennent chrétiens, pour qu'ils correspondent à la définition que je vous donnais de la famille il faudra donc former de vrais pères, de vraies mères. Il faudra que dans l'éducation aux idées larges, profondément chrétiennes et élevées qui leur sera donnée, nos enfants puisent les forces nécessaires pour surmonter les difficultés, les obstacles de toute nature et souvent les plus imprévus qui ne manqueront pas de s'élever à leur foyer.

Aussitôt que le petit cœur de l'enfant tressaillera et s'inquiètera devant l'image de la mort, devant le troublant problème de l'au-delà qui se pose à son intelligence précoce, au moment où il paraît encore inconscient, la mère, avec cette sensibilité exquise, cette faculté de divination qui forme chez elle comme un sixième sens, saura consoler, élever, diriger cette petite âme sans l'attrister, suivant pas à pas son évolution. Qu'elle sache, évitant de faire de l'enfant ce que Marcel Prévost appelle avec esprit « un lardon scientifique » ne pas l'effrayer non plus par la pensée d'un Dieu redoutable, mais apprendre à ce petit être déjà pensant, à sentir le créateur dans ses bienfaits, dans la beauté et l'harmonie de la nature qui l'environne. Qu'elle évite surtout de rabaisser notre religion au niveau de fantaisistes et vulgaires dévotions ; qu'elle laisse dormir en paix dans les rayons les plus élevés de la bibliothèque familiale les saintes histoires où l'esprit du mal par trop personnifié joue un rôle trop actif, et qui, dans l'esprit de l'enfant ne feront de notre belle religion qu'une suite merveilleuse de contes de Perrault. Notre religion n'a pas besoin de tant de miracles, et la foi de l'enfant ne doit point reposer sur des bases fragiles et discutées.

Que plus tard encore le père évite avec soin de faire ou de laisser faire à son enfant ces démonstrations par trop rapides, qui ont la prétention de résoudre d'une façon trop simpliste et en quelques mots le problème de l'existence de Dieu.

Que ce ne soit qu'habitué déjà à pressentir et à désirer l'être parfait et infini auquel il aura cru jusque là sur l'affirmation du père et de la mère, poussé par les aspirations de tout son être, qu'il aborde lui-même cette angoissante étude des vérités éternelles, de l'idée de l'infini, de l'être parfait, de la grande loi morale, étude à laquelle il sera déjà préparé et qui décidera du sens de sa vie.

Mais voici le moment où l'enfant a besoin d'une nourriture plus forte, plus substantielle, où curieux de la science et du mouvement des idées qui l'entourent il devra être préparé à jouer un rôle actif dans la société et s'y faire une place ; le père et la mère seront le plus souvent incapables faute de temps ou d'instruction de continuer à s'occuper ainsi directement de lui.

Quel sera alors le rôle de la famille dans cette partie plus importante encore de son éducation ?

La famille, l'éducation, ces deux mots, les deux idées qu'ils expriment sont si étroitement unis dans notre pensée, chez nous autres catholiques, que rien ne parait devoir les dissocier et l'on est effrayé en pensant à tout ce qui a été écrit, à tout ce qui a été dit sur les rapports qui doivent exister entre les parents, l'enfant, l'éducateur.

Que de heurts de pensée, que de magnifiques joutes oratoires, lorsque les Lacordaire, les Dupanloup, les Falloux combattaient pour la liberté de l'enseignement et les droits du père et de la mère sur l'enfant, dans cette formidable lutte entre l'Eglise et l'Etat.

Le sujet est vraiment digne de toutes les disputes. Au point de vue purement spéculatif la formation morale et intellectuelle de l'homme, parait être une œuvre vraiment surhumaine, c'est suivant l'expression de René Bazin « lorsqu'on y réussit le plus grand chef-d'œuvre qui soit », il faudrait en effet pour continuer ainsi et parfaire d'une façon certaine l'œuvre du Créateur, avoir reçu une large part de son intelligence, de sa perfection, une parcelle de sa divinité. Au point de vue politique, qui a toujours beaucoup plus préoccupé nos gouvernants, l'Etat a, de son côté, le plus grand intérêt, pour diriger l'homme, à former l'enfant, et cette vérité n'a jamais échappé à ceux qui ont assumé la lourde tache de conduire une nation.

Dans quelle mesure la famille, dans quelle mesure l'Etat doivent-ils intervenir dans l'instruction, l'éducation de l'enfant ? Tel est messieurs le problème de « la question scolaire » qui, depuis des siècles, divise les esprits.

Quelle théorie doit-on choisir de celle émise par Guizot disant : « Les premiers droits en matière d'enseignement sont « les droits des familles, les enfants appartiennent aux familles « avant d'appartenir à l'Etat », ou de celle émise par Danton : « Les enfants appartiennent à la République avant d'appartenir à leurs parents. »

La théorie de l'Etat, vous la lirez dans les nombreuses dissertations de nos redoutables instituteurs syndiqués, d'après elle, la famille doit rester tout à fait étrangère à l'éducation et à l'instruction de l'enfant, qui doit être défendu même contre son père si ce dernier avait la prétention de lui apprendre sa façon de penser au point de vue religieux ; c'est là ce qu'ils appellent la liberté de l'enfant !

L'enfant d'après cette théorie n'appartient plus à ses parents, il est à l'Etat, l'Etat seul a le droit de former le citoyen et nous ne sommes nous autres pères de famille que les agents de l'Etat pour sa procréation, c'est en un mot la théorie puisée dans les philosophes de l'antiquité tels que Platon, Lycurgue qui niaient la famille comme société, mais qui plus logiques que nos instituteurs et que l'Etat, en arrivaient aussi à prôner le phalanstère.

Quelle prétention étrange cependant que de refuser au père le droit de transmettre à son enfant en même temps que le fruit matériel de son labeur, le résultat de ses études personnelles des efforts les plus nobles de sa pensée, son patrimoine le plus précieux et le plus sacré ; que de prétendre que l'enfant, sans aucune préparation, doit être laissé libre de choisir entre les grandes solutions contraires qui lui seront soumises, laissant ainsi son âme sans défense, aspirant à combler le vide immense dont elle souffre par la volonté de ses éducateurs.

Sous l'ancien régime l'Eglise enseignait à tous, ce monopole avait du moins une excuse, elle seule était instruite.

Après la Révolution il semblait que les familles dussent jouir de la liberté complète de s'adresser aux professeurs de leurs choix, il n'en fut rien et Talleyrand enleva toute illusion en demandant « que l'enseignement n'ait pas d'autre but que de « servir la constitution, qu'elle puisse en user pour jeter ses « racines dans l'âme de tous les citoyens et y imprimer à ja- « mais de nouveaux sentiments, de nouvelles mœurs, de nou- « velles habitudes. »

Si à ce moment, il semble que l'on ait eu quelque souci des droits de la famille, en instituant dans chaque canton, un conseil de cinquante deux membres nommés par les pères de famille, chargé dit le projet voté : « de maintenir les enfants « et les maitres dans la ligne étroite des devoirs qui seront « tracés aux uns et aux autres », ce souci fut de courte durée et le conseil disparut vite dès l'organisation Napoléonienne de l'Université. Dès lors l'Eglise et l'Etat jouissent tour à tour d'un véritable monopole, puis c'est ensuite la concurrence des deux écoles, ce sont après les lois Ferry de 1881 patiemment élaborées dans les officines de la franc-maçonnerie et qui forment le prologue de notre loi de séparation aujourd'hui réalisée.

Vous savez Messieurs comment l'Etat a complété son œuvre en écartant tout d'abord les instituteurs congréganistes des postes officiels, en les chassant ensuite de nos écoles libres que les catholiques, obligés de payer l'école athée avaient su dans un magnifique élan créer et rendre prospères autour d'eux, en proclamant enfin leur incapacité d'enseigner. Vous savez aussi avec quelle compréhension toute maçonnique de la liberté, après avoir supprimé nos instituteurs, après s'être emparés de nos écoles créées dans un but catholique pour en faire des écoles athées on nous a laissé dans un geste généreux mais surtout ironique l'usage de l'école libre !

Dans toutes ces lois, durant ces diverses périodes où l'Eglise et l'Université ou l'Etat se sont disputés l'enfant, quel compte a-t-on tenu de la famille, de sa volonté, de ses droits, aucun !

Tandis que nos congréganistes dans un but religieux vivaient, agissaient, enseignaient éloignés de la famille, l'Etat de son côté ne visait qu'à former le citoyen malléable, le parfait fonctionnaire de l'avenir. Congrégations préoccupées de propager leur foi, politiciens dirigeants voulant former le futur électeur, ils ont oublié que la société avait un cœur qui méritait que l'on y prêtât quelque attention lorsqu'on s'occupait de la soigner et que ce cœur était la famille.

Il semble Messieurs qu'il ait fallu le coup le plus terrible qui nous ait été porté dans cette lutte, l'expulsion de nos religieux, la désorganisation de nos écoles congréganistes, qui regorgeaient du reste des fils de nos adversaires, pour que la famille française se réveillât enfin consciente de ses droits si souvent méconnus, de ses devoirs trop négligés.

En cela nous sommes les victimes de notre caractère français insouciant, inattentif aux grandes leçons des évènements mais capables cependant dans un sursaut, d'y voir clair, d'agir rapidement, spontanément, réparant ainsi les fautes passées.

De tout temps cependant, les esprits réfléchis n'avaient pu séparer l'éducation de la famille et ce n'est pas seulement dans la lecture de Fénelon ou de Monseigneur Dupanloup que vous puiserez cette conviction. Relisez l'auteur le plus fêté de nos adversaires, celui qui au milieu des idées les plus paradoxales, écrivait au début du dix-huitième siècle des pensées qui nous sont données aujourd'hui comme les plus modernes par ceux qui traitent ce sujet si délicat de l'enfance et de l'éducation. Dans son premier livre de l'Emile, après avoir traité les collèges de son époque de risibles établissements, Jean Jacques s'exprime ainsi au sujet de l'instituteur : « Le métier de l'institu-
« teur est comme celui de l'homme de guerre, un métier si
« noble qu'on ne peut le faire pour de l'argent », et se fai-

sant poser par un père la question que nous nous posons aujourd'hui : « qui donc élèvera mon enfant ? » il lui répond, « toi-même, si tu ne le peux, fais-toi donc un ami ; pour faire « un homme il faut être un père ou plus qu'un homme et il « ajoute voilà les fonctions que vous confiez à des soins merce« naires. » Eh oui, Messieurs, le rôle des parents sera loin d'être achevé, lorsque les mères auront suivant tout le dévouement dont elles sont capables et toute la science la plus précise, la plus raffinée de la « puériculture » mené l'enfant jusqu'à l'âge de huit ou dix ans. Grâce à cette première éducation, il sera sans doute possible de faire de l'enfant un homme ; mais lorsque suivant l'usage établi chez nous vous aurez emmené votre enfant dans un froid et austère parloir, que vous l'aurez remis entre les mains d'un directeur ou d'un préfet de discipline qui le plus paternellement qu'il aura pu, se sera efforcé de vous promettre de veiller tout spécialement sur lui ainsi qu'il a dû le promettre du reste aux parents des deux cents autres élèves qui lui sont confiés, ne croyez point ce jour-là que votre devoir soit terminé.

L'angoisse, parfois l'émotion profonde que vous ressentez pères et mères au moment de cette séparation n'est point seulement nerveuse et injustifiée. C'est bien une sorte de démission de votre part vis-à-vis de l'enfant et dont il sait se rendre compte. Il sent très bien qu'il cesse dès ce jour d'être complètement votre enfant. Ce que vous faites est anti-naturel et si notre société est ainsi constituée,qu'il nous est impossible de nous charger seuls de l'éducation de nos enfants, notre devoir le plus strict est de continuer à les suivre, à nous occuper personnellement de ce qu'on leur enseigne, du cours de leur pensée, de leurs amitiés, de continuer à vivre, en un mot, avec eux comme s'ils étaient au foyer. Si nous ne pouvons nous faire suivant les idées de Rousseau des amis personnels des nombreux professeurs que lui destine sa carrière d'élève, nous avons le devoir de rester en communion d'idée avec ces professeurs, de les aider dans leur enseignement, de les seconder, de prendre à notre charge tout ce que nous pouvons de la tâche si difficile que nous leur avons confiée.

Si l'école est une école athée et si le régime adopté pour votre enfant est l'internat votre abandon est complet et coupable.

Si le régime est l'externat et si le professeur de l'école athée observe la neutralité en matière religieuse, autant qu'il lui est possible de l'observer, le rôle des parents sera des plus difficiles et ils ne rempliront leur devoir que grâce à une surveillance et une collaboration continue et éclairée.

Seule, l'école chrétienne grâce encore à la collaboration de la famille, pourra former le futur père, la future mère, capables de remplir la haute mission qui leur est destinée, de travailler au bonheur réel de leurs propres enfants en procurant la gloire de Dieu qui les leur a donnés.

Que d'enfants, messieurs, dans les familles les plus élevées de la société, même dans les écoles chrétiennes, ont été les victimes de cet abandon coupable de leurs parents, ont été rebutés par des maitres qui n'étaient pas de vrais éducateurs, qui ignoraient d'une façon complète le caractère, la sensibilité, la délicatesse de l'enfant. Que de découragements, que de véritables douleurs parfois auraient été évités à ce petit être maladroitement froissé, et replié sur lui-même, par une intervention opportune de la mère ou du père ; que d'amitiés, que d'exemples dangereux et funestes auraient été évités.

Dans les écoles athées que de pères, que de mères ont pu être justement indignés, en voyant étaler au grand jour toutes les turpitudes enseignées à leurs enfants alors qu'ils étaient encore confiants dans le texte prometteur du programme de l'enseignement primaire de 1882, oubliant que les lois Ferry, d'allure vague et obscure mais d'origine maçonnique, ne faisaient que préparer les transformations successives de notre école française.

Que de collèges ou de lycées où une surveillance plus active du père et de la mère aurait évité plus tard aux parents de cruelles déceptions.

Cette surveillance, cette collaboration plus que jamais elle est devenue nécessaire aujourd'hui, alors que dans les écoles de l'Université, les professeurs sectaires, exaspérés par la lutte, affichent et enseignent dans leurs cours, leurs doctrines antireligieuses, que d'autre part, nos écoles catholiques sont privées des religieux, qui depuis de longues années avaient étudié le cœur et le caractère de l'enfant et avaient acquis dans la science et dans l'enseignement une place trop justement enviée par leurs adversaires. Qu'enfin les hommes admirables de foi et de dévouement, qui ont consenti à les remplacer, luttent avec toute leur énergie, dans les conditions matérielles les plus difficiles, et méritent bien d'être secondés.

Ce devoir d'éducation qui, dans notre civilisation se transforme en un devoir de collaboration et de surveillance, c'est la nature elle-même qui nous l'indique ; tant qu'ils ne sont pas en mesure de gagner leur vie, tant que leur formation intellectuelle sera inachevée, les parents doivent éduquer et élever leurs enfants. Le droit divin nous l'ordonne : « Ce n'est pas seulement « pour donner la vie à l'enfant, dit Monseigneur Dupanloup, « que Dieu nous a créés à son image et à sa ressemblance et « nous a fait participer à la puissance de sa sagesse et de son « amour, c'est aussi pour développer en lui toutes les nobles « facultés qui constituent la nature et la dignité humaine.

« L'auteur des proverbes dans son style oriental si séduisant, « nous dit aussi : écoute mon fils la science de ton père et n'a- « bandonne pas la loi de ta mère, elles seront une couronne « pour ta tête, un ornement pour ton cou. »

Le droit civil lui-même, dans son genre moins poétique, proclame dans son article 203 que les parents s'obligent, par le seul fait du mariage, à élever leurs enfants.

L'instituteur, il est bon de le répéter, ne peut donc être que le délégué, le suppléant des parents, n'ayant sur l'enfant aucun droit naturel mais une autorité empruntée, l'école ne peut donc être que le prolongement de la famille. C'est ce qu'elle serait si notre pays n'était la proie de sectaires ou d'arrivistes qui, sous le nom de franc-maçons et sous couleur de société d'étude philosophique, ont su merveilleusement s'organiser au point de vue politique et se pousser vers le pouvoir en jouant de l'anticléricalisme.

Le résultat de toutes ces lois qu'ils ont su si bien préparer dans leurs convents et faire voter par le Parlement, a été la déchristianisation complète de l'école.

L'école athée a fait la famille athée, et avec le Christ a disparu le foyer chrétien et l'esprit de famille, aussi bien dans la famille ouvrière et paysanne que dans la famille bourgeoise dont je vous dépeignais la nouvelle génération au début de cette étude.

Dans ces pauvres familles où une intellectualité affinée n'a pu conserver une certaine délicatesse de sentiments, quel spectacle navrant ! L'amour filial et le respect ont aussi disparu, l'obéissance est dûe au plus fort ; les vieux qui ont peiné toute une vie, lorsqu'ils ont eu l'imprudence de faire entre leurs enfants, le partage anticipé de leurs biens, errent d'un foyer à l'autre. On leur fait au premier jour une place exigüe, ils sont ensuite mal accueillis, plus tard ils sont souvent maltraités. Nous voyons dans nos tribunaux ces pauvres êtres devenus intiles et dont les enfants souhaitent visiblement être débarrassés, mendier à leurs fils la valeur de leur pain et de leur logement, et s'en aller finir misérablement loin de leurs foyers, loin de la terre qu'ils ont cultivée et qu'ils aiment encore, loin de la treille ensoleillée où ils pensaient réchauffer leurs vieux corps endoloris. C'est l'éternel procès en pension alimentaire qui, avec les procès en divorce, encombrent nos tribunaux et dans lesquels les enfants se rejettent les uns aux autres, l'injure aux lèvres, le soin de nourrir leur père et leur mère, tâchant aujourd'hui, forts de leurs votes, usant d'appui politique de les faire vivre aux frais de la commune.

Que de maux à réparer et à prévenir, qui seraient évités par la reconstitution chrétienne de ces foyers ou des foyers à venir, par l'éducation chrétienne à l'école et dans la famille agissant en même temps sur l'enfant et sur les parents.

Avec le Christ, ont disparu l'amour et le respect qui unissaient en un bloc les membres de cette petite société parfaite et le foyer se désagrège ; il semblerait parfois que l'œuvre de nos adversaires est complète et qu'avec la religion va disparaître la famille, que nous allons entrer dans une ère nouvelle où une société collectiviste et athée, ennemie de toute initiative et de toute liberté va remplacer notre vieille civilisation chrétienne. Cela serait peut-être si notre religion subissait la loi commune de tout ce qui naît, vit et meurt, si le besoin de croire, l'aspiration de tout son être vers l'infini n'étaient aussi enracinés dans le cœur de l'homme, si, à l'encontre des paroles du Christ notre religion pouvait disparaître ; mais nos adversaires ne verront la fin de la religion catholique qu'avec la fin de tout, c'est donc avec espoir que nous pouvons la défendre en défendant la famille qui est son œuvre.

Comment agirons-nous d'une façon efficace ?

Deux rôles bien distincts doivent être dévolus à la mère et au père en dehors de l'éducation dont nous avons précédemment parlé.

La mère devra s'attacher à faire de sa maison le foyer, c'est-à-dire le nid aimé de l'enfant. Elle l'ornera de tout ce qui l'attire et l'intéresse, elle peuplera la mémoire de l'enfant de doux souvenirs qui ramèneront plus tard, comme inconsciemment, le vieil enfant, au site où s'est écoulée sa première jeunesse. Il faudrait ne pas connaître les petits pour ignorer ce culte du souvenir qui existe chez eux à l'âge de quatre ou cinq ans et qui les fait déjà parler avec une voix lointaine et émue de faits qui remontent à peine à l'année précédente.

Elle saura entourer son enfant de bons camarades qui contribueront encore à lui rendre agréables le lieu de leurs réunions.

Elle n'oubliera pas enfin, en vrais disciple de celui qui fit au monde la plus grande promesse d'amour et de fraternité, que le foyer ne s'arrête pas pour elle au cercle de ses enfants, mais laissant de côté et à d'autres toute morgue irraisonnée et ridicule, elle étendra sa sollicitude et ses bienfaits à tous ceux qui, plus humbles, font aussi partie du foyer et ont besoin eux aussi d'être guidés, consolés, aimés et qui créeront autour de l'enfant cette atmosphère de respectueuse affection qui feront le foyer vraiment chrétien.

Les pères, en dehors de leur collaboration directe à l'instruction de l'enfant, devront encore prendre une part active à la défense de la famille, ils le feront en créant autour d'eux des cercles de parents ou sociétés d'éducation familiale, dans lesquelles les parents et les instituteurs se réuniront pour étudier en commun et traiter les questions pratiques d'éducation, les meilleures méthodes à employer pour leurs enfants et d'adaptant le mieux aux habitudes de leur région.

Ils le feront encore en créant des associations de familles qui surveilleront l'instruction et l'éducation donnée aux enfants dans les écoles et qui sauront protester avec opportunité contre les enseignements fantaisistes des sectaires qui saliraient l'âme de leurs enfants.

Ils n'oublieront pas enfin que leur devoir de citoyens catholiques est de s'employer par tous les moyens à faire rapporter les lois sectaires d'oppression qui mettent en France les catholiques dans une situation d'exception et qui semblent n'avoir été votées que par des bâtards de la Révolution Française dont ils se recommandent à tort. Ils s'appliqueront par leur vote et par tous les moyens d'action dont ils peuvent disposer, à faire adopter par les municipalités et par le Parlement le seul régime normal de Représentation Proportionnelle Scolaire dans lequel l'argent prélevé par l'impôt ne servira pas exclusivement aux écoles d'une catégorie de citoyens, mettant ainsi les parents chrétiens dans l'obligation de payer deux fois.

En agissant ainsi ils feront œuvre non seulement de catholiques mais de Français, puisque, en travaillant pour la famille, ils auront fortifié le cœur même de la Patrie.

M. l'abbé Siréra, qui prend le premier la parole dans la discussion, reconnaît l'utilité des cercles de parents pour aider, avec les instituteurs chrétiens, à la formation religieuse de la jeunesse. A la demande de Mgr l'Evêque, M. Ducasse explique comment ils fonctionnent en Belgique où ils ont été déjà établis. M. le général Bonnet cite un certain nombre de ces associations qui existent chez nous. Monseigneur et M. l'abbé Siréra estiment que l'on pourrait, pour arriver à un résultat pratique, prendre pour base les Comités scolaires.

La question des associations de familles amène l'intervention de MM. de Vivie et Labat-Martinelli. M. de Vivie voudrait que les associations de familles remplissent le rôle des cercles de parents. M. Labat préfèrerait deux groupements distincts. L'un et l'autre s'accordent à reconnaître qu'il faut réunir dans les associations de familles le plus grand nombre possible de parents dont les enfants vont à l'école laïque. C'est l'avis, nettement formulé, de Monseigneur de Cahors et de M. Botet de Lacaze qui demande que l'on fasse en ce sens une campagne d'opinion.

Au sujet de la répartition proportionnelle scolaire, M. le général Bonnet annonce un grand meeting que l'on va bientôt tenir à Paris et qui aura sa répercussion dans tout le pays. Monseigneur l'Evêque réclame une fois de plus que l'on fasse, sur ce sujet important, beaucoup de conférences.

Deuxième Rapport : *Utilité pour l'esprit de famille d'une formation pratique et professionnelle des enfants à l'école chrétienne. Comment la famille doit aider à cet égard les instituteurs libres.* M. le Directeur de l'Ecole libre de Marmande traite ce sujet en praticien habile et expérimenté. Son rapport est complet, ordonné, méthodique, appuyé sur d'intéressantes statistiques qui viennent confirmer ses conclusions. La disparition de l'esprit de famille cause l'abandon du foyer. Il y a deux moyens d'y rémédier : par l'école chrétienne et la famille. L'école chrétienne doit donner à l'enfant une formation : 1° pratique, en développant chez lui le sens des réalités et les aptitudes ; 2° professionnelle, par l'apprentissage, par l'enseignement technique, industriel, commercial, et en favorisant de préférence la profession paternelle. La famille doit aussi sa collaboration à cette double formation pratique et professionnelle ; elle doit confirmer l'enseignement de l'école et en faciliter l'application. Quelques vœux fort intéressants servent de conclusion à ce rapport.

### *Utilité pour le développement de l'esprit et de la vie de famille, d'une formation pratique professionnelle des enfants à l'école chrétienne*

### RAPPORT de M. SEGOND,

*Directeur de l'Ecole libre de Marmande*

Messeigneurs,
Mesdames,
Messieurs,

On lisait en tête des colonnes de *La Croix* du 19 septembre dernier, la surprenante statistique que voici : « A Paris pour 20 places de garçon de bureau à l'Hôtel de Ville il y a 7.000 candidats ; pour 22 places de concierge dans les écoles, il existe 5.200 requêtes ; pour 7 emplois de commis au Mont-de-Piété, il se présente 2.300 postulants ; pour 350 places de cantonnier, il y a 35.630 demandes.

« Soit une moyenne de 125 candidats par place.

« Pour les emplois féminins il en va à peu près de même : « 3.000 candidates par exemple pour 50 places au Métropolitain ; 6.000 aspirantes pour 25 nominations par an à la Banque de France.

« Soit environ 100 demandes par place. Cela fait donc 124 hommes et 99 femmes qui échouent dans leurs démarches et leurs espoirs contre 2 qui réussissent... »

Et, ajoutait le rapporteur attristé de cette statistique, on éprouve toujours un serrement de cœur lorsqu'on lit des informations comme celles-là.

Elles sont attristantes, en effet, et il serait bien difficile, Messieurs, de ne pas en concevoir de grandes craintes.

Cet envahissement de la capitale et des grandes villes par la province, cette ruée formidable des jeunes vers les places, c'est la désertion organisée du sol, c'est, à bref délai, la destruction complète de la famille, cellule vitale et nécessaire pourtant de toute société.

Peut-on concevoir indices plus terribles pour un peuple, que ceux qui accusent ainsi un germe implacable de dissolution sociale, un manque d'équilibre entre les diverses classes, un malaise général et contagieux parmi les jeunes générations surtout.

Pour les combattre, et les combattre à outrance, il n'est jamais trop tôt ni trop tard. C'est le rôle de tous et de chacun en particulier dans sa sphère d'action. Personne n'a le droit de se déclarer inutile, à plus forte raison indifférent.

Ce sera une des gloires de ce beau Congrès, et un des mérites de votre glorieux épiscopat, Monseigneur, d'avoir mis à l'ordre du jour de ses travaux, et en bonne place, cette grande question de la restauration de la famille.

Votre âme d'Evêque, il est vrai, toujours si avertie et si affectée des maux profonds dont souffre notre époque, ne pouvait ne pas concevoir cette heureuse et féconde initiative.

Que ne suis-je aussi digne qu'honoré, Monseigneur, d'en être, en ce moment, le dévoué collaborateur. Permettez-moi de déposer ici publiquement à vos pieds avec l'aveu sincère de mon insuffisance et l'expression profonde de ma reconnaissance, le doux espoir d'une particulière bienveillance de votre part..

C'est dans les termes suivants qu'a été conçue et exprimée la pensée maitresse qui va servir de thème à ce court travail :

Utilité pour le développement de l'esprit de famille d'une formation pratique et professionnelle des enfants à l'Ecole chrétienne. — Comment la famille doit aider à cet égard les instituteurs libres.

Deux nécessités sociales se dégagent de cet énoncé :

Première nécessité : Il faut à tout prix, ressusciter et développer l'esprit de famille.

Deuxième nécessité : Il faut que l'Ecole chrétienne donne aux enfants une formation pratique et professionnelle. Il faut que la famille l'aide dans cette œuvre de formation par une collaboration constante et dévouée.

Rappelons en deux mots, avant d'aborder l'étude de ces deux idées, ce que l'on doit entendre par *esprit de famille.*

C'est, dit un auteur (*Philosophie des frères des Ecoles Chrétiennes*) le vif sentiment de solidarité et d'affection qui réunit tous les membres d'une famille ; il se manifeste par l'accomplissement de tous les devoirs familiaux, et par le zèle à prendre en toute occasion la défense des siens. Il a comme patrimoine la religion, les vertus des ancêtres, l'honnêteté des proches, l'honneur du nom familial. Il met en tête de ses obligations celle de conserver ce patrimoine intact et de l'agrandir encore si possible.

Son lieu d'habitation ce sont les vieux murs de la maison ancestrale : reliquaire sacré que les générations se succédant, peuvent restaurer et embellir, mais jamais démollir.

Qui dit esprit de famille dit : attachement à la vieille maison, aux champs, aux traditions religieuses, aux souvenirs, aux vertus des ancêtres.

C'est, on le voit, tout un héritage précieux, un culte sacré, et combattre pour leur défense, c'est partager avec les aïeux la plus noble des luttes : « *pro aris et focis* » pour les autels et les foyers.

Constatons d'abord que l'Ecole (dans son sens le plus général) a bien failli sur ce point à son devoir et à ses obligations.

L'instruction de beaucoup de jeunes Français est non seulement nulle (le nombre beaucoup trop grand des illettrés le prouve tristement) mais encore mal orientée.

Il y a dans le petit enfant une âme immortelle qui a soif d'éternité. — L'Ecole moderne lui a fermé beaucoup trop les horizons éternels et rapetissé bien en deçà de ses désirs le bonheur immense pour lequel elle se sent faite. — De là, désillusion, désenchantement, malaise, rêves de plaisir, d'affranchissement complet pour se le procurer. — Il faut jouir vite et beaucoup.

L'enfant a une intelligence pour comprendre le vrai et l'utile, un cœur pour l'aimer, une volonté pour le servir. Et l'enfant, entraîné par une morale étroite et utilitaire a beaucoup trop compris, aimé et servi ce qui lui sert présentement — à lui individu isolé — et n'a pas assez saisi les relations de religion vis-à-vis de Dieu, de charité vis-à-vis du prochain.

Dieu a donné à l'enfant des bras et des mains, et pour les occuper : le travail.

C'était du devoir de l'Ecole de rapprocher d'abord et de faire sympathiser ensuite dans le cerveau de l'enfant ces deux idées de vie humaine et de labeur ; c'était son devoir aussi d'inspirer et de modérer sagement le libre jeu des préférences dans le choix des carrières. Elle ne l'a fait qu'imparfaitement, et voilà pourquoi à l'entrée de certaines professions se produit à l'heure actuelle l'inévitable encombrement dont nous venons de parler, tandis que sur le seuil de certaines autres le dégoût, le manque de vocation.

Au point de vue professionnel la faillite n'est pas moins réelle. Ne sachant pas retenir la jeunesse à la campagne elle a méconnu d'autant le secret de conserver des bras à l'agriculture et c'est un fait universellement constaté aujourd'hui que les fermes vivent non par les fils de famille, mais par les machines agricoles ou les bras étrangers.

Et dans les villes l'industrie et le commerce ne demandent-ils pas des ouvriers et des techniciens expérimentés ? Et l'école n'a pas su davantage les leur préparer.

Que faut-il donc pour remédier à cette situation regrettable ? Il faut que l'Ecole, et l'Ecole chrétienne surtout qui nous occupe en ce moment, s'applique sans retard à donner à l'enfance une *formation pratique et professionnelle.*

Une formation pratique, c'est-à-dire qui puisse être reçue, et qui mette en jeu les *aptitudes* de l'enfant.

Il faut donner à l'enfant autant que possible *le sens des réalités* et clore définitivement pour lui l'ère des « Châteaux en Espagne. »

C'est parce qu'on a trop fait miroiter à ses yeux un idéal chimérique, qu'on l'a détaché de la petite vie plus humble, mais plus sûrement heureuse qui devait être la sienne.

L'enfant, la jeune fille qui entrent à l'école avec leurs 6, 7 ans, n'y apportent encore aucune ambition ni aucun choix de vie déterminée d'avance. Suivez leurs causeries enfantines, vous y surprendrez fréquemment des entretiens sur ce que fait à la maison le père ou la mère, et s'il y a à prendre parti pour tel ou tel genre d'occupation, l'enfant range d'instinct ses préférences du côté de la profession paternelle ou maternelle.

Pourquoi dès lors l'Ecole ne surveillerait-elle pas, ne favoriserait-elle pas cette tendance irraisonnée encore, je le veux bien, mais suffisamment indicative cependant ? Pourquoi devant une classe de fils de paysans au lieu de parler de raffinements dans le luxe, l'habitation, les voyages, de l'amour du lucre, des plaisirs de la ville, des théâtres ? Pourquoi au lieu de concréter le tout dans un exemple pris entre tels ou tels anciens élèves de l'Ecole dont l'extérieur un peu plus verni après quelques mois de séjour à la ville remplit de convoitise les yeux de ce petit auditoire... ? Pourquoi, dis-je, au lieu et place de tout cela l'instituteur ne s'appliquerait-il pas à mettre dans tout son relief le beau côté de la petite profession paternelle, en en découvrant les avantages, en indiquant au besoin les moyens de l'améliorer, en montrant la douce possibilité de goûter à son exercice, une somme bien raisonnable de tranquillité, de paix et de bonheur.

Combien plus utiles, plus pratiques seraient ces leçons, et combien mieux elles serviraient la cause que nous défendons en ce moment.

L'Ecole chrétienne doit *faire aimer la profession paternelle* et *montrer à l'enfant* que c'est là en général qu'il doit chercher son bonheur.

Elle doit encore étudier et diriger ses aptitudes.

*L'aptitude* est une réunion de qualités qui rendent une personne capable de réussir dans une direction plutôt que dans une autre. Dieu a mis ces dispositions, ces qualités dans le cœur même des enfants. Quelquefois l'aptitude se révèle d'une manière précise et nettement tranchée, d'autrefois elle n'est qu'un germe, mais ce germe est susceptible d'accroissement.

C'est le rôle de l'école de l'éveiller, de le cultiver et de l'amener à parfaite éclosion. Que d'exemples d'anomalie et d'incompatibilité ne découvre-t-on pas dans le recrutement des diverses professions ?

Tel jeune homme n'entend rien aux spéculations et on le destine au commerce, à l'industrie, aux finances ! Tel autre n'a aucune aptitude physique ni morale pour l'Armée ou la Marine et on le fait inscrire à Saint-Cyr ou à l'Ecole Navale.

Voici une jeune fille anémiée, pauvre de talent autant que de santé, ne soyez pas étonnés de la rencontrer dans les bureaux du Central, à Paris, aux Ponts et Chausées, ou aux guichets du Métropolitain, tout autant d'étouffoirs où la guette la mort et une mort rapide.

Et les sous-sols, les cuisines, véritables tombeaux, vous y rencontrerez, étiolés et amaigris, des visages et des bras qui, hier encore, au contact de l'air des champs et en pleine vie de ferme étaient l'image de la santé, mais qui, transplantés dans ces fournaises, ne peuvent ni s'y acclimater, ni s'y développer, ils ne peuvent qu'y mourir et à bref délai. Et si vous pénétrez dans le domaine intellectuel que de surprises encore !

Tel professe une vocation d'écrivain ou de journaliste qui serait bien mieux à l'aise à l'atelier ou à l'exploitation d'un domaine. Tel autre avec les meilleures qualités de l'esprit ou du cœur fait piteuse mine à la tribune ou dans les assemblées parce que son caractère timide s'accommode mal de la vie extérieure et publique.

Que de contre sens ne pourrait-on pas découvrir encore ! Et

tout cela parce que l'Ecole et la famille n'ont pas fait suffisamment leur œuvre.

C'est donc une nécessité pour l'Ecole chrétienne de connaître à fond les enfants qui lui sont confiés et pour les connaître elle doit les étudier.

Que chaque maître y collabore de toute son âme, depuis le maître de la petite classe jusqu'au titulaire de la plus élevée. Il faut surveiller, épier, noter la conduite de l'élève. Tout sert de point de repaire : travail, succès, piété, récréations, relations. L'expérience d'un professeur doit passer et servir au professeur de la classe suivante. Les qualités particulières, les aptitudes remarquées, doivent être soigneusement relatées dans le Livre des Elèves et surtout patiemment cultivées et dirigées tout le long de l'année scolaire, plus que cela, durant tout le séjour à l'école. Et alors, le moment venu d'orienter définitivement sa vie, ce sera tout naturellement, qu'en règle générale, l'enfant devenu adolescent suivra la voie qui lui aura été préparée et conseillée, et ce sera toujours pour lui, la meilleure et la plus sûre.

L'école chrétienne doit donner une *éducation pratique*. Elle doit encore donner une *formation professionnelle*.

Il y a dans la vie de tout jeune adolescent, qu'il s'agisse de garçons ou de jeunes filles, une heure décisive : c'est celle du choix d'un état de vie. On a écrit d'excellents articles, des ouvrages même, sur ce sujet.

C'est à croire presque qu'ils sont restés lettre morte, car, un fait constaté, c'est qu'au sortir de l'école nos jeunes gens sont mal préparés à choisir une carrière et plus mal préparés à la remplir. Cela ne devrait exister qu'à titre d'exception si l'école et la famille s'acquittaient bien de leur mandat.

Bornons nos réflexions aux trois grandes branches de *l'Agriculture*, du *Commerce* et de *l'Industrie*. Il nous sera facile de montrer l'action bienfaisante que l'Ecole chrétienne doit exercer dans ces trois grands rayons de l'activité humaine.

Il faut que l'Ecole donne des bras à l'agriculture, des ouvriers et des techniciens au commerce et à l'industrie.

*L'Agriculture d'abord.* — Un médecin de Gascogne, M. Emmanuel Labat, a consacré à cette question un excellent article « la vocation paysanne et l'école » paru dans la *Revue des deux mondes*, du 1er juillet 1912.

Il y accuse nettement l'Ecole de ne pas faire en général son devoir envers elle. « La terre qui nous nourrit, dit-il, est la principale source de notre richesse et de notre puissance ; elle est au premier rang des influences qui ont déterminé la personnalité morale de la France et formé le génie national. L'école malgré ses très louables efforts, dit-il, ne fait pas tout son devoir envers elle. »

Que doit donc faire l'Ecole pour ne plus mériter ce reproche ? Il faut :

1° Qu'elle fasse aimer la terre.

2° Qu'elle cultive la vocation de l'agriculture, qu'elle l'encourage.

Ce que nous allons dire s'applique aussi bien aux jeunes filles qu'aux garçons. Aux premières il faut faire aimer le ménage, à ceux-ci la vie des champs.

C'est par le cœur en effet qu'on tient à la terre et à la terre natale.

L'Ecole ne peut ni ne doit l'ignorer, et un de ses principaux devoirs est de réchauffer constamment dans le cœur de l'enfant l'amour sacré du sol qui y éclot naturellement.

Il en est de la terre comme des personnes : il n'en faut jamais mal parler. Il ne faut pas davantage l'appeler ingrate, cruelle, marâtre. Tout cela sonne mal à l'oreille et au cœur du petit-fils du paysan qui ne connait guère qu'elle. Pourquoi pas plutôt comme le conseille M. le docteur Labat, ne pas exhalter jusqu'à l'enthousiasme cet amour inné reçu de l'hérédité et du milieu ? La première affection est celle du cadre où l'enfant est né et où le métier doit retenir sa vie. Pourquoi ne pas la développer ?

La prise du village sur l'âme des jeunes était telle autrefois, que quelques-uns, devenus soldats, ne se consolaient pas de l'avoir quitté. Les médecins militaires nous ont laissé d'émouvantes descriptions de ce curieux mal du pays qui frappait plus d'un conscrit, brisait ses résistances physiques, le couchait sur un lit d'hôpital et fermait à jamais ses pauvres yeux parce qu'ils étaient privés de la douceur de l'horizon natal ! Cette prise sur l'âme bien moindre aujourd'hui est encore très forte au moment où l'enfant devient écolier. Qui oserai blâmer un instituteur de l'agrandir encore et de donner à ses élèves quelques germes de nostalgie ?

Pour y bien réussir, une circulaire récente du ministre de l'instruction publique recommandait aux maîtres l'étude de la géographie et de l'histoire locales, pour en mêler l'enseignement à celui de la géographie et de l'histoire nationales.

Cette heureuse méthode ne peut que resserrer les liens entre l'enfant et le petit coin de terre qu'il connait le mieux, et dont l'histoire l'intéresse à un si haut degré.

Il faut en second lieu cultiver la vocation agricole.

« Le petit paysan qui, à l'âge de 6 ans, entre à l'école pour « la première fois est bien un appelé de l'agriculture, un ap- « prenti de la terre : on peut même dire qu'il l'a été en quel- « que sorte en naissant. »

Comment résister au plaisir de citer ici en entier la délicieuse page où M. Labat expose les origines de la culture de cette vocation. « Pendant les pluvieuses journées d'hiver, dit-il, alors que le travail ne presse guère, la mère a souvent porté le nourrisson à l'étable chaude, et, en manière de jeu, elle l'a mis à califourchon sur le dos de la vieille vache au regard mélancolique et indifférent. Dès qu'il a pu marcher il a saisi un bâton, et, matin et soir, très sérieusement, comme la mouche du coche, il s'est employé à faire entrer et sortir le bétail.

Aux semailles d'automne, quand les guérets sont fins et doux, le père assis sur la herse l'a pris dans ses bras et il a tenu les guides. Dans ses conversations avec les autres écoliers, il racontera qu'il sait labourer et il a labouré en effet.

La main agrippée au mancheron de la charrue, à côté de celle de son père, il a suivi le soc de ses petits pas, il a répété les vieux commandements aux trainantes intonations, il a enflé sa voix pour lancer les jurons qui tendent les jarrets et courbent les nuques des attelages ; au bout du champ, pendant que les bêtes soufflent, il s'est retourné pour contempler le travail fait, le sillon droit et long, d'où s'échappe une buée légère ; il a aspiré à pleins poumons l'odeur salubre de la terre, et senti déjà, lui aussi, dans son cœur, la joie et l'orgueil du beau labour. »

« Mais, continue tristement le même écrivain, arrivent les années d'école « grand et solennel voyage » de l'imagination à travers le monde matériel et le monde des idées, et quand il revient « au lendemain du certificat d'Etudes, quand nous cheminons côte à côte, comme il y a six ans, entre les haies odorantes du petit chemin creux, l'écolier ne chante plus le fier couplet des grands bœufs gris aux cornes noires. »

La vocation agricole est morte ou si malade que les dangers qui vont fondre sur elle l'auront vite achevée.

Pourquoi ? Le programme scolaire comprend pourtant l'enseignement agricole ! Sans doute, mais cet enseignement ne s'adressant qu'à la cervelle et non au cœur, la source superficielle qui en découle se retourne plutôt contre la vocation. « La dizaine de livres que l'écolier traine dans son sac — et parmi ceux-ci plus que les autres peut-être — le petit livre d'agriculture — lui donne des sentiments suspects pour ses parents et le métier. »

Quel piètre résultat que celui-là et combien déplorable ! L'École chrétienne doit donc à tout prix cultiver *l'admiration* du petit paysan pour tout ce qui touche à la culture de la terre. Elle doit faire plus encore, elle doit exiger, dans la mesure du possible, que ses instituteurs restent agriculteurs dans l'âme. Autrefois, écrivait dernièrement M. Duval Arnould, conseiller municipal de Paris, un fils de la terre en se faisant maitre d'école gardait l'âme paysanne » ce qui n'exclut nullement « une véritable élégance intellectuelle et morale. » Il n'en est plus ainsi et si le docteur Labat cite le cas d'un maitre d'école, très bien noté par ailleurs, labourant avant la classe matinale, ce n'est qu'à titre d'exception.

Quel puissant moyen d'action cependant que l'exemple et comment douter de son efficacité ! Que l'école chrétienne possède donc des instituteurs agriculteurs par la pratique si possible, en tous cas par les connaissances techniques.

Il ne sera pas difficile alors d'introduire dans leurs classes non seulement ce qui fait aimer, ce qui cultive la vocation de l'agriculture mais encore ce qui l'encourage.

L'encouragement à l'école peut se donner sous diverses formes :

1° Lui faire une place importante dans les programmes.

2° Faire souvent des compositions — orienter les diverses leçons de style, d'orthographe, de géographie, d'arithmétique vers les données agricoles.

3° Les examens périodiques sont aussi d'excellents moyens de contrôle des leçons déjà données.

4° Etablir des concours entre les élèves d'une même région.

5° Création ou visite de fermes-écoles ou de propriétés bien tenues.

6° Examen public de fin d'année avec délivrance de diplômes et de prix aux élèves et aussi aux maitres.

Qu'il me soit permis d'ouvrir ici une parenthèse et de rendre un hommage tout particulier à M. Lefèvre, avocat à Marmande, et président de l'Union des Syndicats agricoles de la région garonnaise, qui le premier dans le pays, s'occupa de l'enseignement agricole scolaire, devançant ainsi de quinze ans les décrets ministériels. Grâce à sa compétence et à son dévouement il fut établi une section agricole à l'Ecole libre de Marmande. Les résultats obtenus ont été satisfaisants et, en ce moment, il semble qu'un faisceau de bonnes volontés surgisse un peu partout dans la région. Merci donc à ce vaillant pionnier agricole !

Une organisation semblable existe pour l'enseignement professionnel des jeunes filles dans la région du Sud-Est.

Le programme est divisé en quatre parties : la femme à la maison — la femme à la ferme — la femme au jardin — travail de l'aiguille et repassage — parfois des leçons de coupe et de cuisine et un cours de tenue du ménage.

Il existe, à ma connaissance, une école de ce genre marchant à merveille, à Aubin, département de l'Aveyron. M. le Curé se ferait un plaisir de donner des renseignements sur sa création et aussi sur les résultats obtenus.

L'Ecole chrétienne doit non seulement conserver des bras à l'agriculture mais encore préparer des ouvriers et des techniciens au commerce et à l'industrie. Et, ce faisant, elle servira encore excellemment la cause que nous défendons ici : la rénovation de l'esprit de famille.

Il y a plus, en effet, que les fils de la campagne qui abandonnent le foyer familial : les petits citadins suivent le mouvement quand ils ne le commandent pas. Il importe donc que l'école mette entre les mains de ces jeunes gens ou de ces jeunes filles un bagage scientifique suffisant pour retirer un profit raisonnable des petites industries ou des petits commerces locaux.

Il faut faire aimer le petit métier manuel aux enfants.

Quelle faute pour l'école de le représenter comme un pis-aller, un gagne pain pénible réservé aux mauvais élèves !

Après y avoir attaché le cœur, l'école doit encore y adapter la main. Et cela par un apprentissage convenable et un enseignement technique, commercial ou industriel suffisant.

*L'apprentissage.* — Plus que jamais le vieil adage est vrai : c'est en forgeant qu'on devient forgeron.

Pourquoi faut-il qu'il n'y ait qu'un cri dans l'industrie et le commerce, pour proclamer que l'apprentissage se meurt, qu'il n'y a plus de bons ouvriers, et que déjà on est obligé de recourir à la main-d'œuvre étrangère !

Ce n'est pas d'aujourd'hui assurément que date cette décadence de l'apprentissage. Constatée vers 1862 à la suite de l'exposition de Londres, accentuée par les événements de 1870, elle se révélait en 1902 dans des proportions alarmantes. M. Briat résumant l'enquête à laquelle venait de procéder la section permanente du conseil supérieur du travail constatait que dans 119 professions sur 221 relevées, l'usage de l'apprentissage a disparu ou est entrain de disparaitre ; que l'habitude du contrat d'apprentissage se perd de plus en plus et n'existe que dans la proportion d'un dixième, (en 1860 la Chambre de Commerce de Paris constatait que sur 25.540 enfants mineurs, de moins de 16 ans, placés dans l'industrie, 4.523 étaient encore engagés par le contrat écrit). Quelle diminution par conséquent ! et si encore les certificats d'apprentissage délivrés offraient de sérieuses garanties de capacité ! mais combien sont délivrés par pure complaisance !

Et ce qui est vrai pour l'apprentissage l'est encore pour l'enseignement technique, commercial ou industriel. Nous sommes, là-dessus, dans un état d'infériorité manifeste sur les pays qui nous entourent, notamment sur la Suisse, la Belgique, l'Autriche, l'Allemagne.

Une statistique établie l'an dernier sur ce sujet, relevait la situation suivante : « En ce qui concerne l'enseignement technique supérieur nous ne pouvons opposer aux 5.000 jeunes gens qui sortent chaque année des Universités allemandes, que les deux à trois cents élèves de notre Ecole Centrale, les 20 ou 30 ingénieurs des Ponts et Chaussées et une centaine d'étudiants ayant terminé leurs études dans des Ecoles Supérieures de Commerce.

Aux 500.000 élèves des écoles techniques de tout degré en Allemagne, nous ne pouvons opposer que les 95.000 au grand maximum, qui reçoivent chez nous, tant aux Ecoles de l'Etat qu'aux Ecoles libres et dans divers cours, un enseignement professionnel. Le chiffre est loin d'être en proportion avec celui de la population des deux pays ! La Belgique et la Suisse, avec une population de beaucoup inférieure à celle de la France, donnent ce même enseignement, la première à 70.000 jeunes gens et la deuxième à 80.000. »

Voilà la situation : il importe de l'améliorer et il n'est pas permis à l'Ecole chrétienne de refuser son concours.

Comment ? Par la création d'ateliers, d'écoles pratiques. En faisant comprendre aux enfants qu'un élève rebelle aux finesses de la grammaire n'est pas pour cela un propre à rien, que le premier de la classe ne dérogera pas en maniant l'outil du relieur, de l'ébéniste, du serrurier, du charpentier et de tant d'autres métiers qu'ont illustrés chez nous de merveilleux artisans.

Nous venons de voir comment par le développement des facultés morales et des aptitudes de l'enfant, par la culture de sa vocation, par la restauration de l'apprentissage et de l'enseignement technique, l'Ecole Chrétienne peut et doit remplir son rôle vis à vis de la famille.

Je devrais bien clore ici cette étude déjà un peu longue. Mais comment éviter, Messieurs, la question qui court en ce moment sur vos lèvres ?

Et la famille ? Qu'en faites-vous ? Quelle place lui donnez-vous dans cette œuvre de formation ? Deux mots de réponse seulement.

Il n'est pas possible d'ignorer, à plus forte raison d'écarter ici systématiquement la collaboration des parents. C'est à eux tout d'abord et en premier lieu qu'appartient l'éducation des enfants. M. Vigué, professeur au Grand Séminaire de Poitiers, l'affirmait encore dernièrement avec énergie et autorité dans son livre sur l'éducation.

Leur rôle ne cesse pas au seuil de l'Ecole. Là autant qu'au foyer familial ils sont chez eux. Est-il mauvais qu'il en soit ainsi ? « J'ai toujours désespéré, a dit Mgr Dupanloup, des enfants pour l'éducation desquels je n'avais pour moi ni le père ni la mère ; mais toutes les fois que j'ai été appuyé par un père et une mère dignes de ce nom, il n'y a pas d'éducation si difficile qu'elle ait été que je n'aie vue bien finir. »

Ce sera très utilement qu'au point de vue intellectuel, par exemple, les parents se tiendront au courant des notes, du travail et des places de composition de leurs enfants. Il est des écoles où tous les devoirs une fois corrigés sont remis à l'élève, pour qu'à son tour ils les communique à ses parents. L'œil observateur d'un père ou d'une mère a bientôt fait de découvrir les points faibles : application, réflexion, mémoire, attention en classe et de faire avec efficacité des remontrances.

Un moyen par lequel se révèle et se cultive tout particulièrement l'esprit de famille c'est la correspondance. L'enfant et la jeune fille, surtout pensionnaires, s'y révèlent avec tout leur cœur, et d'habitude avec franchise. C'est le thermomètre de l'amour filial, et, ne pas le consulter fréquemment, serait, semble-t-il, de la part des parents, une négligence coupable. Ce que la correspondance ne permet pas de faire au même degré pour les externes, les conversations et les lectures y suppléent.

La collaboration familiale n'est pas moins utile au point de vue moral.

Quels immenses services les parents rendraient à l'instituteur ou à l'institutrice en leur faisant, sous les yeux de l'intéressé, en toute loyauté, un petit croquis des tendances bonnes mais surtout mauvaises de l'enfant. Que de temps gagné, que de faux pas, de froissements, de larmes peut-être évités !

Nous croyons, dit un éducateur, qu'un des principaux devoirs des parents est de se tenir en parfaite harmonie avec les instituteurs de leurs enfants. « Loin de les blâmer, de les critiquer, ils doivent les appuyer franchement, comme aussi soutenir vigoureusement la discipline de l'école. Certains trouveront peut-être le principe un peu absolu. Les maitres n'ont-ils pas leurs défauts ? Ne peuvent-ils se tromper ? N'y a-t-il pas des erreurs et des abus dans les sanctions pénales ? Et par suite ne faut-il pas entretenir dans l'enfant ce sentiment de justice qui porte à regimber ? Sans méconnaitre ce qu'il peut y avoir de vrai en tout cela, nous croyons qu'il y a incomparablement plus d'inconvénients à ébranler l'autorité qu'à la soutenir. Laisser sentir à l'élève qu'on prend parti pour lui, c'est ruiner l'influence du maitre, c'est rendre sa tâche impossible. Combien il est facile d'invoquer pour sauvegarder la discipline, des principes supérieurs : le bien général, le respect de la loi, la nécessité de se plier à une règle malgré les imperfections de tout ce qui est humain !

Et que les parents veuillent bien se tenir en garde aussi contre un défaut dont les enfants abuseraient : la crédulité. Sans parler des petits menteurs qui trompent effrontément, nombreux sont ceux qui dans un conflit savent mettre le beau rôle de leur côté, en ne disant que la moitié des choses. Il ne faut pas se laisser prendre à ce piège, il ne faut recevoir ces allégations qu'avec la plus grande réserve, en cas de besoin recourir au directeur qui a qualité pour remettre les choses au point ; mais ne jamais blâmer un maitre, ne jamais admettre les dires de l'enfant sans les avoir vérifiés : voilà l'attitude que nous croyons pouvoir conseiller pour le plus grand bien de tous.

Que peut enfin la famille au point de vue professionnel ? Elle peut apporter à l'école un concours particulièrement efficace dont la résultante sera l'attachement au foyer familial.

L'Ecole, avons-nous dit, doit prêcher l'amour de la profession paternelle ou maternelle. Et la famille donc ? N'est-ce pas son premier devoir ? L'enfant a du goût, des préférences, de l'inclination, d'abord pour ce qu'il voit.

Comment dès lors ne pas blâmer ces trop nombreux médisants de leur propre gagne pain. Quelle autorité restera à la parole du maître si le père où la mère la discréditent au foyer ou à la table commune par un exposé trop souvent répeté de la dureté du travail, de l'insuffisance du gain, de la gène qui s'obstine et d'un bien-être qui fuit toujours.

L'enfant et la jeune fille sont tout yeux et tout oreilles. Et comme ils sont logiques aussi, ils ne manqueront pas de dire que ce n'est pas très sérieux ce que leur dit le maître, et que puisque le métier est dur et ingrat il n'y a qu'à trouver mieux.

Que de parents se font ainsi les complices de la désertion de leurs fils. Il n'est donc que temps de réagir et de réagir par tous les moyens.

Les parents ont-ils un métier ? Qu'ils le montrent et l'honorent comme la Providence quotidienne de la maison. Il a nourri les ancêtres, il fait vivre les générations présentes, il suffira aux générations à venir. L'aimer, le perfectionner, voilà la devise qu'ils doivent donner à leurs enfants.

Sont-ils agriculteurs ? Qu'ils fassent aimer la terre, qu'ils les fassent vivre avec la terre, qu'ils les initient à leurs secrets de production.

C'est ainsi que le père dira à son fils que le blé sera plus beau si le trèfle, la luzerne ou les fèves l'ont précédé dans le champ, que la terre profondément défoncée emmagasine l'eau des pluies de l'hiver, que les sarclages répétés la maintiennent, que la vigne ne pousse pas où ne croissent ni le genêt ni la fougère.

Ce sont ces entretiens journaliers qui créeront peu à peu ces liens d'affection et cette connaissance expérimentale qui, au sortir de l'école, auront déjà fait de l'enfant ou de la jeune fille des agriculteurs ou des ménagères presque expérimentés.

Ces parents ainsi avisés ne seront pas de ceux qui se laissent griser par les succès scolaires et trouvent leurs enfants trop intelligents pour leur succéder dans leur travail. Nous ne pouvons pas ne pas signaler en passant ce grand écueil, surtout dans notre Midi.

L'an dernier la Société d'agriculture du Lot-et-Garonne a même constaté que pas mal de ses lauréats ne voyaient dans leurs succès que la justification d'ambitions nouvelles très éloignées de la terre.

Faut-il pour cela cesser ces encouragements ? Loin de nous cette insinuation. Dans les succès de leurs fils les parents ne doivent voir qu'une assurance qu'ils seront d'excellents agriculteurs. « Voilà mon fils, disait un jour un paysan à un directeur d'école primaire supérieure, son ami, apprends-lui tout ce que tu voudras, et le plus sera sans doute le mieux, mais rends-le moi décidé à labourer. » (Dr Labat).

Les parents sont-ils commerçants ou industriels ? La même ligne de conduite s'impose : Modérer sans cesse les rêves irréalisables, les grandes ambitions, conseillères des plus audacieuses entreprises et trop souvent, hélas, des plus lamentables ruines ; prêcher la bonne conduite, l'économie et l'honnête gestion enrichir le foyer beaucoup plus de bonne réputation que de trésors, se rappeler que mieux vaut bonne renommée que bourse pleine.

Et tout cela sera plus que suffisant pour créer autour de la maison paternelle une atmosphère de joie, de douce vie, à laquelle le gars de la ferme ou le fils de l'ouvrier ne pourront se soustraire.

Ce sera la vie de famille bien établie et maintenue dans son véritable esprit. Et ainsi sera atteint le plus beau résultat que puissent se proposer l'action simultanée et combinée de l'Ecole chrétienne et de la famille.

En résumé et comme conclusion de ces quelques pensées, qu'il nous soit permis d'exposer ici des vœux dont la réalisation pourrait ne pas être sans quelque utilité pour la famille.

Que dans les Ecoles de filles soient créés des cours d'enseignement ménager se rapprochant autant que possible de ceux établis dans la région du Sud-Est et à Aubin.

1er vœu. — Que dans les Ecoles de garçons soient sérieusement établis des cours agricoles avec la collaboration d'hommes compétents.

Qu'il soit donné dans toutes les écoles une idée des termes employés dans le commerce. Qu'il y ait un cours de droit commercial et de tenue des livres.

Que dans les centres ouvriers soient établis, si possible, des cours professionnels.

Que tous ces travaux soient contrôlés par un jury compétent. Qu'il y ait des récompenses pour les élèves et aussi pour les maitres.

2me vœu. — Que la famille, l'école, les comités, les bienfaiteurs usent de toute leur influence pour maintenir l'esprit de

**famille et ne pas faire des déclassés. Mieux vaut un diplôme de moins et avoir à la terre ou à l'atelier un bon ouvrier de plus.**

La discussion s'ouvre ; elle sera très courte car le temps fuit. Mgr Cézerac veut que l'on cherche les moyens de garder les enfants à la campagne et que dans les promenades, par exemple, les instituteurs leur apprennent à lire dans le beau livre de la nature, pour leur donner l'amour des champs.(1) Monseigneur d'Agen fait un appel en faveur des cours ménagers, puisqu'ils ont été établis dans le diocèse.

En fin de séance, M. le général Bonnet, ainsi que Monseigneur l'avait annoncé la veille, parle avec conviction et émotion de la belle œuvre de l' « Accueil du Soldat chrétien » à laquelle il consacre toute son activité et tout son dévouement. Cette question du sauvetage moral des soldats a bien droit à une place dans la réunion des Congrès catholiques. En quelques mots le général Bonnet souligne la nécessité et explique le mécanisme de l'OEuvre. C'est plus spécialement aux laïques qu'elle s'adresse ; ce sont des laïques qui, dans les villes de garnison, doivent être ses correspondants et venir en aide au clergé.

## RAPPORT du GENERAL BONNET
### *sur la maison d'accueil du soldat*

Messeigneurs,
Mesdames,
Messieurs,

Je viens vous entretenir de nos devoirs envers les soldats chrétiens ; sujet qui m'est cher et que 40 années passées dans la troupe me font bien connaître. Tout en comptant sur votre bienveillance, j'ai le sentiment que plusieurs d'entre vous estimeront que je jette une fausse note au milieu d'un programme combiné pour être harmonieux. J'en conviens ; et c'est pour cela que je suis si reconnaissant à Monseigneur d'avoir acquiescé à ma trop tardive demande. Il a fallu toute son indulgence et toute sa largeur d'idées pour me permettre, non seulement de troubler son programme, mais d'y introduire une question qui est forcément

---

(1) Voir dans la *Revue des Deux-Mondes* (1910-1911-1912) les belles études sur cette question, dans notre région, par notre savant compatriote, le Dr Labat, de Laplume.

interdiocésaine, puisque, le soldat étant originaire d'un diocèse et en garnison dans un autre, le soin de son âme entraine, pour chacun, la responsabilité des autorité religieuses des deux diocèses. Que de fois j'ai entendu dire, ou bien : « Le recrutement de tel régiment est mauvais, cette année, il est fourni par un diocèse où l'on est si peu chrétien », ou bien : « Les conscrits de notre pays se gâtent parce qu'ils sont en garnison dans des villes où leurs principes ne trouvent pas de point d'appui. »

Ce sont des réflexions que l'on fait, pour ainsi dire à la cantonnade, mais qui ne trouveront leur expression et leur entrainement dans la voie du progrès que dans des Congrès interdiocésains. Qu'est-ce qui fait tant progresser, en France, les questions d'éducation religieuse, d'école, de patronages, de cercles d'études ? Ce sont les Congrès diocésains. Or, comptez, si vous le pouvez, combien de fois ou de centaines de fois, chacune de ces questions a été étudiée, discutée, élucidée, et comparez avec le nombre infime des Congrès qui se sont occupés du *sauvetage* moral et religieux des soldats.

Oui, sauvetage ! J'insiste sur ce mot et je vais chercher à vous prouver, par les faits, qu'il n'est pas exagéré.

Vous avez tous constaté combien nos jeunes gens de 20 ans, habitants des villes ou des campagnes, sont fiers d'eux-mêmes et joyeux d'être désignés, par leur âge et leur vigueur physique, pour servir la France dans l'armée active. Sans doute, il y a quelquefois excès de gaité dans les cortèges que forment les conscrits de demain autour du drapeau tricolore. Mais, dans les autres moments, celui qui cause avec eux à cœur ouvert s'aperçoit que leurs idées se sont élevées et qu'il y a, dans leur esprit, une auréole autour du devoir, rude mais brillant, que la patrie leur impose. Au point de vue religieux, leurs prêtres sont contents d'eux : pas de défection à l'approche du départ, et, au contraire, on remarque, aux messes du départ, voire même aux retraites préparatoires, des conscrits qu'on ne pensait pas y voir. Jusqu'au moment des adieux, il y a un *Sursum Corda* général. C'est dans ces dispositions qu'ils se dirigent vers la ville inconnue dont ils seront, pendant deux ans, les hôtes, et qui, dans leurs prévisions, va fêter leur entrée, leur souhaiter la bienvenue, pavoiser en leur honneur.

Illusions d'enfant ! On ne leur a donc pas dit que notre temps est le temps des bonnes affaires, et qu'en vertu du principe : Les affaires sont les affaires, toute ville qui a la jouissance d'un régiment, compte les estomacs, suppute les appétits des soldats et en déduit ce qu'ils rapporteront à ses diverses caisses, mais n'a aucun souci de leurs cœurs et de leurs cerveaux, organes non évaluables en monnaie courante ? Non ; on ne leur a pas dévoilé ces bassesses, mais l'eût-on fait, que leur orgueil juvénile et le sentiment naïf du charme de leurs vingt ans les auraient empêchés d'y croire.

Dès l'arrivée à la gare, la désillusion commence ; personne pour les attendre, ni pour les honorer de quelque attention ; seul le sergent de service prend possesion d'eux et les numérote pour les conduire en rang à la caserne ; dans les rues, quelques coups d'œil curieux, comme on en donne aux prisonniers, mais rien de cordial, pas un de ces regards d'amitié que l'on peut escompter. Ils ont dès maintenant le sentiment que cette indifférence des habitants ne se démentira pas ; leurs cœurs si dilatés se resserrent ; ils se sentent en exil. Il leur sera permis d'user des rues et des trottoirs pour y passer leurs longues heures de loisir, mais il faut renoncer à tout accueil en maison honnête ; les gens de cette ville ont leurs habitudes, leurs relations, leur chez eux, et ce n'est pas pour ces oiseaux de passage que sont les soldats de deux ans, qu'on va tout déranger. Et puis quel avantage peut-il y avoir à connaître des soldats ? Ils ne sont même pas électeurs !

Pour ceux des conscrits qui sont accoutumés à l'appui de leurs familles ou des Œuvres de jeunesse, la déception est dure, la perspective est inquiétante et déjà leur moral se sent bien chancelant.

Et qu'adviendra-t-il le jour où, sachant bien porter la tenue et rendre les honneurs, on aura la permission de sortir en ville ? Quelque camarade entreprenant s'offrira avec insistance à sortir avec le conscrit, surtout s'il sait son porte-monnaie garni : il se vante de connaître la ville et tous ses bons endroits : mais ses belles paroles n'inspirent que peu de confiance. Ah ! si, seulement on pouvait alléguer qu'on est attendu dans telle maison, qu'on a des amis ici ou là, on échapperait à ce guide suspect : mais non, aucun bon accueil à escompter ; il faut accompagner les camarades et il se trouvera finalement que les bons endroits qu'il vous a fait connaître sont de très mauvais lieux.

Messieurs, c'est là le même fait qui se reproduit chaque année, pour nos jeunes chrétiens, dans maintes garnisons. Je ne dis pas qu'ils succomberont dès le premier jour, mais si l'isolement moral persiste, si aucun sauveur ne survient, la volonté d'éviter les mauvais lieux faiblira devant les tentatives, dix, vingt, cent fois répétées.

Aussi, que de défections, que de chutes, pendant les 2 ans de service, même chez ceux qui étaient partis les plus résolus à bien faire ! Et, vraiment, la culpabilité ne retombe-t-elle pas sur nous, catholiques, qui mettons si peu d'empressement à faire savoir à ces jeunes gens qu'ils ont, dans leur nouvelle ville, nombre de coréligionnaires qui les recevraient avec plaisir ?

C'est de cette constatation et de ce remords qu'est née l'Œuvre d'accueil des soldats chrétiens, qui est une des principales branches d'activité de l'Association de pères de famille dont je suis président. Elle est organisée comme il suit : Dans chaque ville de garnison, un ou plusieurs correspondants, généralement fournis par la Société de St-Vincent de Paul ou par la Jeunesse Catholique ; à Paris, un président qui centralise les demandes d'appui et les répartit entre les correspondants. Dans toutes les villes où il y a Retraite préparatoire ou Messe de départ, les demandes sont faites par les conscrits eux-mêmes ; ils reçoivent des cartes postales à l'adresse du Président et les lui renvoient dès qu'ils connaissent leurs numéros de Compagnie ; la carte est transmise, de suite, au correspondant local qui convoque le jeune soldat ou va le quérir à la Caserne. Partout où il ne peut y avoir distribution de cartes MM. les Curés sont priés d'envoyer au Général Bonnet (1) les noms (avec indication des numéros de régiment et de Compagnie) de leurs conscrits chrétiens désirant un appui ; jamais un jeune homme ne doit être recommandé à son insu.

La lettre envoyée par le Président aux correspondants contient toujours, après la désignation des soldats, la phrase suivante : « Nous espérons que vous voudrez bien vous intéresser à eux, les convoquer chez vous pour leur plus prochaine sortie et leur faire les honneurs de votre ville, au point de vue catholique. Nous vous serons particulièrement reconnaissants de les présenter au prêtre désigné pour s'occuper des soldats, ainsi qu'aux directeurs d'Œuvres de jeunesse qui pourront leur assurer les moyens de passer sainement leurs heures de loisir. »

Vous allez me dire, Messieurs : cette Œuvre est sans objet pour les villes qui, comme la nôtre, ont une Maison du soldat. Voici ma réponse : D'abord, permettez-moi de vous féliciter et de vous dire combien je suis fier, avec vous, de cette fondation ; c'est parce que je savais Monseigneur et son clergé plus préoccupé que tous autres du sauvetage des âmes des soldats

(1) 8, Avenue de Basseuse, Versailles.

que j'ai tenu à me mettre en contact avec un auditoire, vibrant dans le même sens que moi. Pratiquement, deux cas peuvent se présenter : Si M. l'Aumônier, après le départ de la classe, conserve, comme clients zélés, des soldats de toutes les Compagnies de votre 9e régiment, il emploiera chacun d'eux à amener à la Maison du soldat les conscrits chrétiens de sa Compagnie, et notre correspondant lui sera inutile ; dans le cas contraire, le correspondant amènera les recommandés des Compagnies avec lesquelles les communications de M. l'Aumônier ne sont pas assurées. Mais, lors même que notre Œuvre ne serait pas utile à la garnison d'Agen, en raison de votre belle fondation, elle restera utile aux conscrits de tout le diocèse qui sont envoyés dans des garnisons n'ayant pas les mêmes ressources.

Notre Notice sur l'Accueil des soldats chrétiens (dont je vais me permettre de vous distribuer des exemplaires) contient cette phrase : « Le recrutement de nos correspondants étant assuré, il reste à trouver les moyens pour qu'aucun des conscrits vraiment chrétiens ne leur échappe. » Il y a là, comme vous voyez, une doléance sur le trop petit nombre de recommandés (mille par an, dont très peu du midi) et un point d'interrogation au sujet des mesures à prendre pour accroître ce nombre. Je serais reconnaissant à Monseigneur de mettre tout à l'heure, cette question en délibération. Je me permettrai aussi de demander conseil sur un autre sujet qui me laisse perplexe. Tout récemment, un Aumônier m'a écrit : « Je ne cherche pas le nombre, je préfère une élite ; n'est-ce pas votre avis ? » Comme d'autres Aumôniers rendent compte qu'ils ont des baptêmes, des premières Communions, des régularisations de mariages, il me semble qu'il y a beaucoup de bien à faire à l'égard de ceux qui ne constituent pas, tout d'abord, une élite. Je serais heureux d'avoir votre opinion.

Quant aux assertions, d'intérêt religieux et patriotique, qui dominent ce Rapport, je crois que nous sommes tous d'accord, et si je les énumère en terminant, c'est plutôt par désir que vous propagiez, avec toute votre ardeur méridionale, le mouvement en faveur des soldats chrétiens.

1° Aucune période de la vie n'est plus importante que celle de 20 à 23 ans, parce que c'est l'age de la lutte entre la foi et les passions ; de l'issue de cette lutte dépendront la valeur et la dignité des foyers qui vont se fonder, après le service militaire, et, par conséquent, la valeur de la génération suivante.

2° Le service militaire, par sa régularité, sa discipline, sa certitude du pain quotidien, ses appels au calme et au sang froid, met l'esprit des jeunes gens dans de meilleures conditions que la vie courante pour apprendre à réfléchir et à opter entre le bien et le mal ; c'est donc le meilleur moment pour les entourer de bons et affectueux conseils.

3° Le contact de la chambrée entre jeunes gens élevés chrétiennement et jeunes gens sans religion met l'esprit des premiers en présence des contradictions incessantes qui les troublent ; ils sentent le besoin de se confier à de plus instruits qu'eux qui lèveront leurs objections ; dans aucune circonstance, ils n'ont donc plus besoin de points d'appui que pendant cette période de vie commune avec les ennemis de leur foi et de leurs bonnes mœurs.

4° Dans ce rôle de point d'appui, il y a place pour les fidèles en même temps que pour les prêtres ; il importe que les Catholiques prouvent aux soldats que, s'ils sont en minorité dans la ville, comme eux dans la chambrée, du moins, ils savent, bien mieux que les autres, pratiquer la charité, l'affection et l'appui mutuel. Laisser dans l'isolement un soldat chrétien, quand on est chrétien soi-même, apparait comme une faute inexcusable.

Enfin, Messieurs, je termine par le mot de Mgr de Ségur, si souvent cité, bien qu'il soit dur à entendre : A quoi bon vos efforts pour l'éducation de l'enfance et de la jeunesse, si vous reculez devant l'effort nécessaire à la sauvegrde de la foi et de la moralité du soldat ? C'est la mentalité qu'il emporte du régiment qui sert de base non seulement à son avenir, mais à celui de la France puisque tous les Français sont, tour à tour, soldats.

M. l'abbé Lafougère dit en quelques mots ce qui se fait pour les soldats à Agen et Monseigneur exprime le désir que l'on s'occupe des œuvres militaires.

M. de Laville-Montbazon, interrogé par Monseigneur, cite un exemple intéressant de répartition proportionnelle scolaire, celui de la commune de Verteuil. Au nom de M. le Secrétaire général du Congrès, Mgr l'Evêque recommande la souscription au compte-rendu de notre intéressant Congrès diocésain.

Il est près de midi quand la séance est levée.

## 2e Séance. — La Famille et les Œuvres de Jeunesse

Le temps est toujours un peu maussade ; les congressistes ne le sont pas. Le Congrès bat son plein ; l'ardeur, au lieu de se ralentir, s'avive d'heure en heure. Même pour les séances de travail, la salle Félix Aunac est devenue trop étroite ; la place manque et plusieurs ont le regret de s'en aller. Décidément, les congrès catholiques sont entrés dans nos habitudes et nos mœurs.

La dernière séance de travail est occupée par la lecture et la discussion de trois rapports. M. Jean Poujoula, de Villeneuve-sur-Lot, étudie les *avantages moraux que la famille peut retirer des œuvres de jeunesse (jeunes gens), et ce qu'elle doit faire pour celles-ci.* Il le fait d'une façon précise et complète. M. le rapporteur réfute d'abord l'objection qui s'élève parfois contre les œuvres de jeunesse que l'on accuse d'éloigner le jeune homme du foyer. Le meilleur moyen de garder chez l'adolescent l'esprit de famille et l'amour du foyer, c'est de lui enseigner la foi chrétienne et les vertus morales qui en découlent. Et voilà ce qu'il apprendra précisément dans les œuvres de jeunesse ; il y sera préservé d'abord et formé ensuite dans son esprit, dans sa volonté, dans son cœur. Les parents aideront donc ces œuvres et leur donneront leurs enfants, leur argent, leur dévouement et leur amour.

Les vœux émis tendent tous à l'union de la famille et des directeurs d'œuvres de jeunesse pour la fondation, le maintien ou le développement de ces œuvres nécessaires.

Le rapport de M. Poujoula, d'une solide logique et d'une belle tenue littéraire, reçoit une très élogieuse approbation de Monseigneur.

### *Avantages moraux que la famille peut retirer des œuvres de jeunes gens. Ce qu'elle doit faire pour ceux-ci*

**RAPPORT par M. Jean POUJOULA, de Villeneuve-sur-Lot**

Messeigneurs,

Mesdames,

Messieurs,

Comme il n'y a pas de chrétiens sans amour, il n'y a pas de chrétiens sans prosélytisme, et ce que je vous demande avant tout dès aujourd'hui, c'est d'embrasser le monde dans votre ambition. Vous ne sortirez jamais assez de vous même pour y être puissant ; jamais vous ne croirez assez pour vous, si vous ne croyez pas pour les autres. Ne dites pas : je veux me sauver ; dites-vous : je veux sauver le monde. C'est là le seul horizon digne d'un chrétien, parce que c'est l'horizon de la charité.

Il me semble voir dans ces quelques mots du Père Lacordaire. tout un programme de vie chrétienne et la raison d'être même des œuvres de jeunesse dont j'ai à vous parler. Pourquoi faut-il qu'au milieu même de sa famille le jeune homme qui veut s'y livrer ne trouve trop souvent que critiques et obstacles. Nous connaissons tous beaucoup de familles chrétiennes dont tous les membres pratiquent isolément la religion catholique et où cependant on parle, on pense, on agit avec une mentalité plus qu'à demi païenne. Le Christ a sa place dans la vie personnelle, mais il ne domine ni la vie familiale, ni la vie sociale. Que si, parmi ces gens sages, un jeune vient qui paraît croire que « c'est arrivé », on se moque très fort de cet emballé ; et le jour où il veut entrer dans les œuvres pour servir le Père qui est dans les cieux, pour entraver son intitative généreuse, les prétextes ne manquent pas.

Les œuvres de Jeunesse, dit-on, détruisent la vie de famille. On n'est jamais là le soir. Ah ! j'en connais beaucoup qui ne fréquentent pas les œuvres de jeunesse, cercles d'études ou patronages. Ils ne sont pas davantage là le soir, et je ne crois pas qu'il soit nécessaire de faire ici la délicate, mais facilement concluante recherche de l'excellence comparée de ces deux absences.

Quant au fait de compromettre notre avenir, de détourner notre activité du devoir professionnel qui doit l'emporter sur tous les autres, on nous permettra de penser qu'il y a une hiérarchie des biens. Quand la guerre éclate, le patriote quitte sa famille et court à la frontière. Or, nous vivons dans le désordre d'une société anormale. Il y a longtemps que dans la plupart des foyers est mort l'esprit familial. Ce n'est pas en restant chez soi dans le calme et la paix, ou en s'isolant dans la prospérité qu'on le fera renaitre. A l'heure où les foyers sont menacés, quand demain peut-être ils seront emportés par la tempête, nous croyons que c'est un devoir de quitter la quiétude de ces foyers pour nous lancer dans la mêlée. La sécurité particulière ne subsiste qu'en apparence quand la sécurité générale n'existe plus. C'est donc travailler pour la famille que de chercher à faire autour de soi de la lumière et de l'ordre au prix de son repos personnel, dût-on pousser même jusqu'au sacrifice des avantages apparents.

A côté d'ailleurs de ces considérations générales, je voudrais montrer que l'intérêt bien compris de la famille milite encore en faveur des œuvres de jeunesse par suite des avantages moraux qu'elle ne peut manquer d'en retirer, avantages d'où résultent pour la famille vis à vis de ces œuvres des devoirs qu'expliquerait à elle seule la reconnaissance.

Quel est le père, quelle est la mère qui ne se sont surpris parfois de rêver de leur fils à vingt ans ? Ils aiment à se l'imaginer simple, bon, affectueux. Son âme généreuse et pure, débordante de dévouement cherche naturellement le bien et l'accomplit sans peine. Mais pour cela, il faut préserver d'abord l'enfant des influences délétères capables de s'exercer autour de lui, ensuite développer dans son âme un faisceau de forces morales susceptibles de faire échec aux mauvais instincts.

Nous ne croyons pas que l'œuvre de préservation consiste à faire de l'enfant une plante de serre chaude, soigneusement tenue à l'abri de tous les vents. A le tenir en des lisières trop étroites, on court le risque de le laisser désarmé contre le mal le jour — et ce jour viendra sûrement — où il ne sera plus possible de le garder sous le regard maternel, où il faudra le lancer dans la vie. L'enfant a une activité à dépenser ; il faut un but aux énergies débordantes d'un cœur de dix-sept ans. C'est l'heure où, comme le demi dieu antique, il trouve au carrefour du chemin la vertu et le vice prêts à guider sa vie. Dans un esprit livré à l'inaction, la place est prête pour le désordre des pensées les plus incohérentes. Pour se distraire de l'ennui, que l'oisiveté ne manque jamais d'amener à sa suite, entraîné par le charme de sentir, comme dit Bossuet, l'homme cherche des consolations et des jouissances ; il se devient un fardeau à lui-même ; la moindre passion qui l'attire suffit pour l'entraîner. Il est sans forces contre les hommes et contre les choses. Bientôt, l'esprit s'émousse, le cœur se flétrit, la volonté s'affaisse, les sens s'exaltent outre mesure, l'homme spirituel et religieux s'amoindrit. — Ne vous paraît-il point que dans nos groupes de jeunesse justement le jeune homme trouvera un milieu sain et fort qui le préservera de ces inconvénients en disciplinant ses ardeurs intempérantes, en utilisant sa bonne volonté inquiète. Son intelligence occupée de problèmes sociaux et religieux sera d'autant plus éloignée des préoccupations malsaines. Et si vous trouvez parfois puériles et peu soucieuses des contingences ses ambitions juvéniles, n'en souriez pas ; car, écrit le Père Coubé, l'homme n'accomplit jamais qu'une partie du bien qu'il a rêvé à vingt ans : mais s'il n'a rien rêvé, sa jeunesse est stérile. Peu à peu, d'ailleurs, il trouve dans ce rêve un aliment pour son âme qui s'élève et trouve un but à son activité. L'imagination est enchainée à des pensées graves et sérieuses ; les écarts du cœur sont prévenus ou arrêtés parce qu'il est toujours renfermé dans un cercle d'action déterminé. Tant il est vrai, comme dit Bossuet, que le meilleur moyen d'arracher les mauvaises passions c'est d'inspirer de vigoureuses passions pour le bien : Les herbes ne poussent pas dans les champs bien cultivés.

Et plus encore, dans sa lutte contre les influences mauvaises qui l'enveloppent, le jeune homme trouvera une force nouvelle dans la puissance de l'amitié. Le cœur de l'homme, a-t-on dit, ne peut pas plus vivre sans ami que l'œil ne peut vivre sans lumière. Et quoique un ami soit nécessaire à tous les âges et dans toutes les circonstances de la vie, il ne l'est jamais autant que dans la jeunesse, parce qu'alors le cœur qui n'est pas plein d'une affection noble et sainte s'emplit facilement d'amours sensuelles et coupables. Et c'est surtout — seulement pourrait-on presque dire — dans nos groupements de jeunesse que le jeune homme pourra se créer cet ami. Il faut le reconnaitre, on a coutume, dans les pensions chrétiennes, de déployer contre l'amitié des précautions multiples. Il se développe si facilement chez l'adolescent un sentimentalisme tel que l'on redoute — et avec raison — des affections particulières qui pourraient être nuisibles au bon ordre, à la discipline et parfois même à la morale. On les défend donc sévèrement. Mais s'il est nécessaire que nous soyions mis à l'abri dès notre jeune âge des dangers que peut faire courir le sentimentalisme à nos esprits incertains, il serait nécessaire aussi que l'éducation de notre cœur soit faite et que nous puissions le remplir de ce sentiment que Lacordaire appelle : le plus libre, le plus pur et le plus profond des sentiments de l'homme. Et parce que, comme le dit le Père Didon, le premier fondement de l'union des âmes est l'harmonie des convictions personnelles parce que les « amitiés durables sont celles qui sont fondées sur la foi aux mêmes objets éternels » (Ste Beuve) il me semble que nulle part mieux que dans nos œuvres de jeunesse l'adolescent ne pourra enchaîner son cœur à une amitié forte et puissante, car là plus qu'ailleurs il pourra trouver un cœur aspirant au même idéal que lui et qui l'aidera à l'atteindre. Cependant, cette amitié ne sera pas seulement un préservatif contre le mal, elle sera une force pour le bien. Il est des cœurs dont l'amour pour nous devient une sorte de consécration. Par leur pure foi en nous, ils nous enchaînent au devoir et à la vertu. Pour n'avoir point à rougir devant cet autre soi-même, il arrive que l'on fait pour l'exemple le geste de vertus que l'on regrette de ne pas avoir. Et l'on se prend peu à peu à ce jeu. Ce qui n'était qu'un geste devient une habitude morale. L'amitié a déterminé les premiers pas vers le meilleur ; son attrait vainqueur a été le point de départ de profondes transformations morales.

Voici donc les premiers avantages que la famille va retirer des œuvres de jeunesse : donner à l'esprit et au cœur du jeune homme des aliments susceptibles de le garder d'aventures douloureuses pour le cœur des parents. Mais il y a mieux encore. Car il ne suffit pas pour garder une âme de la préserver. Plus l'enfant s'approche de l'âge d'homme, plus il sent augmenter en lui la violence des passions. C'est l'heure où la plus grande somme de forces normales est nécessaire. Et dans la religion seulement il puisera les énergies salutaires. Une forte formation religieuse doit donc s'ajouter à l'œuvre de préservation. Pour cette formation, certes, rien ne vaut une école chrétienne. Là, il est possible de pratiquer l'enseignement religieux non seulement par la leçon, mais encore et surtout, — et c'est celui qui peut vraiment actionner la conduite —par la pratique et par l'exemple. Cependant, on ne peut le nier, pour nombre de parents, il y a une impossibilité de fait à placer leurs enfants dans ces écoles, soit par suite des difficultés qu'ils en retirent, soit parce qu'elles n'existent pas chez eux. Et une des grandes douleurs des parents c'est de voir grandir des enfants chez lesquels, faute de formation religieuse suffisante, le sens chrétien n'est plus à l'unisson du leur. C'est un autre flambeau qu'ils portent dans leur course. La continuité de la pensée chrétienne est brisée ; la famille n'est plus formée que de membres juxtaposés qui demeurent presque étrangers les uns aux autres, car la parenté du sang s'altère quand l'union des âmes ne la consolide pas. Et parce que l'unanimité morale est un bienfait, nous voyons pour la famille un avantage éminent dans les œuvres de jeunesse où dans les cercles d'études le jeune homme apprendra le dogme chrétien, se développera ainsi intellectuellement et moralement et deviendra le continuateur de ceux qui l'ont précédé dans la vie. Nous ne verrons point, — comme il est malheureusement trop fréquent — le fils accueillir d'un sourire narquois les prières faites en commun par sa famille ou traiter de superstition les dévotions de sa mère. Nous ne le verrons point aller vers l'erreur attirante pour ses passions juvéniles — marcher vers les fausses lueurs par goût de paradoxe ou par esprit de contradiction, se faire une âme de révolté et se retrouver un jour désemparé, moralement fini, cependant que les parents abandonnés pleureront au foyer désert l'enfant prodigue et que la mère, nouvelle Monique, priera peut-être en vain pour sa conversion.

En outre, comme le dogme ne va point sans la morale, et que de l'adhésion de l'esprit au principe découle naturellement une pratique, le jeune homme que l'œuvre de jeunesse aura gardé et fait meilleur chrétien, apportera dans la vie quotidienne des qualités dont l'existence familiale sera embellie. Dans l'amour, il puisera la force de supporter sans acrimonie les petits froissements de la vie commune. Il apportera un esprit accueillant dans les mille discussions qui surgissent souvent dans la famille et qui, sans la vertu chrétienne, aigrissent les caractères et divisent les cœurs. Et l'humilité lui apprendra, comme l'ignorent trop de jeunes gens ressemblants au portrait que l'on vous faisait ce matin de l'adolescent moderne, à ne point dédaigner des parents dont l'instruction fut peut-être moins étendue, mais qui ne lui sont pas inférieurs, car c'est à la valeur de l'âme que l'homme se mesure.

En face de cette situation, quels sont les devoirs pratiques des parents vis à vis des œuvres de jeunesse ??

En premier lieu, ils donneront leurs fils. Ce sera pour eux le meilleur moyen de seconder ces œuvres et d'en profiter.

A leur intérêt s'ajoute d'ailleurs un devoir rigoureux. En ce moment surtout nous avons besoin d'une jeunesse morale et religieuse. Laisser les forces généreuses du jeune homme qui suivant la belle expression du Père Coubé « porte en son âme la sève d'énergie et d'amour, source des abnégations rédemptrices », laisser ces forces s'user dans l'apathie serait une lourde faute. Il y a une obligation morale à placer l'enfant dans le milieu le plus favorable à leur harmonieux épanouissement.

Ils donneront encore, — et je prie que l'on m'excuse de paraître vouloir alourdir d'une charge nouvelle des budgets déjà fortement grevés — ils donneront leur argent. J'avoue qu'il est profondément regrettable de mendier sans cesse, mais c'est une chose nécessaire ; car ici, comme partout, il est bien difficile de rien faire sans subsides.

Plus que tout enfin, la famille apportera aux œuvres de jeunesse son dévouement et son amour. On ne s'intéresse vraiment qu'à ce que l'on aime, et l'indifférence jamais n'est génératrice de résultats féconds. Seule la sympathie peut devenir productive. Vous vous intéresserez aux efforts de vos fils, vous les aiderez à prendre conscience d'eux-mêmes. Vous prendrez au sérieux leurs préoccupations et leurs rêves ; car croire que quelqu'un est capable de faire le bien, c'est déjà lui faire faire un premier pas, lui donner l'élan vers le bien. Et presque toute la foi qu'un homme peut avoir en lui-même est faite de la foi que les autres ont en lui. Avec vos fils, vous serez enthousiastes devant le devoir, indignés devant l'iniquité ; vous protesterez avec eux devant l'indifférence et la veulerie universelles, car il n'est pas pour le jeune homme de meilleur encouragement et de meilleure récompense que d'entendre ses parents lui dire : Va, nous te comprenons, nous, nous sommes avec toi.

Qu'il me soit permis en terminant de formuler quelques vœux.

Grâce aux œuvres de jeunesse, l'adolescent nourrit son esprit de sérieuses pensées, son cœur, d'une noble affection. La formation religieuse qu'il y reçoit établit au sein de la famille l'unité morale indispensable à sa bonne harmonie, et la pratique des vertus qui en découle embellit le foyer. J'ai essayé de montrer qu'il y avait là pour la famille des avantages moraux inappréciables dont il est nécessaire de tirer parti.

Je demanderai donc :

1° Que les parents chrétiens ici présents s'engagent à placer leurs enfants, l'âge venu, dans un groupe de jeunesse.

2° Que, par là, ils ne pensent point avoir tout fait ; mais qu'ils suivent la vie de leur fils au sein de ces groupes et qu'ils participent à leur développement.

3° Que les directeurs de groupes ne fassent point leur œuvre en dehors de la famille, mais intéressent au contraire les parents à la prospérité de leur patronage.

4° Que, grâce à la collaboration des parents, des instituteurs chrétiens et du clergé paroissial, soient fondés dans les paroisses où ils n'existent pas encore des groupes de jeunesse vraiment imprégnés d'esprit chrétien, et que se multiplient ces œuvres susceptibles d'aider pour une grande part à la reconstitution de la famille chrétienne.

M. de Vivie, nommé récemment président de l'Union diocésaine des œuvres de jeunes gens, demande très vigoureusement l'adhésion des jeunes gens des classes aisées aux groupes de jeunesse. M. J. Amblard objecte que ces jeune gens étant à leurs études, ne peuvent pas participer aux réunions locales. « Mais ils ne se rendent pas aux groupes constitués dans les villes de Facultés », répond M. de Vivie. M. Tandonnet reconnaît, par son expérience personnelle, qu'on ne peut que gagner, au point de vue moral, au contact des groupes de jeunesse même formés d'éléments appartenant aux classes laborieuses.

Le concours de la famille est utile à la prospérité des groupes de jeunesse, dit Monseigneur de Cahors ; mais la famille a su maintenir si faiblement son autorité que ce concours devient bien souvent inefficace. M. le comte de Montbron fait ressortir la difficulté d'obtenir le concours des parents ; mais on peut commencer, dit M. Lafougère, à les réunir et à leur faire donner des conférences, à l'occasion de fêtes ou de soirées récréatives. Et si les laïques venaient en aide aux prêtres pour garder les enfants et visiter les familles, n'obtiendrait-on pas de sérieux résultats ? M. Tandonnet formule un vœu dans ce sens.

Monseigneur de Cahors, pour le succès des œuvres de jeunesse, demande la pratique de la communion fréquente.

Enfin, un rappel à l'existence des avant-gardes termine et complète cette discussion.

Mme de Briançon succède à M. Poujoula et traite le même sujet relatif aux *œuvres de jeunes filles*. De ces œuvres, la famille peut retirer des avantages incontestables, puisque leur but principal est à la fois d'inculquer l'esprit familial et d'enseigner les devoirs familiaux. La pratique de ces devoirs peut rencontrer des difficultés ; aussi bien le rôle des œuvres de jeunes filles est-il d'enseigner à les surmonter et à les vaincre.

La zélée directrice du patronage de Fumel parle de ces œuvres avec son expérience, et l'on sent passer, dans sa parole, tout son cœur.

## *Avantages moraux que la famille peut retirer des œuvres de jeunes filles. Ce qu'elle doit faire pour celles-ci*

RAPPORT par Mme de BRIANÇON,
*Directrice du Patronage de Fumel*

Messeigneurs,
Mesdames,
Messieurs,

L'obéissance me fait un devoir de prendre aujourd'hui la parole pour vous entretenir d'un sujet qui m'est bien cher.

S'il est vrai que l'on énonce clairement ce que l'on conçoit bien, je devrais être éloquente, et cependant je me sens impuissante à dire tout ce que je voudrais, et comme je le voudrais.

Votre paternelle indulgence, Monseigneur, m'est acquise, je le sais : celle de l'assistance ne me sera pas refusée, je l'espère ; cette double pensée me donne un peu de courage et j'aborde mon sujet.

Les Patronages de filles !

Il y en a un assez grand nombre dans le diocèse, et je suis convaincue que partout où ils existent, ils font un bien réel : mais toute œuvre parce qu'elle est humaine, est susceptible de progrès, et c'est vers ce progrès possible qu'il faut diriger nos efforts.

« L'un des buts principaux de nos patronages, est d'inculquer aux jeunes filles l'esprit familial avec une conscience nette des devoirs qu'elles ont, et surtout qu'elles auront à remplir au foyer domestique.

Ce but, comment l'atteindre ? Tant d'obstacles viennent entraver nos efforts ! Nous l'atteindrons cependant avec la grâce de Dieu, si nous savons aimer nos enfants et nous en faire aimer !

Voilà le grand problème : La solution est difficile, mais pas impossible.

Difficultés de notre tâche et moyens d'en triompher : telles seront les deux idées fondamentales de cette causerie.

Aujourd'hui, l'enfant est le maitre au logis ; ses volontés, ses désirs, raisonnables et souvent déraisonnables, sont des ordres. Qu'est-ce qui nous vaut l'honneur de sa présence au patronage ? La plupart du temps c'est l'attrait de la nouveauté qui l'amène ; à nous, mesdames, de savoir le garder.

L'égoïsme qui sévit à tous les degrés de l'échelle sociale a pénétré le cœur de l'enfant avec d'autant plus d'intensité que dans la famille il est traité comme une idole devant qui tout le monde s'incline ; on l'entoure, on l'adule !

Plus tard, les passions naissantes troublent ces jeunes âmes ; des émotions nouvelles, des élans inconnus jusque-là s'éveillent et les portent à plaire, à se faire séduisantes... Petite chrysalide devenue papillon, la jeune fille se laissera fasciner, éblouir par les mirages trompeurs du monde ; par les lectures, par les sociétés, par l'image, par les spectacles malsains, et par bien d'autres écueils !

Voilà une faible idée des difficultés auxquelles se heurte la dame Patronesse. Quand les enfants appartiennent à des familles d'où le sentiment religieux a presque disparu, c'est bien pire encore !!!

Et ces jeunes filles seront cependant les mères de demain, elles sont l'*avenir !...* Notre voix sera-t-elle entendue, quand nous montrerons le danger, quand nous parlerons de devoir ? Je dis : oui, si nous savons aimer, et si nous arrivons à nous faire aimer. Sans cette réciprocité le résultat serait nul. Socrate disait d'un de ses disciples : « Que puis-je lui enseigner, il ne m'aime pas ? » Et Fénelon : « On hait l'étude et la vertu, dès qu'on est prévenu contre la personne qui en parle. » Pour réagir contre l'égoïsme, contre l'entrainement des plaisirs, il est indispensable qu'il s'établisse entre nos enfants et nous des liens d'affection douce et persuasive ; cette affection ouvrira ces jeunes cœurs, permettra à leurs âmes encore bonnes d'épancher leurs sentiments, et c'est au cours de ces confidences qu'un bien immense peut se faire, en élaguant, en corrigeant, en redressant ce qui s'éloignerait de la voie droite. Pour cela, il faut donner à nos filles adoptives, une affection à toute épreuve, vraie, sincère, et non une affection banale, vague, impersonnelle, que seraient seules capables de donner celles de nous qui, cédant à l'entrainement, (les œuvres sont à la mode aujourd'hui dans les milieux bien pensants), ne surnaturaliseraient pas leur travail.

Ces enfants ne sont pas nôtres ; ce n'est pas notre sang qui coule dans leurs veines ; parfois, même, elles n'ont rien de bien attirant, je l'avoue ; mais qu'importe, si nous travaillons pour Dieu, nous souvenant que notre rôle est de faire ce que ne peut ou ne veut pas faire la famille.

Quelle belle mission, mesdames ! « Si je n'étais prêtre, (disait l'abbé Combalot) je voudrais être femme afin de mieux travailler au salut des âmes ! » L'occasion est magnifique, hélas ! trop belle !!

Les ordres enseignants ont dû partir et nous abandonner le champ d'apostolat sur lequel Dieu nous appelle.

L'âme de l'enfant est une cire molle qui prend vite l'empreinte mais qui la perd bien vite aussi. Voilà pourquoi il faut recommencer tous les jours à enseigner et à corriger. Patience inlassable, mais fermeté et bonté dans la répression.

Il faut que l'enfant nous aime, même quand nous sommes obligées de mater sa volonté, de contrarier ses désirs. La justesse de nos observations doit s'imposer. Pour faire accepter ce que Dieu commande, et faire renoncer à ce qu'il défend, il faut à l'éducatrice une vigilance continuelle.

Tout lui sera une occasion si elle est pénétrée de son rôle.

Promenade, conversation, incident banal, lecture, accident même, seront pour elle un moyen de pénétrer jusqu'au fond intime de l'âme, et la jeune fille alors, laissera deviner ce qui la trouble, ce qui l'étonne, ce qui l'émeut ! C'est ainsi qu'il sera relativement facile de lui faire comprendre ce qu'est la vie ; non un enchantement perpétuel, mais une succession de devoirs plus ou moins pénibles, que le temps de la jeunesse est une préparation à une vie sérieuse, féconde, utile ; et que pour être plus tard une épouse irréprochable, une mère dévouée, il faut avoir été une fille respectueuse, douce et soumise.

La femme est faite pour le foyer, mais aussi pour la société. Son rôle social est immense : Là où elle est doivent habiter la concorde et la paix ; sur ses pas, on doit retrouver un parfum de bonté, de générosité.

Le patronage catholique doit développer les qualités naturelles au cœur féminin : on ne doit pas laisser ignorer à la jeune fille que pour vivre en paix il faut souvent renoncer à sa volonté, et que pour être bonne il faut toujours prodiguer sa peine, sans craindre d'aller même jusqu'au sacrifice.

La souffrance, sous toutes ses formes, n'est-elle pas le partage des filles d'Eve ?

Nous devons apprendre tout cela à nos enfants, sinon ce serait les exposer à d'amères déceptions. Notre langage sera persuasif, mesdames, s'il émane du cœur, mais pour que le cœur parle il faut qu'il aime, et je reviens toujours à l'idée qui m'est chère : Aimons beaucoup nos protégées si nous voulons leur faire un peu de bien !

Toutefois, ce n'est pas le seul moyen ; il en est un autre que je ne peux que signaler, mon temps étant limité. Je veux parler de l'exemple : quelle influence heureuse ou néfaste ne peut-il pas exercer !

En dépit de la légèreté de l'âge les jeunes observent beaucoup, ne l'oublions pas ; faisons donc de notre vie le modèle de la leur.

Notre dévouement intéressé et soutenu, la dignité de notre vie, les toucheront et les rendront meilleures.

N'avons-nous pas des reproches à nous adresser sur ces différents sujets ? Ce n'est pas le moment, il est vrai, de faire notre examen de conscience, qui tournerait peut-être à notre confusion. Mais, pourquoi ne le ferions-nous pas entre nous ? Pourquoi les directrices des Patronages ne se réuniraient-elles pas, une ou deux fois par an ? Dans ces réunions, on se ferait part des difficultés rencontrées, on dirait les succès, et surtout les insuccès : on s'encouragerait, on s'éclairerait : on ferait la critique du passé et on préparerait l'avenir. Cet examen de conscience serait, il me semble, fructueux pour nous, et point désavantageux pour nos chères enfants.

Armer pour les luttes de la vie les épouses et les mères de demain, former des chrétiennes, c'est la tâche qui nous incombe.

Les jeunes éducatrices y trouveront la satisfaction du devoir accompli, et pourront espérer jouir des fruits de leur apostolat.

Pour nous, qui avons semé nos illusions sur le chemin de la vie, et qui descendons les dernières pentes, nous trouverons dans cette tâche l'oubli de nos douleurs ; et préparant l'avenir pour la gloire de Dieu, nous aurons la ferme conviction de faire la volonté de notre divin maître.

J'ai lu quelque part que le renouvellement de la France se fera par la femme, parce que sur les genoux de la mère se forment les hommes de demain. Si donc nous voulons de bons citoyens, formons des mères chrétiennes !

A l'œuvre, mesdames, penchons-nous avec amour vers ce jeune troupeau qui nous est confié. Il a besoin d'une affection protectrice. Donnons lui sans réserve, notre temps, notre peine, notre cœur. Oublions-nous pour penser à lui, nous y trouverons notre récompense presque immédiate, et les familles de nos enfants, bien des avantages moraux.

Assurer l'avenir de la France, de l'Eglise, c'est bien mériter de Jésus-Christ. Que ce soit à nous toutes notre ambition !

Monseigneur,

Avec l'autorisation de Votre Grandeur et avant l'exposé des

vœux, je dois il me semble à la Ligue Patriotique des Françaises à laquelle j'appartiens, de dire ici, que notre patronage de Fumel est son œuvre, puisque toutes les personnes qui nous prêtent leur bienveillant concours, avec un zèle inlassable, sont des Ligueuses dévouées. Et puisque j'en trouve l'occasion j'aime signaler encore les dernières largesses du comité central pour nous. Nous avons reçu cette année 75 francs pour la diffusion de la Bonne Presse et 100 francs pour une retraite qui vient de nous être prêchée par Monsieur le chanoine Archelet, dont le talent égale la haute piété !

Et maintenant, Monseigneur, avec votre permission, j'expose les vœux suivants :

VŒUX

1° Créer des réunions annuelles ou semestrielles pour les différentes directrices des patronages du diocèse présidées par un directeur.

2° Visiter les parents des enfants au moins une fois par an.

3° Exiger des enfants l'assistance à la Messe le Dimanche, en faire un cas de renvoi si on la manque sans raison.

4° Accepter les enfants dès le plus bas âge.

En terminant, je demande un conseil.

Peut-on garder dans un patronage catholique des enfants non baptisés ?

La réponse du Congrès a été : *Oui*.

Monseigneur souligne un mot qui l'a particulièrement frappé dans ce rapport : les enfants des patronages sont nos « filles adoptives » ; la dame patronesse remplit donc auprès d'elles le rôle d'une vraie mère. Quel beau titre et quelle touchante mission !

Au cours de la discussion, on décide tout d'abord que les réunions de dames patronesses seront annuelles ; puis on s'occupe de la visite des familles des enfants patronnées.

Les Sociétés de gymnastique de filles font l'objet de nombreuses observations et Monseigneur recommande à ce sujet une vigilance spéciale. On demande enfin : « Faut-il exiger de l'enfant du patronage l'assistance régulière à la messe ? » — Oui, est-il unanimement répondu ; après quelques absences injustifiées, il faut renvoyer les enfants qui ont manqué ainsi volontairement à leur plus essentiel et élémentaire devoir.

M. l'abbé Châtel clôt la série des rapports. Il développe ce sujet : *Du rôle que les anciens et les protecteurs doivent avoir dans les œuvres de jeunesse de l'un et l'autre sexe. Utilité familiale et sociale de ce rôle.* M. le vicaire de Miramont parle avec conviction. On voit que ses observations sont le fruit d'une expérience quotidienne. Les succès qu'il a obtenus donnent plus de force encore à ses conclusions.

Les protecteurs et les anciens doivent procurer aux œuvres les ressources nécessaires à leur existence, les encourager et les soutenir d'une façon efficace et pratique, assurer leur recrutement. En remplissant ce rôle, ils apporteront un remède aux maux dont souffre la famille et ils contribueront au bien de la société, en travaillant à faire de nos jeunes de bons catholiques et de bons français. Son rapport est résumé dans ces vœux : 1° Que la vie des OEuvres soit assurée par des moyens durables et soutenue par la participation de toute la famille ; 2° que soient créés, là où existent des OEuvres de jeunesse, des groupements d'hommes et de femmes destinés à recevoir les aînés, que des assemblées se tiennent, où toute la famille sera réunie pour parler œuvres et que les protecteurs et anciens y soient intéressés ; 3° que les protecteurs et anciens s'engagent enfin à grossir les effectifs de l'armée catholique. Par eux, renaîtra la famille nombreuse et chrétienne, condition indispensable du perfectionnement de la société !

## *Du rôle que les anciens et les protecteurs doivent remplir dans les œuvres de jeunesse de l'un et de l'autre sexe Utilité familiale et sociale de ce rôle*

### RAPPORT par M l'abbé CHATEL, vicaire de Miramont

Messeigneurs,

Mesdames,

Messieurs,

Les œuvres de jeunesse ne sont pas seulement utiles, elles sont d'une absolue nécessité. Ceci a été démontré dans les précédents congrès, dans tous les diocèses de France on a traité la question : votre opinion est bien arrêtée, il n'y a plus à ce sujet de résolution à prendre. Nous n'avons pas davantage à discuter pour savoir si tel moyen est plus pratique que tel autre ; s'il ne vaudrait pas mieux s'y prendre de telle ou telle façon, qu'importe ! pourvu que le bien se fasse de façon intelligente et sûrement. Il y a mille moyens de perdre la jeunesse, nous n'en trouverons jamais trop pour la préserver et la sauver.

Grâce à la forte impulsion donnée par Sa Grandeur Monseigneur l'Evêque, nous avons assisté, en notre Agenais, à une magnifique floraison d'œuvres de toutes sortes : Patronages, ouvroirs, catéchismes de persévérance, écoles ménagères pour les jeunes filles ; groupes de Jeunesse Catholique, sociétés de gymnastique, sociétés chorales, cercles d'études, etc., pour les jeunes gens. D'autres œuvres naitront encore ; cependant personne ne me contredira, si j'affirme qu'il est, somme toute, assez facile de fonder une œuvre, mais qu'il est très dur de la maintenir et de la faire vivre. Mille difficultés surgissent qui émoussent les énergies et énervent les courages : sans cesse il faut lutter contre les attaques d'infatigables adversaires ou contre l'indifférence d'amis plus que tièdes ; il faut traverser des crises qui souvent menacent de mort les plus solides et les mieux établies de nos œuvres !

Des adversaires nous n'avons pas à nous préoccuper, ils ne seront jamais un danger grave ni surtout durable ; mais si nous ne devons pas nous préoccuper de nos adversaires, il est peut-être utile de nous occuper de ces « Anciens » de nos œuvres, de ces prétendus Protecteurs qui sont ou se disent nos amis, et nous devons d'autant plus nous occuper d'eux, qu'eux-mêmes tiennent moins à s'occuper de nos œuvres et de nous. Oh ! nous n'ignorons pas leurs sympathies, ni leur admiration, ni même leurs témoignages de satisfaction quand l'Œuvre répond à leurs secrets désirs ; ni surtout leurs critiques aimables souvent, moqueuses quelquefois, quand le but nous fait voir plus large et plus loin que leurs conceptions personnelles ! Non, nous n'ignorons pas tout cela, et il m'est doux de les pouvoir remercier publiquement de ce peu qu'ils ont fait et qu'ils pouvaient ne pas faire, de ces encouragements très relatifs qu'ils ont trop souvent considéré comme le point final de leur dévouement et de leurs devoirs !

Tout cela c'est le passé ; à la rigueur on a pu croire que ce minimum pouvait suffire ; or nous vivons le présent et nous devons autrement comprendre notre rôle dans les œuvres de jeunesse, si, par notre faute, nous ne voulons pas compromettre l'avenir. Ce rôle, mon incompétence et mon inexpérience s'essayeront à vous en détailler une partie aussi rapidement que possible, vos remarques et vos observations suppléeront à l'insuffisance de ce rapport.

Les « Anciens » et les protecteurs de nos œuvres de jeunesse doivent : 1° Procurer à ces œuvres les ressources nécessaires à leur existence ; 2° les encourager et soutenir moralement, mais d'une façon efficace et pratique ; 3° enfin, assurer leur recrutement.

I

Mesdames et Messieurs, j'ai le grand regret de vous dire, de vous répéter, cette vérité que vous savez trop, parce que trop vraie : sans argent, nos œuvres, quelles qu'elles soient, ne peuvent pas vivre ; et je me rappelle ce mot très juste d'un brave paysan à qui j'exposais les cruelles nécessités financières : « L'argent ça ne fait pas tout, mais... ça aide fameusement ! » Oui, ça aide l'argent, il faut donc nous en procurer toujours ; comment, sinon en nous faisant mendiants perpétuels ? Votre générosité nous est trop connue, nous connaissons assez le dévouement des Protecteurs de nos œuvres, pour oser dire seulement, ce que serait le devoir en pareille matière : « Ils sont nombreux, écrivait dernièrement un éminent directeur d'œuvres ; ils sont nombreux ceux qui dans toutes les classes de la société apportent par leur obole un précieux appui aux hommes de bien qui assument la lourde tâche, parfois écrasante, de faire vivre nos sociétés, de pourvoir aux frais de toute sorte qui sont indispensables à leur existence. » Continuez vos aumônes ; donnez de votre superflu, donnez de votre nécessaire, s'il le faut, mais ni vous, ni nous, n'avons le droit d'accepter que, faute d'argent, l'une quelconque de nos œuvres périsse !

J'aurais hâte d'en finir avec cette absorbante et souvent décourageante question financière ; elle répugne à ceux qui en parlent, elle fatigue ceux qui en entendent parler ; voici cependant, une proposition qui est pour vous plaire : « Il faut que vous puissiez donner le moins possible ; il faut que nous hâtions le jour où vous n'aurez plus besoin de donner du tout ! » La chose est réalisable, mais seulement si tous veulent connaître et remplir leur devoir. Deux faits vous diront ma pensée et dicteront en même temps votre conduite. Un curé d'une paroisse du centre possède un ouvroir. A sa tête une personne pieuse, adroite, dévouée, perfectionne une douzaine de jeunes filles dans les travaux de lingerie, de broderie, etc. Ces enfants, l'élite de la paroisse, forment là leur cœur en même temps qu'elles gagnent l'argent nécessaire à leur subsistance. Œuvre très utile, affirment quelques dames patronesses ; œuvre essentiellement moralisatrice, œuvre absolument nécessaire soutiennent quelques autres. Toutes ont assurément raison, leur opinion c'est bien aussi la nôtre ! Or que faut-il pour faire vivre cette œuvre ? Que demande-t-elle pour que son avenir soit assuré ? Du travail ! Or Madame X. patronesse, Madame X. qui juge l'œuvre nécessaire, Madame X. fait exécuter par un magasin de Paris tous ses travaux de broderie. Mais il arrive que parfois la capitale fait travailler aussi la province, et que l'ouvroir patronné par Madame X. exécute l'ouvrage, commandé à Paris par la même Madame X. Conclusion : La Patronesse paye plus cher ses broderies ; et l'ouvroir, cette œuvre indispensable, est obligé parfois de travailler pour un prix de misère ! Et d'un.

Le second fait, c'est du vécu.

On l'a dit et répété avec juste raison : une œuvre importante entre toutes, c'est la bonne Presse. Mais si nous devons nous employer à la faire vivre, à son tour elle peut nous être un moyen de vie en devenant pour nos œuvres une source de revenus. Les enfants de nos patronages n'hésitent pas à devenir gratuitement camelots ; servons-nous de ces bonnes volontés, ne laissons pas inemployés ces jeunes dévouements. Mais les vendeurs de la bonne presse deviennent inutiles s'il n'y a pas d'acheteur : je n'hésite pas à dire que c'est un devoir de le devenir pour les « Anciens » et les « Protecteurs » de nos Œuvres. Je me présentai dernièrement chez l'un d'entre eux. « Vous venez, me dit-il, chercher ma cotisation ? — Pas précisément, lui répondis-je, je viens conclure un marché. Vous prenez un journal qui ne devrait pas entrer chez vous ; vous allez l'abandonner, prendre celui, mieux informé et plus moral que je vous offre : le bénéfice que je réaliserai vous servira de cotisation... Notre individu ne se rendit pas à la première fois, mais à la troisième visite l'affaire était enlevée. Résultat : La dépense de notre Protecteur diminuait de cinq francs par année ; mais le patronage ayant pour lui le bénéfice du journal voyait cette ancienne cotisation de cinq francs, se transformer en un secours certain de sept francs cinquante.

C'est peu, j'en conviens ; mais il n'y a pas de petites économies, et à la fin de l'année, on est parfois étonné soi-même, d'avoir constitué, tout doucement, et sans aucune dépense supplémentaire pour personne, un budget certain et annuel de deux à trois cents francs de recettes. Essayons de ces petites ou grandes industries, joignons-en quelqu'une à nos œuvres de jeunesse ! Mais que les Protecteurs et les Anciens de ces Œuvres ne nous « lâchent » pas, et qu'ils acceptent d'être, par devoir, sinon par intérêt, les clients assidus de nos industries ou de notre commerce !

## II

De tous les devoirs à accomplir, celui que je viens d'indiquer est le moindre ; donc n'insistons pas et sans tarder, passons à notre second point : « Les Protecteurs et les Anciens de nos Œuvres doivent les encourager et les soutenir moralement, d'une façon efficace et pratique ! » Voilà, Mesdames et Messieurs, le travail difficile, le côté ingrat du rôle qui est le vôtre : donner son argent n'est rien en somme, se donner soi-même c'est tout, se donner tout entier et à tout instant. Remplir son rôle, ce n'est pas seulement donner sa pièce d'or ou d'argent, ce n'est pas davantage paraître, le plus rarement possible, dans un cercle de jeunes gens pour y faire apprécier un talent précoce à jouer au billard, ou faire visite à un patronage de jeunes filles pour admirer avec Madame la Directrice la grâce et le bon goût des modes contemporaines ! Le rôle des Protecteurs est plus étendu et plus important.

Avant tout et par-dessus tout, ils doivent servir d'exemple a leurs patronés. Monseigneur l'Évêque l'affirmait dans sa lettre sur sur les Œuvres d'Apostolat, et Sa Grandeur ajoutait : « L'exemple est une force immense ; elle crée d'abord, puis maintient le bon esprit, élimine les tendances abusives, communique aux sages cette fixité et cette puissance qui dépassent en autorité les règlements les plus opportuns... » D'autre part, il est un fait certain, c'est que les conseils les plus multipliés, les encouragements les mieux conçus ne valent pas l'entrainement de l'exemple. Or, Mesdames et Messieurs, c'est sur les ainés, c'est sur nous que nos jeunes ont leurs yeux constamment fixés ; ils épient nos actes, entendent nos paroles, ils paraissent deviner parfois nos secrets désirs : nous n'avons pas à nous le dissimuler, ils savent tout de nous, et si nous voulons sauvegarder notre influence, et si nous voulons que cette influence soit réelle et profonde, et si nous voulons que la jeunesse à laquelle nous paraissons vouloir nous intéresser se perfectionne, disons-mieux, se sanctifie, nous devons vivre notre catholicisme intégral. Soyons catholiques dans nos façons de croire, de pratiquer, de vivre surtout ; soyons-le partout : à l'église, oui, là surtout ! mais encore au foyer, à l'usine, au magasin, dans la rue... Soyons-le toujours, car il n'y a pas d'âge ni de rang qui dispense de faire son devoir... Voilà le bon moyen d'encourager et de soutenir moralement nos Œuvres de jeunesse ; voilà le rôle auquel nous n'avons même pas le droit de nous soustraire.

De cet exemple, nos Œuvres ne tireront un profit réel et efficace, que si Anciens et Protecteurs, demeurent avec elles en contact perpétuel. J'aimerais qu'en chaque paroisse, nos jeunes puissent trouver un groupe de dames, un groupe d'hommes, où entrer lorsque l'âge ne leur permet plus de se dire de vrais jeunes ; j'aimerais que de temps à autre, des réunions où l'on parlerait, Œuvres, assemblent Protecteurs et Patronés : cette chose possible, où l'on apprendrait à se connaître, serait, je crois, éminemment utile. Ce n'est pas suffisant. Si je vous disais tout à l'heure, que jeunes gens et jeunes filles de vos paroisses savent tout de leurs Protecteurs, il faut que ceux-ci s'appliquent à tout savoir d'eux. S'ils sont dans la droite voie, leurs conseils les y tiendront ; s'ils s'égarent, hélas ! il ne s'en faut pas étonner malgré les soins dont on les entoure et les sacrifices que l'on s'impose, il leur appartiendra d'en aviser les Directeurs, et de s'employer de toutes leurs forces, à les arrêter sur la pente fatale. Avec tout l'ascendant que leur donne leur âge et leur autorité, qu'ils exercent une action directe sur tels ou tels membres particuliers, action qui sera d'autant plus profonde et plus efficace qu'ils auront plus d'expérience et d'autorité. Qu'ils s'intéressent à tout ce qui les intéresse ; qu'ils soient pour eux une sauvegarde, une providence ! Patrons, qu'ils leur donnent la préférence ; maîtres, qu'ils cherchent chez eux des domestiques ; si la nécessité oblige ces enfants à s'éloigner et à chercher ailleurs un travail rémunérateur, qu'ils aident à procurer un milieu chrétien, afin que cette brebis du troupeau ne tombe au milieu des loups ! Que les protecteurs multiplient toutes les industries que leur suggérera leur zèle, alors, peut-être, nos œuvres deviendront vraiment belles, vraiment attirantes, et les actes de ceux-là qui auront ainsi compris leur rôle, et leur exemple, et leur dévouement, seront la plus sûre garantie d'un meilleur avenir.

## III

Très rapidement, je passe sur la troisième partie, que j'ai énoncée en ces termes : Les Protecteurs et Anciens doivent assurer le recrutement de nos Œuvres. Mesdames et Mesieurs, c'est un fait indéniable que beaucoup d'œuvres meurent faute d'éléments. Causant dernièrement avec un prêtre de la question des Patronages, il me disait : « Je ne puis en établir un chez moi, il n'y a pas d'enfants ! » Un mal terrible, plus qu'ailleurs, sévit en ce beau et riche diocèse, car, il vous en souvient encore, il y a deux ans une statistique effrayante nous apprenait ou nous rappelait que le département de Lot-et-Garonne était le dernier pour le nombre des naissances. A-t-on réagi ? A-t-on voulu donner à cet angoissant problème une réponse catholique ? Je pose la question et vous demande de la retenir toujours ! Ce que nous devons affirmer, c'est que les premiers membres de nos œuvres doivent être fournis par ceux qui acceptent la mission de les soutenir.

Après cela, qu'ils se fassent apôtres ! Il y a des âmes qui sont privées de Dieu, il y a des âmes que le mal a déjà saisies, il y en a que tout paraît s'acharner à perdre : sans attendre, il faut aller vers elles ! Vous avez accès, vous Anciens, vous Protecteurs, en des maisons qui demeurent fermées au prêtre ; vous paraîtrez moins que nous intéressés dans vos démarches ; allez chez tous indistinctement, chez les bons et chez les mauvais, chez les riches et chez les pauvres ; agissez, faites agir, employez tous les moyens que vous inspirera votre charité chrétienne, mais amenez-nous les âmes que nous puissions les emplir de Dieu. Il ne faut avoir pour cela ni repos, ni cesse, et chacun dans sa sphère doit s'engager à faire le plus possible. La tâche est immense, car ils sont nombreux ceux qui ne subissent rien de notre influence, car ils sont trop, les égarés ; elle n'est cependant pas impossible ; je dis plus, avec la grâce de Dieu nous aurons la victoire, si chacun agit avec persévérance, si, sans s'arrêter à des échecs particuliers, sans compter avec les sacrifices, on continue avec plus d'énergie et de courage que jamais l'Œuvre commencée dans ce diocèse sous l'inspiration et la direction de Sa Grandeur.

J'ai essayé de vous donner en quelques mots, un aperçu bien incomplet du rôle qui incombe, dans les Œuvres de jeunesse aux Anciens et aux Protecteurs. Ce rôle ainsi entendu, les devoirs ainsi pratiqués peuvent-ils être d'une utilité réelle pour la famille et pour la société ? On ne peut le nier, et il nous suffit pour l'établir d'en énumérer les principales raisons.

« La famille, écrivait Monseigneur l'Evêque dans une de ses dernières lettres pastorales, telle qu'elle se présente à nos regards, en un grand nombre de cas, telle qu'elle tend à devenir partout, remplit mal son rôle naturel et providentiel dans la vie de l'homme et dans l'organisation de la société. Et Sa Grandeur ajoutait, citant les paroles de M. Henri Joly : La famille n'a plus ni la dignité, ni la cohésion, ni l'autorité nécessaires ! »

Rien n'est plus douloureusement vrai, et la crise qui atteint la famille nous apparait chaque jour plus évidente, semble devenir chaque jour plus profonde. Le mal, il est dans ce souci matériel, et purement matériel de la vie ; dans cette préoccupation unique de la recherche du mieux être, dans le but poursuivi à l'exclusion de tout autre, d'affaires brillantes à conclure pour augmenter un avoir que des caprices rendent toujours insuffisant. Le mal, il est ailleurs encore tout aussi évident, tout aussi regrettable ; et si nous n'avons pas à en rechercher les causes, nous en voyons les tristes effets : désorganisation de la famille, désunion des époux, insouciance de l'avenir ! Et si, par hasard, il est encore des foyers que ce mal n'a pas atteints, ils semblent se renfermer en eux-mêmes, ne sachant pas échapper à cet « égoïsme familial » do ' parlait un orateur contemporain, « plus funeste que l'égoïsme individuel, ajoutait-il, parce qu'il se cache sous les dehors trompeurs d'un dévouement sans borne, parce qu'il se dissimule sous l'apparence d'un devoir sacré. » Le mal, il est plus profond ; et qu'il me suffise pour le décrire, de citer encore Monseigneur l'Evêque : « Les liens matrimoniaux attaqués, il serait étonnant que l'exercice des fonctions paternelles et maternelles obtînt un plus sincère respect. Ce respect est lui aussi en pleine décadence... Les statistiques officielles, l'observation des faits plus rigoureuse et plus instructive encore, constatent l'intensité croissante du mal, et de tous côtés on entend pousser ce cri d'alarme : les autres nations grandissent, mais le nombre des fils de France décroît ! »

Il serait puéril de contester le danger, il faudrait être aveugle pour nier la décadence. Or c'est à vous, Anciens et Protecteurs de nos Œuvres, qu'il appartient de réagir et de combattre, en acceptant de remplir simplement le rôle que nous avons indiqué plus haut.

Par votre générosité vous donnerez une leçon de détachement ;

par la vie que vous assurerez à nos Œuvres, dont le but est toujours surnaturel, vous enseignerez qu'il y a un mieux-être plus enviable que celui de la terre, et qu'il n'est pas de sacrifice matériel que l'on ne doive consentir pour l'obtenir. Vous irez plus loin encore, et donnant mieux que votre argent, vous aurez encore à vous donner vous-mêmes ! Ce sera bien l'opposition voulue à l'égoïsme familial ; ce sera le gage d'une union vraie et profonde, d'une communion de sentiments et d'idées pour la poursuite de ce but unique : l'instauration du règne de Dieu dans les âmes ; ce sera plus d'affection et plus d'amour dans des cœurs que la nécessité d'un apostolat par l'exemple aura rendus plus chrétiens et plus parfaits.

Et si le foyer devient plus chrétien, le devoir par le fait même ne comportera pas de volontaire limite : alors nous n'entendrons plus l'ennemi affirmer que nous perdons chaque année une grande bataille ; alors nous n'entendrons plus dire que le pays se meurt parce qu'on a tari les sources de la vie ; mais nous pourrons relever la tête, mais nous pourrons avoir confiance regarder l'avenir parce que vous aurez accepté de remplir votre rôle et que ce rôle porte avec lui la certitude de la Résurrection !

Je pourrais insister encore sur ce point, que l'accomplissement intégral de votre devoir, que l'intérêt que vous apporterez à toutes nos œuvres de jeunesse, développera dans l'esprit de vos contemporains le souci de l'éducation et le soin qu'il est nécessaire d'apporter à la formation de l'esprit, de la volonté, du cœur de leurs enfants ; l'heure est tellement avancée et la chose tellement évidente que je me contente de la signaler.

Ai-je besoin maintenant de montrer les maux dont souffre la société ? Ai-je besoin d'en dire toutes les misères, est-il nécessaire d'en signaler toutes les décadences, on pourrait presque dire toutes les horreurs ? Qui de vous ne les connait, qui n'est fortement documenté, et quel misérable volume nous pourrions écrire avec les seuls faits que votre expérience pourrait nous livrer ! Le tableau serait trop triste, mieux vaut cent fois ne pas s'y arrêter ! D'ailleurs le perfectionnement de la famille ne peut manquer d'avoir sur la société une répercussion heureuse et réelle ! Aidez-nous donc à la refaire cette société, à la réédifier sur des bases chrétiennes.

Combattez par votre esprit de renoncement ces plaisirs et ces honneurs que recherche le monde ; essayez de réagir contre le courant matérialiste qui semble devoir tout envahir, par la poursuite d'un idéal divin qui dira bien haut le néant des choses humaines ; ne marchandez ni votre dévouement, ni vos sacrifices, car tout ce que vous aurez fait pour nos Œuvres, c'est en définitive pour vous-mêmes et pour vos foyers que vous l'aurez fait en même temps que pour la gloire de l'Eglise et pour la grandeur de la Patrie française.

Comme conclusion pratique de ce rapport, je propose à l'assemblée, l'adoption des vœux suivants :

1° Que la vie des œuvres soit assurée (partout où la chose est possible) par des moyens durables, ou soutenue par des cotisations familiales. On pourrait mettre à l'étude la création de caisses cantonales.

2° Que soient créés, partout où existent des Œuvres de jeunesses, des groupements de dames et d'hommes destinés à recevoir les aînés. Que des réunions se tiennent où toute la famille pourra être réunie pour traiter de la vie des Œuvres. Que les « Protecteurs et Anciens » s'occupent des membres particuliers de nos Œuvres, et s'intéressent à leur vie matérielle, morale et religieuse.

3° Que les « Protecteurs et Anciens », conscients de leurs devoirs s'engagent, par eux-mêmes et par l'efficace apostolat à domicile, à augmenter les effectifs de l'armée catholique !

M. l'abbé Châtel préconise un système qui aurait pour but de confier un ou deux enfants patronnés à la vigilance spéciale d'un ancien, d'un protecteur. A Paris et à Bordeaux cette méthode a été essayée fructueusement, ainsi que l'observent Mlle Garreau et M. Tandonnet. Peut-on réaliser ce but dans nos populations rurales ? Cela ne paraît pas aller sans quelque difficulté. M. l'abbé Siréra, au nom d'un groupe de mères de famille, demande qu'on réclame leurs grands fils, lesquels se feront un honneur d'aller dans les patronages. La démarche a été faite, répond M. le chanoine Boussac ; mais il serait peut-être bon de la recommencer.

Monseigneur termine les séances du Congrès par quelques mots où il relie tous les rapports dans une belle synthèse. Sa Grandeur tient surtout à provoquer et à graver dans l'esprit et le cœur des congressistes ces deux résolutions : 1° Réunir quelques hommes autour du prêtre ; 2° grouper ces hommes sur le terrain de la charité. Il remercie vivement tous les dévouements qui ont contribué au succès du Congrès et convie le vaste auditoire à la grande réunion de clôture à la Cathédrale. Après un souvenir ému envoyé au Pape, Monseigneur adjure, en termes vibrants, ses chers diocésains d'être et de demeurer des catholiques de foi et d'action.

## Séance générale de clôture à la Cathédrale

Quel magnifique couronnement à nos trois grandes journées diocésaines de piété, d'étude et d'action catholiques que cette séance générale de clôture qui vient de se tenir ce soir ! Quand, à 8 heures et demie, Monseigneur l'Archevêque de Toulouse et Nosseigneurs les évêques d'Agen, d'Aire et de Cahors, précédés des drapeaux des groupes de Jeunesse catholique, font leur entrée solennelle dans la Cathédrale, ils doivent, pour se rendre au chœur, traverser les rangs d'une foule compacte qui a peine à leur livrer passage. Le grand orgue éclate en harmonies puissantes et chante la joie des âmes. Quel imposant *Magnificat* que celui qui retentit alors sous les voûtes, entonné par cette foule immense où les hommes comptent pour une bonne part ! Comme ils sonnent bien ces fiers accents de la reconnaissance et de l'action de grâces ! Il n'y a que l'Eglise pour élever ainsi les cœurs, en les unissant dans les mêmes nobles et généreux sentiments.

M. le chanoine Coubé paraît en chaire, et de sa voix claire, vibrante, qui porte facilement jusqu'aux extrémités de la Cathédrale, commence son discours. Dès les premières phrases, il a saisi son auditoire. Il y a tant de variété dans la pensée, tant de netteté dans la parole, tant de force dans l'expression, que l'on se sent pris immédiatement par le charme de cette vigoureuse éloquence. Le geste toujours juste, élégant et varié, le style alerte, coloré, imagé, l'élocution facile, riche et abondante, le maintien noble et distingué, la conviction ardente, révèlent les qualités maîtresses de l'orateur. C'est la bonne langue française, où le mot est toujours à sa place et l'idée bien en relief. M. le chanoine Coubé a des lettres, il a aussi du cœur ; et c'est du cœur que procède la véritable éloquence. Son discours sur l'*esprit de foi* dans les œuvres catholiques lui a été une occasion de chanter un hymne splendide au dévouement. Après avoir flétri et marqué de traits cinglants l'égoïsme sous ses diverses formes, — l'égoïsme jouisseur, l'égoïsme pieux, — l'éminent prédicateur a célébré les grandeurs et les gloires de l'esprit d'abnégation et de sacrifice, et invoquant Jeanne d'Arc et le Sacré-Cœur, a fait un magnifique appel à l'union de tous les catholiques contre les ennemis du Christ, de l'Eglise, de la France et de nos plus chères libertés.

Les discours de M. le chanoine Coubé sont de ceux que l'on n'analyse pas. Nous nous contentons de signaler sommairement les grandes lignes de celui qu'il vient de prononcer à Agen pour en indiquer simplement le sujet à ceux qui n'ont pas eu le plaisir de l'entendre. Quant à ceux qui l'ont entendu, nous sommes sûrs que, sans avoir besoin de cette sorte de *memorandum*, ils en garderont toujours gravé profondément en leur mémoire, le souvenir ineffacé et impérissable.

Encore sous l'émotion de ce beau discours, l'assistance tout entière chante le *Credo*, faisant passer toute son âme dans l'affirmation de ses convictions catholiques. Il y a là toujours une minute émouvante. On se dirait, au milieu de la foule chantante, dans les foules de Lourdes ; on croirait vivre à Lourdes, à une heure de sa vie intense de prière confiante, de fière et ardente foi : on a comme l'illusion d'assister à l'une de ses manifestations les plus grandioses. Et c'est, au soir de cette radieuse et réconfortante journée du 21 novembre, fête de la Présentation, une évocation touchante que cette évocation de Marie-Immaculée, vierge de Lourdes et Reine de France, dominant l'assemblée et bénissant, pour les rendre pratiques et fécondes, les généreuses résolutions. La Maîtrise et le Grand-Séminaire chantent le *Tu es Petrus* et le *Tantum ergo* et la bénédiction du Saint-Sacrement est donnée par Mgr l'Archevêque de Toulouse. La cérémonie se termine par le chant puissant et les vibrantes fanfares de la belle cantate *A l'Etendard.*

C'est fini. La foule des congressistes se disperse fière de sa foi, émue, réconfortée, heureuse, avec encore, dans le cœur et sur les lèvres, d'enthousiastes et reconnaissants *Te Deum*.

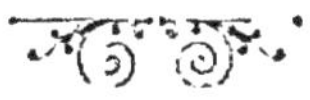

# TABLE DES MATIÈRES

www.ingramcontent.com/pod-product-compliance
Ingram Content Group UK Ltd.
Pitfield, Milton Keynes, MK11 3LW, UK
UKHW012214240726
13966UKWH00002B/750

9 782012 840300